9급 계리직 시험대비

박문각 공무원
문제집

서호성 계리직
보험일반

서호성 편저

주요 기출&예상문제 단원별 완벽 총정리

명쾌한 해설과 깔끔한 오답 분석

이론의 빈틈을 없애는 체계적인 개념 설명

KB193969

기출&
예상문제집

이 책의 머리말
PREFACE

안녕하세요. 경제 & 금융 전문 서호성입니다.
박문각에서 계리직 예금, 보험 과목을 담당하게 되었습니다.
계리직 보험과목을 가르치는 저의 생각은 두 가지로 말씀드릴 수 있습니다.

첫째, "보험과목은 이론이기 이전에 우리가 삶에서 가져야 할 소양이다."
계리직 보험과목을 깊이 있는 이론으로 접근하면 매우 어렵습니다. 그러나 생각을 조금만 바꾸면 계리직 공무원이 되기 이전에 해당 과목은 우리의 삶을 경제적으로 윤택하게 하는 데 매우 필요한 기본소양입니다. 따라서 해당 학습의 필요성을 스스로 느끼게 된다면 즐겁게 공부할 수 있는 과목입니다. 저도 여러분이 충분히 이해될 수 있도록 다양한 사례를 통해 이해시켜 드리겠습니다.

둘째, "모두 아는 것이 중요한 것이 아니라 시험에 나오는 것을 아는 것이 중요하다."
수험생들이 객관식 시험을 준비하면서 다양한 내용을 읽어본 것을 중시하는 분들을 많이 보았습니다. 단언컨대 시험에 나오는 내용은 정해져 있습니다. 수업과 교재를 통해 시험에 나오는 것들을 중심으로 기본개념에서 고난이도까지 단계별 학습을 통해 고득점을 확보해 드리겠습니다.

이 두 가지 목표에 도달하기 위해 계리직 보험 교재를 집필하게 되었습니다. 이 교재의 특징은 다음과 같습니다.

1. 핵심 지문을 o, x 문제를 통한 확인
중요 주제의 핵심지문을 o, x로 담았습니다. 핵심 지문의 옳고 그름을 판단함으로써 시험에 나올 수 있는 중요 문장을 미리 점검하도록 하였습니다.

2. 기출문제와 예상문제를 토픽별로 수록하였습니다.
중요 주제의 핵심지문 o, x 이후에 해당 문제가 어떻게 나오는가를 보여드리기 위해서 기출문제와 엄선된 예상문제를 수록하였습니다.

가르치는 사람으로서 가장 행복한 순간은 수험생 여러분들이 스스로 어렵다고 생각했던 보험과목이 함께 학습하면서 해볼 만한 재미있는 과목이라는 표정이 얼굴에서 드러날 때입니다. 저와 여러분들이 함께 노력한다면 계리직 보험은 여러분의 통과점에 지나지 않을 것이라고 단언하여 말씀드리겠습니다.

이 책을 출간하면서 많은 도움을 주신 박문각 출판사 관계자분들과 계리직 교수님들께 진심으로 감사드립니다.

오늘도 하루하루 열심히 준비하시는 여러분들을 마음속으로 언제나 응원하겠습니다.

연구실에서
서호성

이 책의 차례
CONTENTS

Part 01 보험개론

Chapter 01 보험일반이론   8

Step 01 OX로 핵심잡기   8
Topic 01 위험관리와 보험, 보험의 기능과 종류   8

Step 02 객관식으로 실전연습   12

Chapter 02 생명보험이론   18

Step 01 OX로 핵심잡기   18
Topic 02 생명보험 계약과 생명보험의 기본원리   18
Topic 03 보험료계산의 기초와 영업보험료의 구성   20
Topic 04 언더라이팅과 클레임   22
Topic 05 생명보험 세제   25

Step 02 객관식으로 실전연습   29

Chapter 03 보험윤리와 소비자보호   45

Step 01 OX로 핵심잡기   45
Topic 06 보험영업윤리   45
Topic 07 보험모집 준수사항   48
Topic 08 보험소비자 보호   50

Step 02 객관식으로 실전연습   52

Chapter 04 생명보험과 제3보험   63

Step 01 OX로 핵심잡기   63
Topic 09 생명보험 개요와 생명보험 상품   63
Topic 10 제3보험   65

Step 02 객관식으로 실전연습   70

Chapter 05 보험계약법[인보험편]   80

Step 01 OX로 핵심잡기   80
Topic 11 인보험편(1) – 의의, 법적성질, 특성, 요소   80
Topic 12 인보험편(2) – 성립과 체결, 철회, 무효, 변경, 소멸, 고지의무, 효과, 부활   82

Step 02 객관식으로 실전연습   89

Chapter 06 우체국보험 일반현황   102

Step 01 OX로 핵심잡기   102
Topic 13 우체국보험 일반현황   102

Step 02 객관식으로 실전연습   105

Chapter 07 리크스관리 및 자금운용   110

Step 01 OX로 핵심잡기   110
Topic 14 리스크관리 및 자금운용 & 우체국보험 일반현황   110

Step 02 객관식으로 실전연습   113

Part 02 우체국보험 제도

Chapter 08 우체국보험 모집 및 언더라이팅 120

Step 01 OX로 핵심잡기 120
Topic 15 우체국보험 모집 120
Topic 16 보험계약의 청약 및 언더라이팅 123
Step 02 객관식으로 실전연습 128

Chapter 09 우체국보험 계약유지 및 보험금 지급 139

Step 01 OX로 핵심잡기 139
Topic 17 우체국보험 계약유지 139
Topic 18 보험금 지급 148
Step 02 객관식으로 실전연습 150

Part 03 우체국보험 상품

Chapter 10 우체국보험 상품 164

Step 01 OX로 핵심잡기 164
Topic 19 우체국보험 상품 – 보장성보험 164
Topic 20 우체국보험 상품(저축성보험, 연금보험)과 관련세제 170
Step 02 객관식으로 실전연습 175

서호성 계리직 보험일반
기출&예상문제집

Part

01

보험개론

Chapter 01 보험일반이론

Chapter 02 생명보험이론

Chapter 03 보험윤리와 소비자보호

Chapter 04 생명보험과 제3보험

Chapter 05 보험계약법[인보험편]

Chapter 06 우체국보험 일반현황

Chapter 07 리크스관리 및 자금운용

보험일반이론

Step 01 OX로 핵심잡기

topic 1 위험관리와 보험, 보험의 기능과 종류

01 보험이란 피보험자(보험대상자)가 불의의 사고를 당했을 경우 보험회사가 그 손실에 상응하는
금전적 보상을 한다는 계약을 통해 보험회사에게 전가된 피보험자(보험대상자) 위험의 집합체
이다.   (   )

02 보험을 통해 확정손실을 불확정한 손실로 전환한다.   (   )

03 보험을 통해 손실을 개인으로부터 그룹 전체의 손실로 분산한다.   (   )

04 손실을 집단화할 때 발생 빈도와 평균손실의 규모 면에서 동종의 손실이거나 이질의 손실이어
도 관계없다.   (   )

05 보험의 상호부조적 관계는 당사자 간의 자율적 시장거래를 통하여 달성된다는 특징을 가진다.
                                                        (   )

06 보험은 위험을 보험사에게 전가하는 것은 아니다.   (   )

07 손실금액을 확정할 수 없는 손실(신체적 손해, 미술품의 파손 등)이 발생할 경우에는 보험계약
이 불가능하다.   (   )

08 실손보상의 원칙에 따라 이론적으로 보험보상을 통해 이익을 보는 경우는 없다. (   )

09 정서적 가치 훼손, 정신적 괴로움과 같은 경우 대체적으로 보험을 통해 보호받을 수 없다.
                                                        (   )

10 대수의 법칙은 표본의 수를 늘리거나 실험횟수를 많이 거칠수록 결과는 예측치에 가까워지는
것을 의미한다.   (   )

11 순수위험은 손실이 발생하거나 발생하지 않는 불확실성이며, 경우에 따라 이익 또는 손실이 발생할 수 있는 위험이다. ( )

12 원칙적으로 보험상품의 대상이 되는 위험은 순수위험과 투기적 위험이다. ( )

13 위험의 발생상황에 따라 정태적 위험(개인적 위험)과 동태적 위험(사회적 위험)으로 나뉜다. ( )

14 원칙적으로 보험상품의 대상이 되는 위험은 정태적 위험과 동태적 위험이다. ( )

15 정태적 위험은 집단적으로 관찰 시 일정한 확률을 가지기 때문에 예측이 가능하여 대부분 보험의 대상이 된다. ( )

16 보험의 대상이 되려면 건물 화재, 자동차 접촉사고 등과 같이 유사한 속성(발생 빈도 및 손실 규모)의 위험이 발생의 연관이 없이 독립적으로 다수 존재해야 한다. ( )

17 보험의 대상이 되려면 손실사고 발생이 인위적이거나 의도가 개입되지 않으며 미리 예측할 수 있는 손실이어야 한다. ( )

정답 및 해설

01 ○

02 × 보험을 통해 불확실한 손실을 확정손실로 전환한다.

03 ○

04 × 손실을 집단화할 때 주의해야 할 점은 발생 빈도와 평균손실의 규모 면에서 동종의 손실이거나 그와 비슷한 것이어야 한다.

05 ○

06 × 손실의 빈도는 적으나, 손실의 규모가 커서 스스로 부담하기 어려운 위험을 보험회사에 보험료 납부를 통해 전가함으로써 개인이나 기업이 위험에 대해 보다 효과적으로 대응할 수 있게 해주는 사회적 장치이다.

07 × 손실금액을 확정할 수 없는 손실(신체적 손해, 미술품의 파손 등)이 발생할 경우에는 보험계약 시 사전에 결정한 금액을 보상할 수 있다.

08 ○

09 ○

10 ○

11 × 순수위험은 손실이 발생하거나 발생하지 않는 불확실성이며, 사건 발생이 곧 손실의 발생이므로 이익이 발생하지 않는다. 이익이 발생하는 위험은 투기적 위험이다.

12 × 원칙적으로 보험상품의 대상이 되는 위험은 순수위험에 국한된다.

13 ○

14 × 동태적 위험은 투기적 위험과 함께 보험의 대상이 되기 어려운 특성을 가진다.

15 ○

16 ○

17 × 손실사고 발생이 인위적이거나 의도가 개입되지 않으며 미리 예측할 수 없이 무작위로 발생하는 손실이어야 한다.

18 보험의 대상이 되려면 피해의 발생 원인, 발생 시점, 장소, 피해의 정도가 명확히 식별 가능하고 손실금액을 측정할 수 있어야 한다. ( )

19 위험분산기법 발달, 보험사의 대규모화 등으로 전가 가능 위험의 범위가 축소되는 추세이다. ( )

20 정부의 사회보장제도로는 사회보험, 공공부조, 사회서비스 등이 있다. ( )

21 3층 보장론은 사회보장제도를 보완하는 방안으로 정부가 최저수준의 국민 생활을 보장해 주는 사회보장, 기업이 종업원의 퇴직 후 생활을 보장해 주기 위한 기업보장, 그리고 각 개인별 노후 를 준비하는 개인 보장을 의미한다. ( )

22 3층 보장론의 측면에서 볼 때 정부의 사회보험과 민영보험은 상호보완적이지만 경쟁 관계는 될 수 없다. ( )

23 보험은 특정 우발적 사고 발생 시 사고 발생 자체를 예방 또는 진압하는 것을 목적으로 한다. ( )

24 보험회사는 사고 발생에 따른 보상책임 부담을 줄이기 위해 직·간접적인 노력을 하고 있다. ( )

25 보험을 이용할 경우 소액의 자본(보험료)을 사용해 사전에 손실을 확정하고 안정적으로 기업을 존속할 수 있어 기업의 자본 효율성을 제고할 수 있다. ( )

26 보험은 금융기능 담당하고, 국가경제발전에 기여는 하지만 국가 재정부담기능을 하는 것은 아 니다. ( )

27 보험회사는 계약자 확대, 보험료 과대계상 등을 통한 이익추구를 위해 피보험 목적물 가액을 과대하게 평가하여 피보험자(보험대상자)의 사행성을 자극하여 도박과 같은 보험계약을 유발 시킬 수 있다. ( )

28 손해보험은 보험사고로 인하여 발생할 피보험자의 재산상의 손해에 대하여 보험자가 그 손해를 보상한다. ( )

29 화재보험은 화재나 번개로 인하여 재산상의 손해가 발생할 경우 보험증권에 의해 사전에 약정 된 보험금을 지급한다. ( )

30 화재보험은 태풍, 도난 등과 같은 손인들 및 소화 활동을 할 때 발생한 피해 및 피난지에서의 피난 손해도 보상 포함하지 않는다. (　　　)

31 운송보험에서 운송물과 더불어 운송에 이용되는 용구 자체, 승객도 운송보험에 포함된다. (　　　)

32 책임보험은 피보험자가 보험기간 중의 사고로 인하여 제3자에게 배상할 책임을 질 경우에 보험자가 이로 인한 손해를 보상할 것을 목적으로 하는 보험이다. (　　　)

33 생명보험은 보험금 지급 사유에 따라 보험기간 중 계약자가 장해 또는 사망 시 보험금을 지급하는 사망보험, 계약자가 보험기간 종료일까지 생존하는 경우에만 지급하는 생존보험, 생존보험의 저축기능과 사망보험의 보장기능을 절충한 생사혼합보험으로 세분화할 수 있다. (　　　)

34 중세시대 길드의 상호구제 기능은 그 필요성에 따라 전문화되고 자본주의 성립과 함께 영국의 우애조합(Friendly Society), 독일의 구제금고(Hilfskasse) 등의 형태로 발전하였으며, 이 시기에 생명보험·화재보험의 초기형태가 나타나게 되었다. (　　　)

35 우리나라에서는 정보통신기술의 발전으로 2013년부터는 인터넷 전문 생명보험회사가 출범하는 등 온라인채널이 지속적으로 확대되는 추세이다. (　　　)

정답 및 해설

18　○
19　×　위험분산기법 발달, 보험사의 대규모화 등으로 전가 가능 위험의 범위가 확대되는 추세이다.
20　○
21　○
22　×　3층 보장론의 측면에서 볼 때 정부의 사회보험과 민영보험은 상호보완적이면서도 경쟁 관계라는 양면성을 가진다.
23　×　보험은 특정 우발적 사고 발생 시 손해를 보상해 주는 것을 목적으로 하며, 사고 발생 자체를 예방 또는 진압하는 것을 목적으로 하지는 않는다.
24　○
25　○
26　×　보험은 금융기능 담당하고, 국가경제발전에 기여, 국가 재정부담기능을 수행하는 긍정적 기능이 있다.
27　○
28　○
29　○
30　×　화재보험 상품에 따라 태풍, 도난 등과 같은 손인들 및 소화 활동을 할 때 발생한 피해 및 피난지에서의 피난 손해도 보상 포함한다.
31　×　운송보험은 육상운송의 목적인 운송물에 대하여 그 운송에 관한 사고로 인하여 생길 손해의 보상을 목적으로 하는 보험이다. 운송보험의 목적은 운송물로, 운송에 이용되는 용구 자체나 승객은 운송보험에서 담보되는 보험의 목적은 아니다.
32　○
33　○
34　○
35　○

Step 02 객관식으로 실전연습

01 예상치 못한 손실의 집단화에 대한 설명으로 옳지 않은 것은?

① 실제 손실을 위험 그룹의 평균손실로 대체하는 것
② 불확실한 손실을 확정손실로 전환
③ 개인으로부터 그룹 전체의 손실로 분산
④ 동종의 손실을 이질적 손실로 전환

02 다음 〈보기〉에서 옳은 것을 모두 고르시오.

┌─ 보기 ┌
ㄱ. 보험은 보험회사가 그 손실에 상응하는 금전적 보상을 한다는 계약이다.
ㄴ. 보험은 확실한 손실을 불확정손실로 전환하는 특성을 가진다.
ㄷ. 보험은 개별적으로 감당하기 힘든 손실 위험을 집단화하는 특성을 가진다.
ㄹ. 실손 보상의 원리에 따라 이론적으로 보험보상을 통해 이익을 보는 경우가 가능하다.

① ㄱ, ㄴ   ② ㄱ, ㄷ
③ ㄴ, ㄷ   ④ ㄷ, ㄹ

03 보험의 대상이 되는 불확실성의 조건 중 옳지 않은 것은?

① 우연적이고 고의성 없는 위험
② 비재난적 손실
③ 측정 불가능한 손실확률
④ 경제적으로 부담 가능한 보험료 수준

04 〈보기〉에서 보험의 특성에 대한 설명으로 옳은 것을 모두 고른 것은?

┌─ 보기 ┌
ㄱ. 손실을 집단화할 때 발생 빈도와 평균손실의 규모 면에서 동종의 손실이거나 그와 비슷한 것이어야 한다.
ㄴ. 보험을 통한 상호부조적 관계는 당사자 간의 자율적 시장거래를 통하여 달성된다는 특징을 가진다.
ㄷ. 보험은 손실의 빈도는 많으나, 손실의 규모가 작아서 스스로 부담하기 어려운 위험을 보험회사에 전가하는 것이다.
ㄹ. 손실금액을 확정할 수 없는 손실이 발생할 경우에는 보험계약 시 사전에 결정하지 않고 사후에 결정한다.

① ㄱ, ㄴ   ② ㄱ, ㄷ
③ ㄴ, ㄹ   ④ ㄷ, ㄹ

05 위험에 대한 설명으로 옳지 않은 것은?

① 순수위험은 손실이 발생하거나 발생하지 않는 불확실성이며, 사건 발생이 곧 손실의 발생이므로 이익이 발생하지 않는다.
② 투기적 위험은 주식투자, 복권, 도박 등과 같이 경우에 따라 이익 또는 손실이 발생할 수 있는 위험으로 원칙적으로 보험상품의 대상이 아니다.
③ 정태적 위험은 손실만을 발생시키는 순수위험적 성격을 가지고 있으며 개인적으로 관찰 시 일정한 확률을 가지기 때문에 예측이 가능하여 대부분 보험의 대상이 된다.
④ 동태적 위험은 정태적 위험과 달리 경제적 손실을 발생시킬 가능성과 동시에 이익을 창출할 기회, 사업기회 등을 제공함으로써 손실 혹은 이익을 초래하는 불확실성으로 투기적 위험과 함께 보험의 대상이 되기 어려운 특성을 가진다.

정답 및 해설

01 ④ 발생 빈도와 평균손실의 규모 면에서 동종의 손실이거나 그와 비슷한 것이어야 한다.
02 ② ㄴ. 보험을 통해 불확실한 손실을 확정손실로 전환하는 특성을 가진다.
     ㄹ. 실손 보상의 원리에 따라 이론적으로 보험보상을 통해 이익을 보는 경우는 없다.
03 ③ 피해의 발생원인, 발생시점, 장소, 피해의 정도가 명확히 식별 가능하고 손실금액을 측정할 수 있어야 한다.
04 ① ㄷ. 보험은 손실의 빈도는 적으나, 손실의 규모가 커서 스스로 부담하기 어려운 위험을 보험회사에 전가하는 것이다.
     ㄹ. 손실금액을 확정할 수 없는 손실(신체적 손해, 미술품의 파손 등)이 발생할 경우에는 보험계약 시 사전에 결정한 금액을 보상할 수 있다.
05 ③ 정태적 위험은 손실만을 발생시키는 순수위험적 성격을 가지고 있으며 개별적 사건 발생은 우연적·불규칙적이나, 집단적으로 관찰 시 일정한 확률을 가지기 때문에 예측이 가능하여 대부분 보험의 대상이 된다.

06 〈보기〉에서 보험의 대상이 되는 불확실성의 조건에 대한 설명으로 옳은 것을 모두 고른 것은?

┌─ 보기 ┌
ㄱ. 건물 화재, 자동차 접촉사고 등과 같이 유사한 속성의 위험이 발생의 연관이 없이 독립적으로 다수 존재해야 한다.
ㄴ. 손실사고 발생이 인위적이거나 의도가 개입되지 않으며 미리 예측할 수 있어야 한다.
ㄷ. 피해의 발생 원인, 발생 시점, 장소, 피해의 정도가 명확히 식별 가능하고 손실금액을 측정할 수 있어야 한다.
ㄹ. 천재지변, 전쟁, 대량실업 등과 같은 재난적 손실이 보험의 대상이 된다.

① ㄱ, ㄴ   ② ㄱ, ㄷ
③ ㄴ, ㄹ   ④ ㄷ, ㄹ

07 다음 〈보기〉에서 보험의 기능에 대한 설명으로 옳은 것을 모두 고르시오.

┌─ 보기 ┌
ㄱ. 3층 보장론의 측면에서 볼 때 정부의 사회보험과 민영보험은 경쟁관계이지 상호보완적 관계는 아니다.
ㄴ. 소액의 자본(보험료)을 사용해 사전에 손실을 확정하고 안정적으로 기업을 존속할 수 있어 기업의 자본효율성을 제고할 수 있다.
ㄷ. 보험사는 향후 보험금 지급을 위해 계약자가 납입한 보험료를 적립하고 운영하여 이익금이 발생하더라도 주주·계약자에 대한 배당을 하지 않는다.
ㄹ. 보험은 특정 우발적 사고 발생 시 손해를 보상해 주는 것을 목적으로 하며, 사고 발생 자체를 예방 또는 진압하는 것을 목적으로 하지는 않는다.

① ㄱ, ㄴ   ② ㄱ, ㄷ
③ ㄴ, ㄹ   ④ ㄷ, ㄹ

08 보험의 긍정적 영향에 대한 설명으로 옳지 않은 것은?

① 3층 보장론을 통해 사회보장제도를 보완한다.
② 보험은 특정 우발적 사고 발생 시 손해를 보상해 주는 것을 목적으로 하며, 사고 발생 자체를 예방 또는 진압하는 것을 목적으로 하지는 않는다.
③ 안정적으로 기업을 존속할 수 있어 기업의 자본 효율성을 제고할 수 있다.
④ 개인적인 위험을 보장하는 것이기 때문에 국가 재정을 부담하는 기능을 한다고 보기 어렵다.

09 보험의 종류에 대한 설명 중 옳지 않은 것을 고르시오.

① 손해보험 : 보험사고로 인하여 발생할 피보험자의 재산상의 손해에 대하여 보험자가 그 손해를 보상한다.

② 인보험 : 피보험자의 생명이나 신체를 위협하는 사고가 발생한 경우 보험자가 일정한 금액 또는 기타의 급여를 지급한다.

③ 화재보험 : 화재나 번개로 인하여 재산상의 손해가 발생할 경우 보험증권에 의해 사전에 약정된 보험금을 지급(상품에 따라 태풍, 도난 등과 같은 손인들 및 소화활동을 할 때 발생한 피해 및 피난지에서의 피난 손해도 보상 포함)한다.

④ 질병보험 : 계약자가 우발적 사고로 신체에 상해를 입은 경우 보험금액 및 기타의 급여를 지급하는 보험으로 보험사고 발생으로 인한 상해의 정도에 따라 일정한 보험금을 지급하는 정액보험인 경우와 비정액보험인 경우가 있다.

정답 및 해설

06 ② ㄴ. 손실사고 발생이 인위적이거나 의도가 개입되지 않으며 미리 예측할 수 없이 무작위로 발생하는 손실이어야 한다.
　　ㄹ. 천재지변, 전쟁, 대량실업 등이 아닌 비재난적 손실이어야 한다.

07 ③ ㄱ. 3층 보장론의 측면에서 볼 때 정부의 사회보험과 민영보험은 상호보완적이면서도 경쟁관계라는 양면성을 가진다.
　　ㄷ. 보험사는 향후 보험금 지급을 위해 계약자가 납입한 보험료를 적립하고 이를 효율적으로 운영하여 이익금이 발생할 경우 주주·계약자에 대한 배당을 실시하기도 한다.

08 ④ 화재·질병·사망 등 우발적 사고로 국민의 생활이 위협받게 되면 사회 불안이 급증하고 국가는 이들의 생활을 보호하기 위해 재정부담이 확대될 수밖에 없다. 보험이 존재함으로써 이러한 우발적 사고에 대한 손해를 보험회사가 보상하기 때문에 국가 재정부담의 기능도 수행한다고 볼 수 있다.

09 ④ 질병보험 : 보험자가 피보험자의 질병에 관한 보험사고가 발생할 경우 보험금이나 그 밖의 급여를 지급할 것을 약정한 보험으로 그 성질에 반하지 아니하는 범위에서 생명보험 및 상해보험에 관한 규정을 준용한다. 지문은 상해보험에 대한 설명이다.

10 〈보기〉에서 손해보험에 대한 설명으로 옳은 것을 모두 고른 것은?

> ┌ 보기 ┐
> ㄱ. 화재보험은 화재나 번개로 인하여 재산상의 손해가 발생할 경우 보험증권에 의해 사전에 약정된 보험금을 지급하는 것이 아닌 실제로 발생한 피해를 측정하여 지급한다.
> ㄴ. 운송보험은 육상, 해상운송의 목적인 운송물에 대하여 그 운송에 관한 사고로 인하여 생길 손해의 보상을 목적으로 하는 보험이다.
> ㄷ. 책임보험은 피보험자가 보험기간 중의 사고로 인하여 제3자에게 배상할 책임을 질 경우에 보험자가 이로 인한 손해를 보상할 것을 목적으로 하는 보험이다.
> ㄹ. 보증보험은 각종 거래에서 발생하는 신용위험을 감소시키기 위해 보험의 형식으로 하는 보증제도로서 보증보험회사가 일정한 대가(보험료)를 받고 계약상의 채무이행 또는 법령상의 의무이행을 보증하는 특수한 형태의 보험이다.

① ㄱ, ㄴ   ② ㄱ, ㄷ
③ ㄴ, ㄹ   ④ ㄷ, ㄹ

11 인보험에 대한 설명으로 옳지 않은 것은?

① 생명보험은 계약자의 사망 또는 일정 연령까지 생존 시 약정한 보험금을 지급하는 보험이다.
② 상해보험은 사람의 신체에 입은 상해에 대하여 치료에 소요되는 비용 및 상해의 결과에 따른 사망 등의 위험에 관하여 금전 및 그 밖의 급여를 지급할 것을 약속하고 대가를 수수하는 보험이다.
③ 상해보험은 계약자가 우발적 사고로 신체에 상해를 입은 경우 보험금액 및 기타의 급여를 지급하는 보험이다.
④ 질병보험은 보험자가 피보험자의 질병에 관한 보험사고가 발생할 경우 보험금이나 그 밖의 급여를 지급할 것을 약정한 보험으로 그 성질에 반하지 아니하는 범위에서 생명보험 및 상해보험에 관한 규정을 준용한다.

12 〈보기〉에서 생명보험의 역사를 순서대로 나열한 것은?

┌ 보기 ┌
ㄱ. 에라노이(Eranoi)는 집단 구성원이 사망하거나 어려운 일이 생길 때를 대비하여 서로 도움을 주는 종교적 공제단체였다.
ㄴ. 독일에서 발달한 길드(Guild)는 교역의 발달에서 파생된 상호구제제도이다.
ㄷ. 톤틴연금은 대중의 출자로 대량의 자금을 만드는 방법으로 출자자를 연령별 그룹으로 구분하고 그룹별로 결정된 일정 금액을 매년 국가에 납부하고 이를 그룹의 생존자 간에 분배하는 일종의 종신연금과 같은 제도이다.
ㄹ. 에쿼터블 생명보험은 최초로 수학적으로 예측한 인간의 예상 수명을 보험에 적용하였고 이에 따라 적절한 보험료를 산출하는 체계화된 시스템과 해약환급금, 신체검사, 가입금액 한도, 배당 등 오늘날 생명보험 운영의 토대가 되는 각종 근대적인 제도를 도입하였다.

① ㄱ－ㄴ－ㄷ－ㄹ
② ㄱ－ㄴ－ㄹ－ㄷ
③ ㄱ－ㄷ－ㄴ－ㄹ
④ ㄴ－ㄹ－ㄱ－ㄷ

정답 및 해설

10 ④ ㄱ. 화재보험은 화재나 번개로 인하여 재산상의 손해가 발생할 경우 보험증권에 의해 사전에 약정된 보험금을 지급한다.
ㄴ. 운송보험은 육상운송의 목적인 운송물에 대하여 그 운송에 관한 사고로 인하여 생길 손해의 보상을 목적으로 하는 보험이다. 해상은 해상보험으로 따로 존재한다.
11 ③ 상해보험, 질병보험, 간병보험은 제3보험에 해당한다.
12 ① ㄱ. 기원전 3세기경의 에라노이(Eranoi)
ㄴ. 13 ~ 14세기경 독일에서 발달한 길드(Guild)
ㄷ. 톤틴연금(17세기 말 루이 14세)
ㄹ. 에쿼터블 생명보험(1762년 영국)

 02 생명보험이론

www.pmg.co.kr

OX로 핵심잡기

topic 2 생명보험 계약과 생명보험의 기본원리

01 보험자는 위험을 인수하는 보험회사이다. ( )

02 보험사업을 영위하기 위해서는 금융위원회의 사업허가를 득해야 하는 등의 제한이 있다.
( )

03 보험계약자의 자격에는 자연인으로 제한이 있다. ( )

04 보험계약자의 자격에는 제한이 없으나 미성년자, 피한정후견인, 피성년후견인의 경우에는 법정
대리인의 동의를 필요로 한다. ( )

05 보험수익자는 보험계약에서 정의한 보험사고가 발생함으로써 손해를 입는 사람이다.
( )

06 자기의 생명보험은 생명보험에서 피보험자와 보험계약자가 동일할 경우이다. ( )

07 타인의 생명보험일 경우 선택적으로 그 타인의 서면동의(또는 전자서명 등)를 받아야 한다.
( )

08 보험수익자는 피보험자에게 보험사고가 발생 시 보험자에게 보험금 지급을 청구·수령할 수 있
는 권리를 가진 사람이다. ( )

09 자기를 위한 보험은 보험수익자와 보험계약자가 동일한 경우이다. ( )

10 보험계약자와 피보험자가 다른 '타인의 생명보험'일 경우 보험수익자 지정 또는 변경 시 보험계
약자가 언제든지 변경할 수 있다. ( )

11 보험금을 받는 자를 지정하지 않는 경우에는 보험사고와 관계없이 보험수익자가 결정된다.
( )

12 보험금을 받는 자를 지정하지 않는 경우에는 생존보험금은 보험계약자가 보험수익자가 된다.
( )

13 보험설계사는 보험회사, 대리점, 중개사에 소속되어 보험계약체결을 중개하는 자로 계약체결권을 가지고 있다.
( )

14 보험기간에 대해 상법에서는 보험자의 책임을 최초의 보험료를 지급 받은 때로부터 개시한다고 규정하고 있다.
( )

15 보험료는 보험기간 내 보험사고가 발생하였을 때 보험자(보험회사)가 지급해야 하는 금액이다.
( )

16 단기납(短期納)보험은 보험료의 납입 기간이 보험 기간보다 짧은 기간에 종료되는 보험이다.
( )

정답 및 해설

01 ○
02 ○
03 × 보험계약자의 자격에는 제한이 없어 자연인·법인 또는 1인·다수 등 상관없이 보험계약자가 될 수 있다.
04 ○
05 × 피보험자는 보험계약에서 정의한 보험사고가 발생함으로써 손해를 입는 사람이다.
06 ○
07 × 타인의 생명보험일 경우 반드시 그 타인의 서면동의(또는 전자서명 등)를 받아야 하는 제한이 있다.
08 ○
09 ○
10 × 보험계약자와 피보험자가 다른 '타인의 생명보험'일 경우 보험수익자 지정 또는 변경 시 피보험자의 동의가 필요하다.
11 ×

보험사고별 종류	보험수익자
사망보험금	피보험자의 상속인
생존보험금	보험계약자
장해·입원·수술·통원급부금 등	피보험자

12 ○
13 × 보험대리점이 계약체결권, 고지수령권, 보험료 수령권의 권한을 가지고 있다.
14 ○
15 × 보험금은 보험기간 내 보험사고가 발생하였을 때 보험자(보험회사)가 지급해야 하는 금액이다.
16 ○

17 대수의 법칙은 생명보험에서는 다수의 피보험자로 구성된 동일한 성질의 위험을 가진 보험집단 이 존재해야 하고 그 피보험자 수가 많을수록 통계적 수치의 정확성이 커지게 된다고 본다. ( )

18 국민생명표는 생명보험회사, 공제조합 등의 가입자에 대해 실제 사망 경험을 근거로 작성한 생 명표이다. ( )

19 수지상등의 원칙은 보험료를 개별보험계약자로부터 징수하여 보험료 총액과 사업비 등을 제외 한 지급 보험금 총액 간의 균형이 이루어지도록 해야 한다. ( )

---

topic 3 보험료계산의 기초와 영업보험료의 구성

20 3이원방식은 수지상등의 원칙에 의거하여 예정사망률(예정위험률), 예정이율, 예정사업비율의 3대 예정률을 기초로 계산하는 방식이다. ( )

21 예정사망률이 낮아지면 사망보험(피보험자 사망 시 보험금이 지급되는 보험)의 보험료는 내려 간다. ( )

22 생존보험(일정 시점까지 피보험자 생존 시에만 보험금이 지급되는 보험)의 보험료는 내려간다. ( )

23 적립보험료는 시간이 흐르면서 이자와 운용 수익이 발생하게 된다. 이러한 기대수익을 사전에 예상하여 일정 비율로 보험료를 할인해 주는 할인율을 예정이율이라고 한다. ( )

24 예정이율과 보험료는 비례관계이다. ( )

25 예정사업비율과 보험료는 비례관계이다. ( )

26 기존의 3이원방식 가격요소와 함께 계약유지율, 판매량, 투자수익률 등 다양한 가격요소를 반영 하여 보험료를 산출하는 방식을 현금흐름방식이라고 한다. ( )

27 순보험료는 장래의 보험금 지급의 재원(財源)이 되는 보험료로 위험보험료와 저축보험료로 분 리할 수 있다. ( )

28 위험보험료는 만기보험금, 중도보험금 등의 지급 재원이 되는 보험료이다. ( )

29   부가보험료는 보험회사가 보험계약을 체결, 유지 및 관리하기 위한 경비에 사용되는 보험료이다.
( )

30   위험보험료는 예정사업비율을 기초로 계산되며 신계약비, 계약체결비용 및 계약관리비용(유지 관련 비용, 기타비용)으로 구분된다.
( )

31   자연 보험료는 나이가 들수록 보험료가 매년 낮아지게 된다.
( )

32   평준보험료는 동일한 보험료를 납입함으로써 계약 후반기에 늘어나는 보험금 지급에 대비하여 전반기에 미리 기금을 조성해 놓는 방식이다.
( )

33   유배당보험의 경우 보험회사는 계약에 대해 잉여금이 발생할 경우 잉여금의 일정 비율을 계약자 배당준비금으로 적립하여 이를 보험계약자에게 배당금으로 지급한다.
( )

정답 및 해설

17   ○
18   ✕   경험생명표는 생명보험회사, 공제조합 등의 가입자에 대해 실제 사망 경험을 근거로 작성한 생명표이다. 국민 생명표는 국민 또는 특정 지역의 인구를 대상으로 그 인구 통계에 의해 사망상황을 작성한 생명표이다.
19   ✕   수지상등의 원칙은 보험료를 개별보험계약자로부터 징수하여 보험료 총액과 사업비 등을 포함한 지급 보험금 총액 간의 균형이 이루어지도록 해야 한다.
20   ○
21   ○
22   ✕   생존보험(일정 시점까지 피보험자 생존 시에만 보험금이 지급되는 보험)의 보험료는 올라간다.
23   ○
24   ✕   예정이율이 낮아지면 보험료는 올라가고 예정이율이 높아지면 보험료는 내려간다.
25   ○
26   ○
27   ○
28   ✕   저축보험료는 만기보험금, 중도보험금 등의 지급 재원이 되는 보험료이다. 위험보험료는 사망보험금, 장해보험금 등 보험사고 발생 시 보험금 지급 재원이 되는 보험료이다.
29   ○
30   ✕   부가보험료는 예정사업비율을 기초로 계산되며 신계약비, 계약체결비용 및 계약관리비용(유지 관련 비용, 기타 비용)으로 구분된다.
31   ✕   자연 보험료는 나이가 들수록 사망률(위험률)이 높아짐에 따라 보험금 지급이 증가하므로 보험료가 매년 높아지게 된다.
32   ○
33   ○

34 보험료의 과잉분에 따른 잉여금은 보험회사의 경영형태 여하에도 불구하고 대부분 계약자에게 정산환원 되어야 하는데 이를 계약자배당이라 하고, 주식회사의 주주 배당과는 그 성질이 동일하다.　　　　　　　　　　　　　　　　　　　　　　　　　　　　（　　　）

35 「보험업법」은 보험모집 시 미래 경영상황에 따라 변동될 수 있는 불확실한 배당을 과장되게 기재함으로써 발생할 수 있는 과당경쟁 및 고객과의 마찰 등을 방지하기 위해 보험모집에 사용되는 보험안내자료 상 보험회사의 장래 이익배당 또는 잉여금 분배에 대한 추정내용을 기재하지 못하도록 규제하고 있다(보험업법 제95조 제3항).　　　　　　　　　　　　（　　　）

topic 4 ┃ 언더라이팅과 클레임

36 언더라이팅(청약 심사)은 보험 가입을 원하는 피보험자(보험대상자)의 위험을 각 위험집단으로 분류하여 보험 가입 여부를 결정(계약인수·계약거절·조건부인수 등) 하는 일련의 과정이다.　　　　　　　　　　　　　　　　　　　　　　　　　　　　（　　　）

37 언더라이팅은 보험자의 환경·신체·재정·도덕적 위험 중 특정분야에 국한된 위험평가가 이루어진다.　　　　　　　　　　　　　　　　　　　　　　　　　　　　（　　　）

38 앞서 언급한 '위험평가'의 과정을 통한 언더라이팅은 보험사업의 보조적인 업무에 해당된다.　　　　　　　　　　　　　　　　　　　　　　　　　　　　（　　　）

39 언더라이팅은 언더라이터(청약심사업무담당자) 뿐 아니라 보험고객 모집조직, 상품개발 및 보험계리 조직, 보험금 지급조사 조직, 경영진에 이르는 모든 관계자들이 전사적·유기적으로 연계된 종합적인 의사결정 과정이다.　　　　　　　　　　　　　　　　　　　　（　　　）

40 언더라이팅은 역선택위험을 감소시킨다.　　　　　　　　　　　　　　　　（　　　）

41 언더라이팅은 회사의 경쟁력 유지를 위해서 좋지만 보험계약자에게는 불공평하게 작용한다.　　　　　　　　　　　　　　　　　　　　　　　　　　　　（　　　）

42 언더라이터는 보험설계사를 통해 접수된 청약서를 검토하고 보험 가입의 승인 여부, 또는 특별한 조건으로 조건부인수를 할 것인지 결정한다.　　　　　　　　　　　（　　　）

43 신체적 언더라이팅은 피보험자의 직업, 운전 차량의 종류, 취미생활, 부업 활동, 거주지 위험 등을 조사하는 절차이다.　　　　　　　　　　　　　　　　　　　　　　（　　　）

44 도덕적 언더라이팅에는 보험 가입 이후 의식적인 고의적·악의적으로 보험을 악용 또는 역이용
하려는 행위만 포함된다. ( )

45 재정적 언더라이팅은 보험설계사의 입장에서는 다수의 계약보다 단일 고액보장 계약을 선호하
는 것을 반영하여 회사의 이익을 극대화하려는 것이다. ( )

46 언더라이팅의 구성은 (1단계) 모집조직에 의한 선택 → (2단계) 건강진단에 의한 선택 → (3단
계) 언더라이팅 부서에 의한 선택 → (4단계) 계약적부확인 → (5단계) 사고 및 사망 조사로 이루
어진다. ( )

47 보험설계사는 고객과 가장 먼저 접촉하여 피보험자의 건강상태, 생활환경 등에 대해 파악하고
1차 위험선택의 기능을 수행한다. ( )

48 무심사 보험이나 간편심사보험은 심사과정 간소화로 가입절차는 간편하고 보험료도 비교적 낮
게 책정된다. ( )

정답 및 해설

34 × 보험료의 과잉분에 따른 잉여금은 보험회사의 경영형태 여하에도 불구하고 대부분 계약자에게 정산환원 되어
야 하는데 이를 계약자배당이라 하고, 주식회사의 주주 배당과는 그 성질이 상이하다고 볼 수 있다.

35 ○

36 ○

37 × 언더라이팅은 보험자의 환경·신체·재정·도덕적 위험 등 전반에 걸친 위험평가가 이루어진다.

38 × 앞서 언급한 '위험평가'의 과정을 통한 언더라이팅은 우량 피보험자 선택, 보험사기와 같은 역선택 위험 방지
등 보험사업의 핵심적인 업무에 해당한다.

39 ○

40 ○

41 × 보험회사는 합리적인 사업운영을 위해 보험계약자를 공평하게 대우해야 하며, 보험계약자는 자신의 위험도에
대한 적절한 보험료를 납부함으로써 양쪽의 공평성이 유지된다.

42 ○

43 × 환경적 언더라이팅은 피보험자의 직업, 운전 차량의 종류, 취미생활, 부업 활동, 거주지 위험 등을 조사하는
절차이다. 신체적 언더라이팅은 개인 신체상 위험을 평가하는 절차로서 피보험자(보험대상자)의 연령, 성별, 체
격, 과거 및 현재 병력, 가족력 등을 파악하는 것이다.

44 × 도덕적 언더라이팅에는 보험 가입 이후 의식적 또는 무의식적으로 부주의, 과실 등으로 보험사고의 발생 가능
성이 높아짐에 따른 손해 확대위험 등도 이에 포함된다.

45 × 재정적 언더라이팅의 목적은 보험계약자의 가입 상품의 보장내용이 청약자의 생활환경·소득수준에 적합한지
여부를 확인함으로써 보험을 투기의 목적으로 가입하는 것을 예방하고 피보험자가 적정수준의 보장을 받도록
하는 것이다.

46 ○

47 ○

48 × 무심사 보험이나 간편심사보험은 심사과정 간소화로 가입절차는 간편하나 보험료는 비교적 높게 책정된다.

49 무진단 계약인수 시 무진단 계약인수에 따른 언더라이팅 비용 절감액과 사고보험금 증가액은 관련이 없다. ( )

50 무진단 보험은 고지의무에 있어 무심사 보험과 동일하다. ( )

51 언더라이팅의 4단계인 계약적부확인은 언더라이터가 3단계 선택과정에서 보험금액이 과도하게 크거나 피보험자의 잠재적 위험이 높은 것으로 의심되는 경우 또는 계약성립 이후라도 역선택 가능성이 높다고 의심되거나 사후분쟁의 여지가 있는 계약에 대해 보험회사 직원이나 계약적부확인 전문회사 직원이 피보험자의 체질 및 환경 등 계약선택상 필요한 모든 사항을 직접 면담·확인하는 것이다. ( )

52 '표준약관'에서는 피보험자의 고지의무 위반 사실을 안 날로부터 6개월 이내, 계약체결일로부터 3년 이내에 해지하거나 보장을 제한할 수 있도록 규정한다. ( )

53 4가지 언더라이팅 대상(환경적, 신체적, 도덕적, 재정적)에 대한 평가 결과가 표준체 기준 위험보다 높은 경우 표준미달체, 위험이 낮은 경우 우량체로 분류된다. ( )

54 표준미달체의 계약인수 시 보험금을 할증하거나 보험료를 삭감하는 방식으로 이루어진다. ( )

55 청약서 기재사항은 원칙적으로 보험설계사가 임의대로 수정할 수 있다. ( )

56 직업 위험등급과 운전 위험등급이 상이할 경우 더 낮은 위험등급을 적용하게 된다. ( )

57 외국인은 체류 목적 및 체류예정 기간에 따라 위험을 평가해 보험계약 인수 여부를 결정한다. 보험사별로 차이가 있으나, 일반적으로는 단기 체류의 경우 인수를 거절하고 방문 동거, 거주, 재외동포, 영주의 경우 큰 제한 없이 인수한다. ( )

58 이민 또는 귀화 목적으로 거주하는 경우, 열대·한대·동란 및 전쟁지역 등의 지역을 목적지로 하는 경우, 해외 노무자·탐험대·등반, 해외 체류 기간이 일정 기간을 초과하는 경우는 일반적으로 계약인수를 거절한다. ( )

59 지급 청구건이 약관 규정상 지급 사유에 해당되지 않는 경우 이에 대한 부지급처리 업무는 언더라이팅 업무에 해당한다. ( )

60 클레임 업무는 잘못 처리되었을 경우 현실적으로 상당한 금액이 보험금으로 지출되기 때문에 회사의 경영수지에 큰 영향을 미칠 수 있다. ( )

topic 5 생명보험 세제

61 국가는 국민 개개인의 미래보장을 보완하기 위한 수단 중 하나로써 생명보험의 긍정적 기능을 인정하여 다양한 세제혜택을 부여하고 있다. ( )

62 일반 보장성보험은 만기 환급되는 금액이 납입 보험료보다 큰 보험이다. ( )

63 일용근로자를 제외한 근로소득자가 기본공제대상자를 피보험자로 하는 일반 보장성보험에 가입한 경우에 과세 기간에 납입한 보험료(100만 원 한도)의 15%(지방소득세 별도)에 해당되는 금액을 종합소득산출세액에서 공제받을 수 있다. ( )

64 세액공제 대상은 근로소득자, 연금소득자 또는 개인사업자 등도 보장성보험에 가입하면 세액공제를 받을 수 있다. ( )

정답 및 해설

49 × 무진단 계약인수에 따른 언더라이팅 비용 절감액이 사고보험금 증가액을 상쇄할 수 있는 경우에 한해 재무적 유용성이 확보된다.

50 × 무진단 보험은 건강진단 절차만을 생략할 수 있는 보험으로 고지의무 등에서 일반보험과 동일하므로 고지의무가 없는 무심사 보험과 차이가 있다.

51 ○

52 × '표준약관'에서는 피보험자의 고지의무 위반 사실을 안 날로부터 1개월 이내, 계약체결일로부터 3년 이내에 해지하거나 보장을 제한할 수 있도록 규정한다.

53 ○

54 × 표준미달체의 계약인수 시 보험료를 할증하거나 보험금을 삭감하는 방식으로 이루어진다.

55 × 청약서 기재사항은 원칙적으로 보험설계사가 임의대로 수정할 수 없으며, 변경이나 수정이 필요한 경우 새로운 청약서 발행이 필요하다. 다만, 부득이한 경우 보험회사별로 차이가 있을 수 있으나, 보험계약자 및 피보험자의 동의를 득한 후 수정할 수 있으며 청약서 원본과 부본 상에 두 줄로 삭선 처리 후 정정 서명을 받아야 한다.

56 × 직업 위험등급과 운전 위험등급이 상이할 경우 더 높은 위험등급을 적용하게 된다. 위험등급은 업계 전체의 경험사망률을 기반으로 설정되나, 해당 등급별 가입한도는 보험회사별 운영기준에 따라 상이할 수 있어 청약서 뒷면에 가입한도를 표기함으로써 계약자 및 피보험자에게 이를 고지한다.

57 ○

58 ○

59 × 지급 청구건이 약관 규정상 지급 사유에 해당되지 않는 경우 이에 대한 부지급처리 업무는 클레임 업무에 해당한다.

60 ○

61 ○

62 × 일반 보장성보험은 만기 환급되는 금액이 납입 보험료를 초과하지 않는 보험이다.

63 × 일용근로자를 제외한 근로소득자가 기본공제대상자를 피보험자로 하는 일반 보장성보험에 가입한 경우에 과세 기간에 납입한 보험료(100만 원 한도)의 12%(지방소득세 별도)에 해당되는 금액을 종합소득산출세액에서 공제받을 수 있다.

64 × 세액공제 대상을 근로소득자로 제한하고 있어 연금소득자 또는 개인사업자 등은 보장성보험에 가입하더라도 세액공제를 받을 수 없다.

65 근로소득자는 사장·임원·직원 등이며, 일용근로자는 제외한다. 다만, 개인사업자에게 고용된 직원이 근로소득자일 경우에는 세액공제가 가능하다. (   )

66 피보험자에 해당하는 기본공제대상자는 본인을 포함한 배우자 및 부양가족으로 근로소득자 본인에 대해서는 별도의 요건이 존재한다. (   )

67 배우자 및 부양가족 등은 근로소득자 본인이 보험료를 납입하더라도 소득 및 연령 요건 미충족시 세액공제를 받을 수 없다. (   )

68 보장성보험 기본공제대상자의 요건에서 피보험자가 자녀인 경우 소득금액 요건은 100만 원이하, 연령 요건은 만 25세 이하여야 한다. (   )

69 기본공제대상자가 장애인일 경우 연령에 상관없이 소득금액 요건만 충족 시 세액공제가 가능하다. (   )

70 과세 기간 중 보장성보험을 해지할 경우 해지 시점까지 납입한 보험료에 대해 세액공제 받은 보험료에 대한 추징이 실행된다. (   )

71 근로소득자가 기본공제대상자 중 장애인을 피보험자 또는 수익자로 하는 장애인전용보험(보험계약 또는 보험료 납입 영수증에 장애인전용보험으로 표시) 및 장애인전용보험전환특약을 부가한 보장성보험의 경우 과세기간 납입 보험료(1년 100만 원 한도)의 15%(지방소득세 별도)에 해당되는 금액을 종합소득산출세액에서 공제받을 수 있다. (   )

72 근로소득자 본인이 보험료를 납입하는 보장성보험의 피보험자가 연간 소득 100만 원을 초과하는 배우자인 경우 보장성보험의 세액공제 대상이다. (   )

73 근로소득자 본인이 보험료를 납입하는 각 보장성보험의 피보험자가 연간 소득 100만 원 미만의 부양가족 중 만 59세 부모는 보장성보험의 세액공제 대상이다. (   )

74 근로소득자 본인이 보험료를 납입하는 각 보장성보험의 피보험자가 만 20세 형제일 경우는 보장성 보험의 세액공제 대상이다. (   )

75 보장성보험의 피보험자가 태아인 경우는 보장성보험의 세액공제 대상이다. (   )

76 보험계약기간이 '20.6월부터 '21.5월까지인 보장성보험의 보험료를 '20.6월에 일시 납부했을 경우 해당기간 동안 안분하여 세액공제가 이루어진다. (   )

77 보장성보험의 '20년 중 2개월 치 보험료를 미납하여 '21년 중 납부한 경우는 세액공제는 납부일이 속하는 과세기간에 적용되므로 미납분 보험료의 경우 실제 납부한 과세 기간에 공제 가능하다. ( )

78 자영업을 영위하는 사람(장애인)이 본인 명의로 보장성보험에 가입한 경우는 보장성보험의 세액공제 대상이다. ( )

79 연금계좌에는 연금저축계좌와 퇴직연금계좌가 있는데 연금저축계좌는 금융회사와 체결한 계약에 따라 '연금저축'이라는 명칭으로 설정하는 계좌이며 연금저축보험, 연금저축신탁, 연금저축펀드가 이에 해당한다. ( )

80 퇴직연금계좌는 퇴직연금을 지급받기 위해 가입하는 계좌로 확정급여형(DB형), 확정기여형(DC형) 및 개인형 퇴직연금(IRP) 등이 있다. 이 중 확정기여형(DC형) 퇴직연금은 세액공제 대상에서 제외된다. ( )

정답 및 해설

65 ○
66 × 피보험자에 해당하는 기본공제대상자는 본인을 포함한 배우자 및 부양가족으로 근로소득자 본인에 대해서는 별도의 요건이 없다.
67 ○
68 × 보장성보험 기본공제대상자의 요건에서 피보험자가 자녀인 경우 소득금액 요건은 100만 원이하, 연령 요건은 만 20세 이하여야 한다.

보험료 납입인	피보험자	소득금액 요건	연령 요건	세액공제여부
본인	부모	연간 100만 원 이하	만 60세 이상	가능
본인	배우자	연간 100만 원 이하	상관없음	가능
본인	자녀	연간 100만 원 이하	만 20세 이하	가능
본인	형제자매	연간 100만 원 이하	만 20세 이하 또는 만 60세 이상	가능

69 ○
70 × 과세 기간 중 보장성보험을 해지할 경우 해지 시점까지 납입한 보험료에 대해 세액공제가 가능하며 이미 세액공제 받은 보험료에 대한 추징 또한 없다.
71 ○
72 × 100만 원을 초과하였으므로 세액공제 적용 대상이 아니다.
73 × 만 60세 이상이어야 하므로 세액공제 대상이 아니다.
74 ○
75 × 출생 전이므로 기본공제대상자에 해당하지 않는다.
76 × '20년(납부일이 속하는 과세기간)의 근로소득에서 세액공제한다. 기간별 안분 계산하지 않는다.
77 ○
78 × 자영업자는 근로소득자에 해당하지 않으므로 세액공제 대상에서 제외한다.
79 ○
80 × 이 중 확정급여형(DB형) 퇴직연금은 세액공제 대상에서 제외된다.

81 종합소득자가 과세기간 중 연금저축계좌에 납입한 금액 400만 원 한도의 12%(지방소득세 별도)를 세액공제 받을 수 있다. ( )

82 종합소득금액 4천 500만 원 이하 또는 근로소득만 있는 경우 총 급여액 5천 500만 원 이하인 거주자는 15%(지방소득세 별도)를 해당 과세기간 종합소득산출세액에서 공제한다. ( )

83 보장성보험료 세액공제와 연금계좌의 세액공제 모두 근로소득자만 가능하다. ( )

84 저축성보험의 보험차익은 보험계약에 따라 만기 또는 해지환급금(피해자 사망, 질병, 부상, 상해 등에 따른 보험금은 제외) 등에서 납입보험료 총액을 뺀 금액을 의미한다. ( )

85 저축성보험에서 최초 보험료 납입일로부터 만기일 또는 중도해지일까지의 기간은 10년 이상이나, 납입 보험료를 최초납입일부터 10년이 경과하기 전에 확정된 기간 동안 연금형태로 분할하여 지급받는 경우는 비과세 요건에서 제외한다. ( )

86 비과세종합저축은 만 65세 이상 또는 장애인 등을 가입대상으로 1인당 저축원금 7천만 원까지 납입 가능하다. ( )

87 비과세 종합저축 대상자는 장애인, 독립유공자와 그 유족 및 가족, 기초생활수급자, 고엽제후유의증환자, 5 · 18민주화운동 부상자 등이 있다. ( )

정답 및 해설

81 × 종합소득자가 과세기간 중 연금저축계좌에 납입한 금액 600만 원 한도의 12%(지방소득세 별도)를 세액공제 받을 수 있다.
82 ○
83 × 보장성보험료 세액공제가 근로소득자에 한해 가능한 것과 달리 연금계좌의 세액공제는 근로소득 외의 종합소득이 있는 경우에도 가능하다.
84 ○
85 ○
86 × 비과세종합저축은 만 65세 이상 또는 장애인 등을 가입대상으로 1인당 저축원금 5천만 원까지 납입 가능하다.
87 ○

Step 02 객관식으로 실전연습

01 〈보기〉에서 생명보험계약 관계자에 대한 설명으로 옳은 것을 모두 고른 것은? ^{22. 계리직}

> ┌ 보기 ┌
> ㄱ. 보험계약자와 피보험자는 1인 또는 다수 모두 가능하다.
> ㄴ. 피보험자와 보험계약자가 각각 다른 사람일 경우 '타인을 위한 보험'이라고 한다.
> ㄷ. 보험계약자가 보험계약 시 보험수익자를 지정하지 않은 경우 생존보험금 발생 시 보험수익자는 피보험자이다.
> ㄹ. 보험중개사는 독립적으로 보험계약 체결을 중개하는 자로 계약체결권, 고지수령권, 보험료 수령권에 대한 권한이 없다.

① ㄱ, ㄴ   ② ㄱ, ㄹ
③ ㄴ, ㄷ   ④ ㄷ, ㄹ

02 생명보험계약의 관계자에 대한 설명으로 옳지 않은 것은?

① 보험자는 위험을 인수하는 보험회사이다.
② 보험계약자는 보험계약에 대한 보험료 납부 등의 의무와 보험금 청구 권리를 가진다.
③ 피보험자는 1인 또는 다수이든 상관이 없다.
④ 타인의 생명보험은 보험계약자와 보험수익자가 각각 다른 사람일 경우이다.

정답 및 해설

01 ② 생명보험계약 관계자에는 보험자, 보험계약자, 피보험자, 보험수익자, 모집 보조자 등이 포함된다. 모집 보조자는 계약자와 보험자간의 계약 체결을 위해 중간에서 도와주는 보험설계사, 보험대리점, 보험중개사 등을 말한다.
  ㄴ. 생명보험에서 피보험자와 보험계약자가 동일할 경우 '자기의 생명보험', 양자가 각각 다른 사람일 경우 '타인의 생명보험'이라고 한다. 한편, 보험수익자와 보험계약자가 동일한 경우 '자기를 위한 보험', 양자가 각각 다른 사람일 경우 '타인을 위한 보험'이라 한다.
  ㄷ. 계약자가 보험계약 시 보험수익자를 지정하지 않은 경우 보험사고에 따라 보험수익자가 결정된다. 사망보험금은 피보험자의 상속인, 생존보험금은 보험계약자, 장해·입원·수술·통원급부금 등은 피보험자가 보험수익자가 된다.
02 ④ 타인의 생명보험은 보험계약자와 피보험자가 각각 다른 사람일 경우이다. 보험계약자와 보험수익자가 각각 다른 사람일 경우는 타인을 위한 보험이다.

03 〈보기〉에서 보험수익자에 대한 설명으로 옳은 것을 모두 고른 것은?

┌─ 보기 ───┐
ㄱ. 보험수익자가 여러 명일 경우 대표자를 지정해야 하며 보험수익자의 지정과 변경권은 보험
   계약자에게 있다.
ㄴ. 보험금을 받는 자를 지정하지 않은 경우는 계약자가 보험계약 시 보험수익자를 지정하지 않
   은 경우 보험사고와 관계없이 보험계약자가 보험수익자가 된다.
ㄷ. 보험금을 받는 자를 지정하지 않은 경우는 사망보험금은 피보험자의 상속인이 보험수익자
   가 된다.
ㄹ. 보험금을 받는 자를 지정하지 않은 경우는 생존보험금은 피보험자가 된다.
└──┘

① ㄱ, ㄴ   ② ㄱ, ㄷ
③ ㄴ, ㄹ   ④ ㄷ, ㄹ

04 〈보기〉에서 보험계약의 요소에 대한 설명으로 옳은 것의 총 개수는? 23. 계리직

┌─ 보기 ───┐
ㄱ. 보험목적물은 보험사고 발생의 객체로 보험자가 배상하여야 할 범위와 한계를 정해준다.
ㄴ. 보험기간은 보험에 의한 보장이 제공되는 기간으로, 위험기간 또는 책임기간이라고도 하며
   보험자의 책임은 보험을 승낙함으로써 개시된다.
ㄷ. 보험사고란 보험에 담보된 재산 또는 생명이나 신체에 관하여 보험자가 보험금 지급을 약속
   한 사고가 발생하는 것이다.
ㄹ. 보험료는 보험사고에 의한 보장을 받기 위하여 계약자가 보험자에게 지급하여야 할 금액이다.
└──┘

① 1개   ② 2개
③ 3개   ④ 4개

05 보험계약의 요소에 대한 설명으로 옳지 않은 것은?

① 보험기간에 대해 상법에서는 보험계약의 합의가 이루어진 시점부터 개시한다고 규정하고
   있다.
② 보험금은 보험계약 체결 시 보험자와 보험계약자 간 합의에 의해 설정할 수 있다.
③ 보험료를 납부하지 않는다면 그 계약은 해제 혹은 해지된다.
④ 전기납보험은 보험료 납입을 보험기간(보장 기간)의 전 기간에 걸쳐서 납부하는 보험이다.

06 생명보험계약 당사자에 대한 설명이다. 다음 〈보기〉에서 옳은 것을 모두 고르시오.

> ┌ 보기 ┐
> ㄱ. 보험자는 위험을 인수하는 보험회사이다.
> ㄴ. 피보험자는 보험자(보험회사)와 보험계약을 체결하는 보험계약 당사자이다.
> ㄷ. 보험계약자는 보험계약에서 정의한 보험사고가 발생함으로써 손해를 입는 사람이다.
> ㄹ. 보험수익자는 피보험자에게 보험사고가 발생 시 보험자에게 보험금 지급을 청구·수령할
>   수 있는 권리를 가진 사람이다.

① ㄱ, ㄴ　　　　　　　　　　② ㄱ, ㄹ
③ ㄴ, ㄹ　　　　　　　　　　④ ㄷ, ㄹ

07 보험 계약의 요소에 대한 설명 중 옳지 않은 것을 고르시오.

① 보험금 : 보험기간 내 보험사고가 발생하였을 때 보험자(보험회사)가 지급해야 하는 금액
② 보험료 : 보험계약자가 보험사고에 의한 보장을 받기 위하여 보험자(보험회사)에게 지급하여야 할 금액
③ 전기납보험 : 보험료의 납입 기간이 보험 기간보다 짧은 기간에 종료되는 보험
④ 보험 목적물 : 보험사고 발생의 객체로 생명보험에서는 피보험자의 생명 또는 신체

정답 및 해설

03 ② ㄴ. 보험금을 받는 자를 지정하지 않은 경우는 계약자가 보험계약 시 보험수익자를 지정하지 않은 경우 보험사고에 따라 보험수익자가 결정된다.
　　ㄹ. 보험금을 받는 자를 지정하지 않은 경우는 생존보험금은 보험계약자가 된다.
04 ③ 옳은 것은 ㄱ, ㄷ, ㄹ 3개이다.
　　ㄱ. 보험목적물은 보험사고 발생의 객체로 생명보험에서는 피보험자의 생명 또는 신체를 말한다. 보험의 목적물은 보험자(보험회사)가 배상하여야 할 범위와 한계를 정해준다.
　　ㄷ. 보험사고란 보험에 담보된 재산 또는 생명이나 신체에 관하여 보험자(보험회사)가 보험금 지급을 약속한 사고(위험)가 발생하는 것으로, 생명보험의 경우 피보험자의 사망·생존, 장해, 입원, 진단 및 수술, 만기 등이 보험금 지급사유로 규정된다.
　　ㄹ. 보험료는 보험계약자가 보험사고에 의한 보장을 받기 위하여 보험자(보험회사)에게 지급하여야 할 금액으로 만약 보험료를 납부하지 않는다면 그 계약은 해제 혹은 해지된다.
　　오답체크
　　ㄴ. 보험기간은 보험에 의한 보장이 제공되는 기간으로, 위험기간 또는 책임기간이라고도 하며 「상법」에서는 보험자의 책임을 최초의 보험료를 지급받은 때로부터 개시한다고 규정하고 있다.
05 ① 보험기간에 대해 상법에서는 보험자의 책임을 최초의 보험료를 지급 받은 때로부터 개시한다고 규정하고 있다.
06 ② ㄴ. 보험계약자는 보험자(보험회사)와 보험계약을 체결하는 보험계약 당사자이다.
　　ㄷ. 피보험자는 보험계약에서 정의한 보험사고가 발생함으로써 손해를 입는 사람이다.
07 ③ 단기납보험 : 보험료의 납입 기간이 보험 기간보다 짧은 기간에 종료되는 보험

08 생명보험의 기본원리에 대한 내용이다. 다음 〈보기〉에서 옳은 것을 모두 고르시오.

> ┌ 보기 ┌
> ㄱ. 대수의 법칙은 측정대상의 숫자 또는 측정횟수와 관계없이 예상치가 실제치에 근접한다는
>   원칙이다.
> ㄴ. 경험생명표는 국민 또는 특정지역의 인구를 대상으로 그 인구 통계에 의해 사망상황을 작성
>   한 생명표이다.
> ㄷ. 수지상등의 원칙은 보험계약자가 납입하는 보험료 총액과 보험회사가 지급하는 보험금 및
>   사업비 등 지출비용의 총액이 동일한 금액이 되도록 하는 것이다.
> ㄹ. 상부상조의 정신을 과학적이고 합리적인 방법으로 제도화한 것이 생명보험이다.

① ㄱ, ㄴ   ② ㄱ, ㄷ
③ ㄴ, ㄷ   ④ ㄷ, ㄹ

09 〈보기〉에서 생명보험의 기본원리에 대한 설명으로 옳은 것을 모두 고른 것은?

> ┌ 보기 ┌
> ㄱ. 대수의 법칙에 따라 특정인의 우연한 사고 발생 가능성 및 발생 시기 등은 불확실하지만 많
>   은 사람들을 대상으로 관찰해 보면 통계적인 사고 발생 확률을 산출할 수 있게 된다.
> ㄴ. 경험생명표는 국민 또는 특정 지역의 인구를 대상으로 그 인구 통계에 의해 사망상황을 작
>   성한 생명표이다.
> ㄷ. 수지상등의 원칙은 보험계약자가 납입하는 보험료 총액과 보험회사가 지급하는 보험금 및
>   사업비 등 지출비용의 총액이 동일한 금액이 되도록 하는 것이다.
> ㄹ. 수지상등의 원칙에서 보험료를 개별보험계약자로부터 징수하여 보험료 총액과 사업비 등을
>   제외한 지급 보험금 총액 간의 균형이 이루어지도록 해야 한다.

① ㄱ, ㄴ   ② ㄱ, ㄷ
③ ㄴ, ㄹ   ④ ㄷ, ㄹ

10 3이원 방식에 대한 설명으로 옳지 않은 것은?

① 예정사망률과 사망보험의 보험료는 비례관계이다.
② 예정사망률과 생존보험의 보험료는 반비례관계이다.
③ 예정이율과 보험료는 비례관계이다.
④ 예정사업비율과 보험료는 비례관계이다.

11 **보험료를 계산하는 방식에 대한 설명으로 옳지 않은 것은?** 24. 계리직

① 3이원방식은 예정위험률, 예정이율, 예정사업비율을 기초로 하여 계산하는 방식이다.

② 현금흐름방식은 3이원방식을 포함한 다양한 가격 요소를 반영하여 보험료를 산출하는 방식
이다.

③ 보험자는 적립보험료의 기대수익을 사전에 예상하여 일정 비율로 보험료를 할인해 주는데,
이 할인율이 높아지면 보험료는 올라간다.

④ 보험자는 보험사고가 발생할 확률을 대수의 법칙에 의해 미리 예측하여 보험료 계산에 적용
하는데, 예정 사망률이 높아지면 사망보험의 보험료는 올라간다.

12 **보험료를 계산하는 현금흐름방식에 대한 설명으로 옳은 것은?** 21. 계리직

① 보수적 표준기초율을 일괄적으로 가정하여 적용한다.

② 보험료 산출이 비교적 간단하고 기초율 예측 부담이 경감되는 장점이 있다.

③ 상품개발 시 수익성 분석을 동시에 할 수 있으며 상품개발 후 리스크 관리가 용이한 방식이다.

④ 3이원(利原)을 포함한 다양한 기초율을 가정하며, 계리적 가정에는 위험률, 해지율, 손해율,
적립이율 등이 있다.

정답 및 해설

08 ④ ㄱ. 대수의 법칙은 측정대상의 숫자 또는 측정횟수가 많아지면 많아질수록 예상치가 실제치에 근접한다는 원칙
이다.
ㄴ. 국민생명표는 국민 또는 특정지역의 인구를 대상으로 그 인구 통계에 의해 사망상황을 작성한 생명표이다.

09 ② ㄴ. 국민생명표는 국민 또는 특정 지역의 인구를 대상으로 그 인구 통계에 의해 사망상황을 작성한 생명표이다.
ㄹ. 수지상등의 원칙에서 보험료를 개별보험계약자로부터 징수하여 보험료 총액과 사업비 등을 포함한 지급
보험금 총액 간의 균형이 이루어지도록 해야 한다.

10 ③ 예정이율이 낮아지면 보험료는 올라가고 예정이율이 높아지면 보험료는 내려간다.

11 ③ 보험자는 적립보험료의 기대수익을 사전에 예상하여 일정 비율로 보험료를 할인해 주는데, 이 할인율이 높아지
면 보험료는 낮아진다.

12 ③

오답체크
① 현금흐름방식은 각 보험회사별 최적가정 기초율을 적용한다.
② 3이원방식의 장점이다.
④ 계리적 가정에는 위험률, 해지율, 손해율, 사업비용 등이 있고 경제적 가정에는 투자수익률, 할인율, 적립이율
등이 있다.

13 〈보기〉에서 보험료 계산방식 중 현금흐름방식에 대한 설명으로 옳은 것을 모두 고른 것은?

> ┌ 보기 ┌
> ㄱ. 3이원방식을 포함하여 다양한 기초율을 사용한다.
> ㄴ. 보험료 산출이 복잡하다.
> ㄷ. 보수적 표준기초율을 일괄 가정한다.
> ㄹ. 상품개발 후 리스크 관리가 어렵다.

① ㄱ, ㄴ   ② ㄱ, ㄷ
③ ㄴ, ㄹ   ④ ㄷ, ㄹ

14 다음 보험료 계산의 기초에 대한 설명으로 옳지 않은 것은? ^{16. 계리직}

① 예정이율이 낮아지면 보험료는 비싸지고, 예정이율이 높아지면 보험료는 싸진다.
② 예정사업비율이 낮아지면 보험료는 싸지고, 예정사업비율이 높아지면 보험료는 비싸진다.
③ 순보험료는 장래의 보험금 지급의 재원(財源)이 되는 보험료로, 위험보험료와 저축보험료로 분리할 수 있다.
④ 보험료는 대수의 법칙에 의거하여 예정사망률, 예정이율, 예정사업비율의 3대 예정률을 기초로 계산한다.

15 영업보험료에 대한 설명으로 옳지 않은 것은?

① 순보험료는 장래의 보험금 지급의 재원(財源)이 되는 보험료로 위험보험료와 저축보험료로 분리할 수 있다.
② 위험보험료는 사망보험금, 장해보험금 등 보험사고 발생 시 보험금 지급 재원이 되는 보험료이다.
③ 부가보험료는 보험회사가 보험계약을 체결, 유지 및 관리하기 위한 경비에 사용되는 보험료이다.
④ 자연보험료는 나이가 들수록 사망률(위험률)이 높아짐에 따라 보험금 지급이 감소하므로 보험료가 매년 낮아지게 된다.

16 보험료에 관한 설명으로 옳지 않은 것은? 10. 계리직

① 예정사망률이 높아지면 위험보험료는 올라간다.
② 예정이율이 높아지면 연금보험의 보험료는 내려간다.
③ 예정사업비율이 높아지면 순보험료는 올라간다.
④ 예정사망률이 낮아지면 생존보험의 보험료는 올라간다.

17 보험료 구성에 대한 설명으로 옳지 않은 것은? 08. 계리직

① 보험계약자가 실제로 보험회사에 내는 보험료를 '영업보험료'라고 하며 순보험료와 부가보험료로 구성된다.
② 만기보험금의 지급 재원이 되는 보험료를 '저축보험료'라고 하며 예정이율에 기초하여 계산한다.
③ '위험보험료'는 보험사고에 따른 지급 재원으로 순보험료에 해당하며 예정위험률에 기초하여 계산한다.
④ '부가보험료'는 신계약비, 유지비 및 전산비로 구분하며 예정사업비율에 기초하여 계산한다.

정답 및 해설

13 ① 현금흐름방식은 기존의 3이원방식 가격요소와 함께 계약유지율, 판매량, 투자수익률 등 다양한 가격요소를 반영하여 보험료를 산출하는 방식이다. ㄷ, ㄹ은 3이원방식에 대한 설명이다.
14 ④ 보험료는 수지상등의 원칙에 의거하여 예정사망률(예정위험률), 예정이율, 예정사업비율의 3대 예정률을 기초로 계산한다.
15 ④ 자연보험료는 나이가 들수록 사망률(위험률)이 높아짐에 따라 보험금 지급이 증가하므로 보험료가 매년 높아지게 된다.
16 ③ 예정사업비율이 낮아지면 보험료는 내려가고 예정사업비율이 높아지면 보험료는 올라가는데, 이 경우 보험료는 순보험료가 아닌 부가보험료에 영향을 주게 된다. 즉, 예정사업비율이 높아지면 부가보험료가 올라간다.
17 ④ '부가보험료'는 신계약비, 유지비 및 수금비로 구분하며 예정사업비율에 기초하여 계산한다.

18 3이원방식에 대한 설명이다. 다음 〈보기〉에서 옳은 것을 모두 고르시오.

> ┌ 보기 ┌
> ㄱ. 3이원방식은 수지상등의 원칙에 의거하여 예정사망률(예정위험률), 예정이율, 예정사업비율
>   의 3대 예정률을 기초로 계산하는 방식이다.
> ㄴ. 예정사망률이 낮아지면 사망보험(피보험자 사망 시 보험금이 지급되는 보험)의 보험료는 올
>   라가고, 생존보험(일정시점까지 피보험자 생존 시에만 보험금이 지급되는 보험)의 보험료는
>   내려간다.
> ㄷ. 예정이율이 낮아지면 보험료는 낮아지고 예정이율이 높아지면 보험료는 올라간다.
> ㄹ. 예정사업비율이 낮아지면 보험료는 내려가고 예정사업비율이 높아지면 보험료는 올라간다.

① ㄱ, ㄴ   ② ㄱ, ㄹ
③ ㄴ, ㄹ   ④ ㄷ, ㄹ

19 영업보험료에 대한 설명 중 옳지 않은 것을 고르시오.

① 순보험료는 장래의 보험금 지급의 재원(財源)이 되는 보험료로 위험보험료와 저축보험료로
  분리할 수 있다.
② 부가보험료는 보험회사가 보험계약을 체결, 유지 및 관리하기 위한 경비에 사용되는 보험료
  이다.
③ 자연보험료는 나이가 들수록 사망률(위험률)이 높아짐에 따라 보험금 지급이 증가하므로 보
  험료가 매년 높아지게 된다.
④ 순보험료는 예정사업비율을 기초로 계산되며 신계약비, 계약체결비용 및 계약관리비용(유
  지관련비용, 기타비용)으로 구분된다.

20 〈보기〉에서 배당금의 지급방식에 해당하는 것으로 옳은 것은 몇 개인가?

> ┌ 보기 ┌
> ㄱ. 현금 지급
> ㄴ. 보험료 상계
> ㄷ. 보험금 또는 제환급금 지급시 가산
> ㄹ. 연금보험에 대한 배당금 지급

① 1개   ② 2개
③ 3개   ④ 4개

21 배당에 대한 설명이다. 다음 〈보기〉에서 옳은 것을 모두 고르시오.

> ┌─ 보기 ┌
> ㄱ. 유배당보험의 경우 보험회사는 계약에 대해 잉여금이 발생할 경우 잉여금의 일정비율을 계약자배당 준비금으로 적립하여 이를 보험계약자에게 배당금으로 지급한다.
> ㄴ. 보험료의 과잉분에 따른 잉여금은 보험회사의 경영형태 여하에 따라 계약자에게 정산환원 되지 않을 수 있다.
> ㄷ. 배당금 지급은 계약자가 납입해야 하는 보험료를 배당금으로 대납은 불가능하다.
> ㄹ. 계약이 소멸할 때까지 혹은 보험계약자의 청구가 있을 때까지 발생한 배당금을 보험회사가 적립하여 보험금 또는 각종 환급금 지급 시 가산하여 지급한다.

① ㄱ, ㄴ   ② ㄱ, ㄹ
③ ㄴ, ㄹ   ④ ㄷ, ㄹ

22 언더라이팅에 대한 설명으로 옳지 않은 것은?

① 언더라이팅은 우량 피보험자 선택, 보험사기와 같은 역선택 위험 방지 등을 하지만 보험사업의 핵심적인 업무가 아닌 부수적 업무이다.
② 언더라이터 뿐 아니라 보험고객 모집조직, 상품개발 및 보험계리 조직, 보험금 지급조사 조직, 경영진에 이르는 모든 관계자들이 전사적·유기적으로 연계된 종합적인 의사결정 과정이다.
③ 언더라이팅을 통해 이러한 보험사기 가능성이 높은 계약을 사전에 차단함으로써 위험률 차손익을 관리할 수 있으며 선의의 계약자를 보호할 수 있다.
④ 보험회사는 합리적인 사업운영을 위해 보험계약자를 공평하게 대우해야 하며, 보험계약자는 자신의 위험도에 대한 적절한 보험료를 납부함으로써 양쪽의 공평성이 유지된다.

정답 및 해설

18 ② ㄴ. 예정사망률이 낮아지면 사망보험(피보험자 사망 시 보험금이 지급되는 보험)의 보험료는 내려가고, 생존보험(일정시점까지 피보험자 생존 시에만 보험금이 지급되는 보험)의 보험료는 올라간다.
　　 ㄷ. 예정이율이 낮아지면 보험료는 올라가고 예정이율이 높아지면 보험료는 내려간다.
19 ④ 부가보험료는 예정사업비율을 기초로 계산되며 신계약비, 계약체결비용 및 계약관리비용(유지관련비용, 기타비용)으로 구분된다.
20 ④ 배당금은 「보험업 감독규정」의 기준에 의해 보험회사의 경영성과에 따라 계약자에게 배당되며 위의 보기는 모두 지급방법이 될 수 있다.
21 ② ㄴ. 보험료의 과잉분에 따른 잉여금은 보험회사의 경영형태 여하에 불구하고 대부분 계약자에게 정산환원 되어야 한다.
　　 ㄷ. 배당금 지급은 계약자가 납입해야 하는 보험료를 배당금으로 대납(상계)이 가능하다.
22 ① 언더라이팅은 우량 피보험자 선택, 보험사기와 같은 역선택 위험 방지 등 보험사업의 핵심적인 업무에 해당한다.

23 〈보기〉에서 언더라이팅에 대한 설명으로 옳은 것을 모두 고른 것은?

┌─ 보기 ┌─────────────────────────────────────
ㄱ. 환경적 언더라이팅 - 과거 및 현재병력 등
ㄴ. 신체적 언더라이팅 - 흡연 및 음주, 취미생활
ㄷ. 도덕적 언더라이팅 - 태만, 과실 부주의 등
ㄹ. 재정적 언더라이팅 - 생활환경 및 소득수준
└──

① ㄱ, ㄴ   ② ㄱ, ㄷ
③ ㄴ, ㄹ   ④ ㄷ, ㄹ

24 언더라이팅 과정에 대한 설명으로 옳지 않은 것은?

① (1단계)모집조직(보험설계사)에 의한 선택 : 심사과정 간소화로 가입절차는 간편하나 보험료는 비교적 높게 책정된다.

② (2단계)건강진단에 의한 선택 : 무진단 보험은 건강진단 절차만을 생략할 수 있는 보험으로 고지의무 등에서 일반보험과 동일하므로 고지의무가 없는 무심사 보험과 차이가 있다.

③ (3단계)언더라이팅 부서에 의한 선택 : 관리적 역할은 모든 피보험자(보험대상자)에 대해 공정하게 언더라이팅을 실시하는 것이다.

④ (4단계)계약적부 확인 : 계약성립 이후라도 역선택 가능성이 높다고 의심되거나 사후분쟁의 여지가 있는 계약에 대해 보험회사 직원이나 계약적부확인 전문회사 직원이 피보험자의 체질 및 환경 등 계약선택 상 필요한 모든 사항을 직접 면담·확인하는 것이다.

25 〈보기〉에서 언더라이팅(청약 심사)의 수행 절차를 바르게 나열한 것은?

┌─ 보기 ┌─────────────────────────────────────
ㄱ. 계약적부 확인
ㄴ. 사고 및 사망조사
ㄷ. 모집조직에 의한 선택
ㄹ. 건강진단에 의한 선택
ㅁ. 언더라이팅 부서에 의한 선택
└──

① ㄷ → ㄹ → ㅁ → ㄱ → ㄴ
② ㄷ → ㅁ → ㄹ → ㄴ → ㄱ
③ ㄹ → ㄷ → ㅁ → ㄱ → ㄴ
④ ㄹ → ㄷ → ㅁ → ㄴ → ㄱ

26 언더라이팅의 대상에 대한 설명 중 옳지 않은 것을 고르시오.

① 환경적 언더라이팅에서는 국내 보험업계에서는 업계 표준직업분류 및 등급표에 따라 위험 등급을 비위험직·위험직 1 ~ 4등급으로 구분하고 있다.

② 신체적 언더라이팅에서는 일반적으로 신체적 위험에는 피보험자(보험대상자)의 연령, 성별, 체격, 과거 및 현재 병력, 가족력 등에 따른 사망 또는 발병 가능성 등이 포함된다.

③ 도덕적 언더라이팅에서는 보험 가입 이후 의식적인 것만 포함되며 무의식적인 것은 포함되지 않는다.

④ 재정적 언더라이팅에서는 보험을 투기의 목적으로 가입하는 것을 예방하고 피보험자가 적정 수준의 보장을 받도록 하는 것이다.

27 언더라이팅 실무에 대한 설명이다. 다음 〈보기〉에서 옳은 것을 모두 고르시오.

> ┌ 보기 ┌
> ㄱ. 청약서 작성 시 반드시 보험계약자와 피보험자의 자필서명이 필요한 사항에는 계약 전 알릴 의무사항의 고지사항 작성 등이 있다.
> ㄴ. 국내보험회사는 청약서 상에 사망보험금, 장해보험금, 입원보험금의 가입한도를 명시하고 있다.
> ㄷ. 언더라이팅 과정에서 고객이 제공한 고지사항 상에 문제점이 발견된 경우 또는 계약적부과정 등에서 추가적으로 과거 및 현재 병력 등이 발견되었을 경우라도 건강진단 대상에 해당하지 않는다.
> ㄹ. 보험사별로 차이가 있으나, 일반적으로는 단기체류, 방문동거, 거주, 재외동포, 영주의 경우 큰 제한 없이 인수한다.

① ㄱ, ㄴ   ② ㄱ, ㄹ
③ ㄴ, ㄹ   ④ ㄷ, ㄹ

정답 및 해설

23 ④ ㄱ. 환경적 언더라이팅 – 운전 및 생활습관, 흡연 및 음주, 취미생활, 직업 및 거주지 위협
    ㄴ. 신체적 언더라이팅 – 연령, 성별, 체격, 과거 및 현재병력, 가족병력

24 ③ (3단계)언더라이팅 부서에 의한 선택 : 공익적 역할은 모든 피보험자(보험대상자)에 대해 공정하게 언더라이팅을 실시하는 것이다.

25 ① 모집조직에 의한 선택 → 건강진단에 의한 선택 → 언더라이팅 부서에 의한 선택 → 계약적부확인 → 사고 및 사망조사

26 ③ 도덕적 언더라이팅에서는 보험 가입 이후 의식적 또는 무의식적으로 부주의, 과실 등으로 보험사고의 발생 가능성이 높아짐에 따른 손해 확대위험 등도 이에 포함된다.

27 ① ㄷ. 언더라이팅 과정에서 고객이 제공한 고지사항 상에 문제점이 발견된 경우 또는 계약적부과정 등에서 추가적으로 과거 및 현재 병력 등이 발견되었을 경우 건강진단 대상에 해당할 수 있다.
    ㄹ. 보험사별로 차이가 있으나, 일반적으로는 단기체류의 경우 인수를 거절하고 방문동거, 거주, 재외동포, 영주의 경우 큰 제한 없이 인수한다.

28 〈보기〉에서 언더라이팅 실무에 대한 설명으로 옳은 것을 모두 고른 것은?

> ┌ 보기 ┐
> ㄱ. 계약 전 알릴 의무사항의 고지사항 작성 시 보험계약자와 피보험자의 자필서명이 반드시 필요하다.
> ㄴ. 신용정보의 제공·활용에 대한 동의란 작성 시 보험계약자와 피보험자의 자필서명이 반드시 필요하다.
> ㄷ. 청약서 기재사항은 원칙적으로 보험설계사가 임의대로 수정할 수 있다.
> ㄹ. 국내보험회사는 청약서상에 사망보험금, 장해보험금, 입원보험금의 가입한도를 명시하고 있지 않다.

① ㄱ, ㄴ   ② ㄱ, ㄷ
③ ㄴ, ㄹ   ④ ㄷ, ㄹ

29 클레임 업무에 대한 설명 중 옳지 않은 것을 고르시오.

① 보험업에서 클레임(Claim)이란 보험금 청구에서 지급까지 일련의 업무를 뜻하며 보험금 청구 접수, 사고조사, 조사건 심사, 수익자 확정, 보험금 지급 등의 업무가 포함된다.
② 클레임은 보험사고의 분류와 동일하게 생존, 사망, 장해, 진단, 수술, 입원, 통원 등으로 구분할 수 있으며, 발생 원인이 사고 혹은 질병인지에 따라 재해와 질병으로 구분할 수 있다.
③ 클레임 업무는 잘못 처리되었을 경우 현실적으로 상당한 금액이 보험금으로 지출되기 때문에 회사의 경영수지에 큰 영향을 미칠 수 있다.
④ 클레임 업무 담당자는 관련 법률지식이 필요하지만 의학적 지식은 필요하지 않다.

30 클레임 업무에 대한 설명으로 옳지 않은 것은?

① 지급 청구건이 약관 규정상 지급 사유에 해당되지 않는 경우 이에 대한 부지급처리 업무는 클레임 업무에 해당한다.
② 클레임 업무는 선의의 가입자들의 피해를 막을 수 있다.
③ 클레임 업무담당자는 법률, 의학지식을 갖추고 있어야 한다.
④ 클레임 업무는 클레임 업무 과정에서 발생 가능한 민원업무 및 법원 소송업무는 포함하지 않는다.

31 보장성보험료의 세액공제에 대한 설명으로 옳은 것은? 23. 계리직

① 근로소득이 없는 연금소득 거주자도 세액공제 대상이다.
② 보장성보험을 해지할 경우, 이미 세액공제 받은 보험료는 기타 소득세로 과세된다.
③ 보험료를 미리 납부했을 경우, 그 보험료는 실제 납부일이 속하는 과세기간에 세액공제가 가능하다.
④ 장애인전용보장성보험의 경우, 납입한 보험료(100만 원 한도)의 12%에 해당하는 금액을 해당 과세기간의 종합소득산출세액에서 공제한다.

32 일반 보장성보험료의 세액공제에 대한 설명이다. 다음 〈보기〉에서 옳은 것을 모두 고르시오.

┌─ 보기 ┐
ㄱ. 일반 보장성보험은 만기 환급되는 금액이 납입 보험료를 초과하는 보험이다.
ㄴ. 일용근로자를 포함한 근로소득자가 기본공제대상자를 피보험자로 하는 일반 보장성보험에 가입한 경우 가능하다.
ㄷ. 세액공제 대상을 근로소득자로 제한하고 있어 연금소득자 또는 개인사업자 등은 보장성보험에 가입하더라도 세액공제를 받을 수 없다.
ㄹ. 기본공제대상자가 장애인일 경우 연령에 상관없이 소득금액 요건만 충족 시 세액공제가 가능하다.

① ㄱ, ㄴ　　　　② ㄱ, ㄷ
③ ㄴ, ㄷ　　　　④ ㄷ, ㄹ

정답 및 해설

28 ① ㄷ. 청약서 기재사항은 원칙적으로 보험설계사가 임의대로 수정할 수 없다.
　　　 ㄹ. 국내보험회사는 청약서상에 사망보험금, 장해보험금, 입원보험금의 가입한도를 명시하고 있다.
29 ④ 클레임 업무 담당자는 법률지식과 의학지식 등을 모두 갖추어야 한다.
30 ④ 클레임 업무 과정에서 발생 가능한 민원업무 및 법원 소송업무도 클레임 업무에 해당한다.
31 ③

오답체크
① 세액공제 대상을 근로소득자로 제한하고 있어 연금소득자 또는 개인사업자 등은 보장성보험에 가입하더라도 세액공제를 받을 수 없다.
② 과세기간 중 보장성보험을 해지할 경우 해지 시점까지 납입한 보험료에 대해 세액공제가 가능하며 이미 세액공제 받은 보험료에 대한 추징 또한 없다.
④ 근로소득자가 기본공제대상자 중 장애인을 피보험자 또는 수익자로 하는 장애인 전용보험(보험계약 또는 보험료 납입 영수증에 장애인전용보험으로 표시) 및 장애인전용보험전환특약을 부가한 보장성보험의 경우 과세기간 납입 보험료(1년 100만 원 한도)의 15%에 해당되는 금액을 종합소득산출세액에서 공제받을 수 있다.
32 ④ ㄱ. 일반 보장성보험은 만기 환급되는 금액이 납입 보험료를 초과하지 않는 보험이다.
　　　 ㄴ. 일용근로자를 제외한 근로소득자가 기본공제대상자를 피보험자로 하는 일반 보장성보험에 가입한 경우 가능하다.

33 보장성보험료의 세액공제 가능 대상으로 옳은 것은?

① 근로소득자 본인이 보험료를 납입하는 보장성보험의 피보험자가 연간 소득 185만 원인 배우자인 경우 보장성보험의 세액공제 대상이다.

② 근로소득자 본인이 보험료를 납입하는 각 보장성보험의 피보험자가 만 19세 형제일 경우는 보장성보험의 세액공제 대상이다.

③ 보장성보험의 피보험자가 태아인 경우는 보장성보험의 세액공제 대상이다.

④ 자영업을 영위하는 사람(장애인)이 본인 명의로 보장성보험에 가입한 경우는 보장성보험의 세액공제 대상이다.

34 〈보기〉에서 일반 보장성보험료의 세액공제에 대한 설명으로 옳은 것을 모두 고른 것은?

┌─ 보기 ───┐
│ ㄱ. 세액공제 대상은 근로소득자, 연금소득자 또는 개인사업자 등도 보장성보험에 가입하면 세액공제를 받을 수 있다.
│ ㄴ. 근로소득자는 사장·임원·직원 등이며, 일용근로자는 제외, 다만, 개인사업자에게 고용된 직원이 근로소득자일 경우에는 세액공제가 가능하다.
│ ㄷ. 일반 보장성보험에 가입한 경우에 과세 기간에 납입한 보험료(200만 원 한도)의 15%(지방소득세 별도)에 해당되는 금액을 종합소득산출세액에서 공제받을 수 있다.
│ ㄹ. 기본공제대상자가 장애인일 경우 근로소득자 본인이 보험료를 납입하더라도 소득 및 연령 요건 미충족 시 세액공제를 받을 수 없다.
└───┘

① ㄱ, ㄴ   ② ㄱ, ㄷ
③ ㄴ, ㄹ   ④ ㄷ, ㄹ

35 연금계좌의 세액공제에 대한 설명 중 옳지 않은 것을 고르시오.

① 퇴직연금을 지급받기 위해 가입하는 계좌로 확정급여형(DB형), 확정기여형(DC형) 및 개인형 퇴직연금(IRP) 등이 있다. 이 중 확정기여형(DC형) 퇴직연금은 세액공제 대상에서 제외된다.

② 종합소득자가 과세기간 중 연금저축계좌에 납입한 금액 600만 원 한도의 12%(지방소득세 별도)를 세액공제 받을 수 있다.

③ 다만 종합소득금액 4천 500만 원 이하 또는 근로소득만 있는 경우 총 급여액 5천 500만 원 이하인 거주자는 15%(지방소득세 별도)를 해당 과세기간 종합소득산출세액에서 공제한다.

④ 보장성보험료 세액공제가 근로소득자에 한해 가능한 것과 달리 연금계좌의 세액공제는 근로소득 외의 종합소득이 있는 경우에도 가능하다.

36 〈보기〉에서 연금계좌의 세액공제에 대한 설명으로 옳은 것을 모두 고른 것은?

> ┌ 보기 ┐
> ㄱ. 확정기여형(DC형) 퇴직연금은 세액공제 대상에서 제외된다.
> ㄴ. 종합소득자가 과세기간 중 연금저축계좌에 납입한 금액 600만 원 한도의 10%(지방소득세 별도)를 세액공제 받을 수 있다.
> ㄷ. 종합소득금액 4천 500만 원 이하 또는 근로소득만 있는 경우 총 급여액 5천 500만 원 이하인 거주자는 15%(지방소득세 별도)를 해당 과세기간 종합소득산출세액에서 공제한다.
> ㄹ. 보장성보험료 세액공제가 근로소득자에 한해 가능한 것과 달리 연금계좌의 세액공제는 근로소득 외의 종합소득이 있는 경우에도 가능하다.

① ㄱ, ㄴ   ② ㄱ, ㄷ
③ ㄴ, ㄹ   ④ ㄷ, ㄹ

정답 및 해설

33 ② 근로소득자 본인이 보험료를 납입하는 각 보장성보험의 피보험자가 만 20세 미만인 형제자매일 경우는 보장성보험의 세액공제 대상이다.

[오답체크]
① 근로소득자 본인이 보험료를 납입하는 보장성보험의 피보험자가 연간 소득 100만 원 이하여야 한다.
③ 출생 전이므로 기본공제대상자에 해당하지 않는다.
④ 자영업자는 근로소득자에 해당하지 않으므로 세액공제 대상에서 제외한다.

34 ① ㄷ. 일반 보장성보험에 가입한 경우에 과세 기간에 납입한 보험료(100만 원 한도)의 12%(지방소득세 별도)에 해당되는 금액을 종합소득산출세액에서 공제받을 수 있다.
    ㄹ. 기본공제대상자가 장애인일 경우 연령에 상관없이 소득금액 요건만 충족 시 세액공제가 가능하다.

35 ① 퇴직연금을 지급받기 위해 가입하는 계좌로 확정급여형(DB형), 확정기여형(DC형) 및 개인형 퇴직연금(IRP) 등이 있다. 이 중 확정급여형(DB형) 퇴직연금은 세액공제 대상에서 제외된다.

36 ④ ㄱ. 확정급여형(DB형) 퇴직연금은 세액공제 대상에서 제외된다.
    ㄴ. 종합소득자가 과세기간 중 연금저축계좌에 납입한 금액 600만 원 한도의 12%(지방소득세 별도)를 세액공제 받을 수 있다.

37 비과세 종합저축(보험)에 대한 과세특례의 내용으로 옳은 것은?

> ㄱ. 비과세종합저축은 만 65세 이상 또는 장애인 등을 가입대상으로 하며, 1인당 저축원금 5천만
>   원까지(세금우대종합저축에 가입한 거주자로 그 계약을 유지하고 있는 대상은 5천만 원에서
>   세금우대종합저축 계약금액 총액을 뺀 금액을 상한으로 함) 납입 가능하다.
> ㄴ. 비과세종합저축에서 발생한 이자소득은 한도 내에서 전액 비과세(직전 3개 과세기간 중 「소
>   득세법」에 따른 소득의 합계액이 1회 이상 연 2천만 원을 초과한 자는 제외)된다.
> ㄷ. 가입요건은 「금융실명거래 및 비밀보장에 관한 법률」에 따른 금융회사 등 및 군인공제회,
>   한국교직원공제회, 대한지방행정공제회, 경찰공제회, 대한소방공제회, 과학기술인공제회가
>   취급하는 저축(투자신탁·보험·공제·증권저축·채권저축 등 포함)으로 가입 당시 저축자
>   가 비과세 적용을 신청한 저축이다.
> ㄹ. 고령자, 장애인 등에 대한 복지강화와 생활안정 지원 등을 위해 상시적으로 운용되는 상품이
>   기 때문에 요건에 해당하면 언제든 가입이 가능하다.

① ㄱ, ㄴ   ② ㄱ, ㄷ

③ ㄱ, ㄴ, ㄷ   ④ ㄴ, ㄷ, ㄹ

38 저축성보험의 보험차익 비과세에 대한 설명이다. 다음 〈보기〉에서 옳은 것을 모두 고르시오.

> ┌ 보기 ┐
> ㄱ. 일반적으로 저축성보험의 보험차익은 이자소득으로 「소득세법」상 과세대상이 아니다.
> ㄴ. 최초 보험료 납입 시점부터 만기일 또는 중도해지일까지 기간이 5년 이상이면 비과세된다.
> ㄷ. 계약자 1인당 납입 보험료 합계액이 '17년 3월 31일까지 가입한 경우 2억 원 이하이면 비과
>   세된다.
> ㄹ. 최초 보험료 납입일로부터 만기일 또는 중도해지일까지의 기간은 10년 이상이나, 납입 보험
>   료를 최초납입일부터 10년이 경과하기 전에 확정된 기간 동안 연금형태로 분할하여 지급받
>   는 경우는 비과세 요건에서 제외한다.

① ㄱ, ㄴ   ② ㄱ, ㄹ

③ ㄴ, ㄹ   ④ ㄷ, ㄹ

정답 및 해설

37 ③ ㄹ. 고령자, 장애인 등에 대한 복지강화와 생활안정 지원 등을 위해 <u>한시적으로</u> 운용되는 상품이기 때문에 <u>2025년
  12월 31일까지</u> 가입이 가능하다.

38 ④ ㄱ. 일반적으로 저축성보험의 보험차익은 이자소득으로 「소득세법」상 <u>과세대상이다</u>.
  ㄴ. 최초 보험료 납입 시점부터 만기일 또는 중도해지일까지 기간이 <u>10년 이상</u>이면 비과세된다.

03 보험윤리와 소비자보호

www.pmg.co.kr

Step 01 OX로 핵심잡기

topic 6 보험영업윤리

01 보험회사 영업행위 윤리준칙에는 판매관련 보상체계의 적정성 제고, 영업행위 내부통제 강화, 보험소비자와의 정보 불균형 해소, 합리적 분쟁해결 프로세스 구축 등이 있다. ( )

02 신의 성실의 원칙에 따라 보험회사 및 보험모집자는 보험소비자의 권익을 보호하기 위해 보험 영업활동 시 합리적으로 행동하고 적절하게 판단해야 하며, 보험소비자가 합리적인 선택을 할 수 있도록 지원해야 한다. ( )

03 보험회사 및 보험모집자는 보험소비자의 연령, 보험 가입목적, 보험상품 가입 경험 및 이해수준 등에 대한 충분한 정보를 파악하고, 보험상품에 대한 합리적 정보를 제공하여 불완전판매가 발생하지 않도록 노력해야 한다. ( )

04 보험회사로부터 승인받지 않은 보험안내자료나 상품광고 등도 보험계약을 위해 보험모집자가 영업에 활용할 수 있다. ( )

05 보험회사는 보험계약 체결 시부터 보험금 지급 시까지의 주요 과정을 보험업 법령에서 정하는 바에 따라 보험소비자에게 충분히 설명하여야 한다. ( )

06 보험회사는 보험상품에 대한 판매 광고 시, 보험협회의 상품광고 사전심의 대상이 되는 보험상품에 대해서는 체신관서로부터 심의필을 받아야 하며, 공정한 거래질서를 해치거나 보험소비자의 윤리적·정서적 감정을 훼손하는 내용을 제외해야 한다. ( )

정답 및 해설

01 ○
02 ○
03 ○
04 × 보험회사로부터 승인받지 않은 보험안내자료나 상품광고 등을 영업에 활용하는 행위를 금지한다.
05 ○
06 × 보험회사는 보험상품에 대한 판매 광고 시, 보험협회의 상품광고 사전심의 대상이 되는 보험상품에 대해서는 보험협회로부터 심의필을 받아야 한다.

07 보험회사는 공시자료 내용에 변경이 생긴 경우 특별한 사유가 없는 한 지체없이 자료를 수정함
으로써 보험소비자에게 정확한 정보를 제공해야 한다.   (   )

08 보험모집자는 보험소비자에게 보험계약 청약 권유단계에 상품설명서를 제공해야 한다.
                                                                  (   )

09 보험회사는 1년 이상 유지된 계약에 관해 보험계약관리내용을 연 1회 이상 보험소비자에게 제
공해야 하며, 변액보험에 대해서는 반기별 1회 이상 제공해야 한다.   (   )

10 보험회사는 미가입 시 과태료 부과 등 행정조치가 취해지는 의무보험에 대해서는 보험기간이
만료되기 일정 기간 이전에 보험 만기 도래 사실 및 계약 갱신 절차 등을 보험소비자에게 안내
해야 한다.   (   )

11 보험소비자 등에게 「금융소비자 보호에 관한 감독규정」 제14조 제4항에 따른 금융소비자 의사
에 반하여 보험계약 체결을 강요하여서는 안 된다.   (   )

12 보험회사는 정당한 사유 없이 보험모집자에게 지급되어야 할 수수료의 일부 또는 전부를 지급
하지 않거나 지급을 지연해서는 안 된다. 또한, 기지급된 수수료에 대해 정당한 사유 없이 환수
해서는 안 된다.   (   )

13 보험회사는 보험설계사의 전문성 제고를 위한 교육프로그램을 운영하여 보험설계사가 종합적
인 재무·위험 전문 컨설턴트로서 보험소비자에게 최고의 서비스를 제공할 수 있도록 지원해야
한다.   (   )

14 보험회사는 보험상품 판매를 위해 개인정보의 수집 및 이용이 필요할 경우 명확한 동의절차를
밟아야 하며 제한없이 정보의 수집·이용이 가능하다.   (   )

15 보험회사는 수집한 개인정보를 당해 목적 이외에는 사용하지 아니하며, 그 목적이 달성되었을
때는 수집한 재사용을 위해 필수적으로 저장해야 한다.   (   )

16 판매 담당 직원 등의 범위에 보험설계사와 보험대리점은 포함된다.   (   )

17 보험회사는 판매 담당 직원 등에 대한 평가 및 보상체계에 판매실적 이외에도 불완전판매 건수,
고객수익률, 소비자만족도 조사결과, 계약 관련 서류의 충실성, 판매 프로세스 적정성 점검결과
등 관련 요소들을 충분히 반영하여 평가결과에 실질적인 차별화가 있도록 운영해야 한다.
                                                                  (   )

18 보험소비자들이 판매 담당 직원의 불건전영업행위, 불완전판매 등으로 금융거래를 철회·해지
하더라도 보험회사는 판매 담당 직원에게 이미 제공된 금전적 보상을 환수할 수 없다.
( )

19 보험회사는 보험상품 판매과정에서 불완전판매가 발생하지 않도록 보험소비자 보호 관점에서
지속적으로 관리해야 한다. ( )

20 보험회사는 보험소비자가 다양한 민원접수 채널을 통해 민원을 제기할 수 있도록 해야 하고,
해당 민원을 One-Stop으로 처리할 수 있도록 전산화된 시스템을 구축해야 한다. ( )

21 보험회사는 금융사고를 미연에 방지하고 사고 발생 시 피해를 최소화하기 위해 내부 신고제도
를 운영해야 한다. ( )

22 경성사기는 우연히 발생한 보험사고의 피해를 부풀려 실제 발생한 손해 이상의 과다한 보험금
을 청구하는 행위이다. ( )

정답 및 해설

07 ○
08 × 보험모집자는 보험소비자에게 보험계약 체결 권유단계에 상품설명서를 제공해야 하며, 보험계약 청약 단계에
보험계약청약서 부본 및 보험약관을 제공해야 한다.
09 × 보험회사는 1년 이상 유지된 계약에 관해 보험계약관리내용을 연 1회 이상 보험소비자에게 제공해야 하며, 변액
보험에 대해서는 분기별 1회 이상 제공해야 한다.
10 ○
11 ○
12 ○
13 ○
14 × 보험회사는 보험상품 판매를 위해 개인정보의 수집 및 이용이 필요할 경우 명확한 동의절차를 밟아야 하며 그
목적에 부합하는 최소한의 정보만 수집·이용해야 한다.
15 × 보험회사는 수집한 개인정보를 당해 목적 이외에는 사용하지 아니하며, 그 목적이 달성되었을 때는 수집한 정
보를 파기해야 한다.
16 × 판매 담당 직원 등의 범위는 보험소비자에게 금융상품을 직접 판매하는 직원과 이러한 직원들의 판매실적에
따라 주로 평가받는 직원 및 영업 단위조직으로 보험설계사와 보험대리점은 포함되지 않는다.
17 ○
18 × 보험소비자들이 판매 담당 직원의 불건전영업행위, 불완전판매 등으로 금융거래를 철회·해지하는 경우 보험
회사는 판매 담당 직원에게 이미 제공된 금전적 보상을 환수할 수 있다.
19 ○
20 ○
21 ○
22 × 연성사기는 우연히 발생한 보험사고의 피해를 부풀려 실제 발생한 손해 이상의 과다한 보험금을 청구하는 행위
이다. 경성사기는 보험계약에서 담보하는 재해, 상해, 도난, 방화, 기타의 손실을 계획적, 의도적으로 조작하는
행위이다.

23 연성사기의 예로는 경미한 질병·상해에도 장기간 입원하는 행위, 보험료 절감을 위해 보험 가입 시 보험회사에 허위 정보를 제공(고지의무 위반)하는 행위 등이 있다.　　　　（　　）

24 보험범죄의 특징은 관련·후속 범죄 유발, 범죄입증의 어려움, 수법의 다양화·지능화·조직화, 보험사기 피해전가 등이 있다.　　　　（　　）

25 보험회사에서는 자체적으로 보험심사시스템을 구축하는 등 언더라이팅을 강화하여 역선택을 방지하고 보험사기 특별조사반을 설치하여 금융감독원의 보험사기대응단 및 생·손보협회의 보험범죄방지부서와 유기적인 협조체제를 갖추고 보험범죄에 대처하고 있다.　　　　（　　）

topic 7 보험모집 준수사항

26 보험모집은 보험회사와 보험에 가입하려는 소비자 사이에서 보험계약의 체결을 중개·대리하는 행위이다.　　　　（　　）

27 보험설계사는 보험회사, 보험대리점 또는 보험중개사에 소속되어 보험계약 체결을 중개하는 자이다.　　　　（　　）

28 보험중개사는 보험대리점에 소속되어 보험계약의 체결을 중개하는 자이다.　　　　（　　）

29 보험회사의 임직원은 대표이사, 사외이사, 감사 및 감사위원를 포함한다.　　　　（　　）

30 보험안내자료에는 보험회사의 상호나 명칭 또는 보험설계사, 보험대리점 또는 보험중개사의 이름·상호나 명칭이 포함되어야 한다.　　　　（　　）

31 보험회사는 보험계약의 체결 시부터 보험금 지급 시까지의 주요 과정을 기획재정부령으로 정하는 바에 따라 일반보험계약자에게 설명하여야 한다.　　　　（　　）

32 일반보험계약자가 설명을 거부하는 경우에는 설명하지 않아도 된다.　　　　（　　）

33 전화·우편·컴퓨터 통신 등 통신수단을 이용하여 모집을 하는 자는 보험업법상 보험모집을 할 수 있는 자여야 한다.　　　　（　　）

34 통신수단을 이용해 보험계약을 청약한 경우라도 청약 철회 및 계약 해지는 방문을 통해서만 가능하다.　　　　（　　）

35 보험계약자 또는 피보험자로 하여금 이미 성립된 보험계약을 부당하게 소멸시킴으로써 새로운 보험계약(기존보험계약과 보장내용 등이 비슷한 경우)을 청약하게 하거나 새로운 보험계약을 청약하게 함으로써 기존보험계약을 부당하게 소멸시키거나 그 밖에 부당하게 보험계약을 청약하게 하거나 이러한 것을 권유하는 행위는 금지된다. ( )

36 보험계약의 체결 또는 모집에 종사하는 자는 그 체결 또는 모집과 관련하여 보험계약자나 피보험자에게 특별이익을 제공할 수 있다. ( )

37 보험회사는 보험모집자 본인이 모집한 계약을 부득이한 경우 타인의 명의로 처리할 수 있다. ( )

38 대출계약이 성립한 날부터 5년 이내에 상환하는 경우 중도상환수수료부과가 가능하다. ( )

정답 및 해설

23 ○
24 ○
25 ○
26 ○
27 ○
28 × 보험중개사는 독립적으로 보험계약의 체결을 중개하는 자이다.
29 × 보험회사의 임직원은 대표이사, 사외이사, 감사 및 감사위원은 제외된다.
30 ○
31 × 보험회사는 보험계약의 체결 시부터 보험금 지급 시까지의 주요 과정을 대통령령으로 정하는 바에 따라 일반보험계약자에게 설명하여야 한다.
32 ○
33 ○
34 × 통신수단을 이용해 보험계약을 청약한 경우 청약의 내용 확인 및 정정, 청약 철회 및 계약 해지도 통신수단을 이용할 수 있도록 해야 한다.
35 ○
36 × 보험계약의 체결 또는 모집에 종사하는 자는 그 체결 또는 모집과 관련하여 보험계약자나 피보험자에게 특별이익을 제공하거나 제공하기로 약속하여서는 아니 된다.
37 × 보험회사는 보험모집자 본인이 모집한 계약을 타인의 명의로 처리하지 못하도록 하여야 한다.
38 × 대출계약이 성립한 날부터 3년 이내에 상환하는 경우 중도상환수수료부과가 가능하다.

topic 8	보험소비자 보호

39 보험회사의 인가취소나 해산 또는 파산 시 보험계약자 등은 「예금자보호법」에 따라 예금 보험 공사로부터 보험금을 지급받을 수 있다. (   )

40 예금자보호법의 대상은 예금자로 개인을 대상으로 하며 법인은 포함되지 않는다. (   )

41 예금자보호법의 보장금액은 원금 및 소정의 이자 합산한 1인당 최고 5,000만 원이다. (   )

42 예금자보호법의 보장금액은 다른 금융기관을 포함하여 보호받을 수 있는 총 합산 금액이다. (   )

43 예금자보호법의 산출기준은 대출 채무가 있는 경우 이를 먼저 상환하고 남은 금액이다. (   )

44 예금자보호법의 비보호상품은 보험계약자 및 보험료납부자가 법인인 보험계약, 보증보험계약, 재보험계약, 변액보험계약 주계약, 확정기여형 퇴직연금제도의 적립금 등이다. (   )

45 금융회사, 예금자 등 금융수요자 및 기타 이해관계자는 금융 관련 분쟁 발생 시 금융감독원에 분쟁의 조정을 신청할 수 있다. (   )

46 금융감독원은 분쟁 관계 당사자에게 내용을 통지하고 합의를 권고할 수 있으며, 분쟁 조정 신청 일 이후 60일 이내로 합의가 이루어지지 않는 경우 금융감독원장은 지체없이 이를 금융분쟁조 정위원회로 회부해야 한다. (   )

47 금융분쟁조정위원회는 조정 회부로부터 60일 이내 이를 심의하여 조정안을 마련해야 하며 금융 감독원장은 신청인과 관계 당사자에게 이를 제시하고 수락을 권고할 수 있다. (   )

48 관계 당사자가 조정안을 수락한 경우 해당 조정안은 재판상 화해와 동일한 효력을 가진다. (   )

49 생명보험협회에서 운용하는 보험 가입조회제도를 통해 우체국의 생명보험과 손해보험의 가입 내역 확인이 가능하다. (   )

50 치매 등 보험사고 발생으로 본인이 의식불명 상태 등 스스로 보험금 청구가 현실적으로 어려운 상황이 발생할 경우 보험금 대리청구인을 미리 지정해두어 대리청구인이 피보험자(수익자)를 대신하여 보험금을 청구할 수 있도록 하는 제도를 보험금 대리청구인 지정제도라고 한다.

( )

51 정부 기관, 곧 우체국보험을 포함한 우정사업본부의 광고는 「금융소비자 보호에 관한 법률」 제22조 금융상품 등에 관한 광고 관련 준수사항을 법적 근거로 하고 있다. ( )

52 보험금의 지급책임이 장래의 우연한 보험사고의 발생 여부에 달려 있으며 보험계약 시 보험회사와 계약자를 연결하는 판매 채널이 존재하므로 불완전판매 등의 민원도 상당 비중을 차지한다.

( )

53 보험 민원은 보험회사가 민원평가 및 평판 등을 의식하여 원칙적으로 수용할 수 없는 민원까지 수용할 경우 악성 민원인에 의해 남용될 소지가 크다. ( )

정답 및 해설

39 ○

40 × 예금자보호법의 대상은 예금자로 개인과 법인이 모두 포함된다.

41 ○

42 × 예금자보호법 동일한 금융기관 내에서 보호받을 수 있는 총 합산 금액이다.

43 ○

44 × 확정급여형 퇴직연금제도의 적립금이 비보호 대상이다. 개인이 가입한 보험계약, 퇴직보험, 변액보험계약 특약 및 최저보증금, 예금자보호대상 금융상품으로 운용되는 확정기여형 퇴직연금제도 및 개인형 퇴직연금제도의 적립금, 원본이 보전되는 금전신탁 등은 예금자보호의 대상이 된다.

45 ○

46 × 금융감독원은 분쟁 관계 당사자에게 내용을 통지하고 합의를 권고할 수 있으며, 분쟁 조정 신청일 이후 30일 이내로 합의가 이루어지지 않는 경우 금융감독원장은 지체없이 이를 금융분쟁조정위원회로 회부해야 한다.

47 ○

48 ○

49 × 생명보험협회에서 운용하는 보험 가입조회제도를 통해 생명보험과 손해보험의 가입내역 확인이 가능하나 우체국, 새마을금고 등 공제보험의 가입내역은 조회할 수 없다. 우체국보험의 경우 우체국보험 홈페이지의 계약사항조회를 통해 확인 가능하다.

50 ○

51 × 「금융소비자 보호에 관한 법률」은 일반 생명보험회사가 준수해야 할 규정이다.
정부 기관, 곧 우체국보험을 포함한 우정사업본부의 광고는 「정부 기관 및 공공법인 등의 광고 시행에 관한 법률」에 따라 기본계획을 수립하고, 광고를 동법 시행령 제6조(업무의 위탁)에 따라 정부 광고 업무를 수탁한 한국언론진흥재단의 정부 광고 통합시스템에 의뢰하며 해당 시스템을 통해 소요경비를 지출한다.

52 ○

53 ○

Step 02 객관식으로 실전연습

01   보험회사의 영업행위 윤리준칙에 대한 설명 중 옳지 않은 것을 고르시오.

① 보험소비자의 권익 침해를 방지하기 위해 평가 및 보상체계에 판매실적 외 불완전판매 건수, 고객수익률, 소비자만족도, 계약 관련 서류 충실성 등 관련 요소들을 충분히 반영하여 운영을 통해 판매 관련 보상체계의 적정성을 제고해야 한다.

② 윤리준칙 준수 여부에 대한 주기적 점검 및 위법·부당행위 내부신고제도 운영을 통해 영업행위의 외부통제를 강화해야 한다.

③ 충실한 설명의무 이행, 계약체결 및 유지단계에서 필요한 정보 제공을 통해 보험소비자와의 정보불균형을 제고해야 한다.

④ 독립적이고 공정한 민원처리를 위한 민원관리 시스템 구축, 분쟁방지 및 효율적 처리방안 마련 등을 통해 합리적 분쟁 프로세스를 구축해야 한다.

02   부당한 영업행위 금지에 대한 설명으로 옳지 않은 것은?

① 보험소비자의 보험 가입 니즈와 구매 의사에 반하는 다른 보험상품의 구매를 강요하는 행위를 금지한다.

② 보험회사로부터 승인받지 않은 보험안내자료나 상품광고 등을 영업에 활용하는 행위를 금지한다.

③ 보험회사는 보험계약 체결 시부터 보험금 지급 시까지의 주요 과정을 보험업 법령에서 정하는 바에 따라 보험소비자에게 충분히 설명하여야 한다.

④ 실제 명의인이 아닌 자의 보험계약을 모집하거나 실제 명의인의 동의가 없는 보험계약을 모집하는 행위(허위작성)를 금지한다.

03 보험소비자에 대한 정보제공에 대한 설명이다. 다음 〈보기〉에서 옳은 것을 모두 고르시오.

> 보기
> ㄱ. 보험모집자는 보험회사가 제작하여 승인 여부와 관계없이 보험안내자료를 임의로 제작하거나 사용할 수 있다.
> ㄴ. 보험소비자에 대한 정보제공은 제공시기 및 내용을 보험소비자의 관점에서 고려하고, 정보제공이 시의적절하게 이루어질 수 있도록 운영해야 한다.
> ㄷ. 보험회사는 미가입 시 과태료 부과 등 행정조치가 취해지는 의무보험에 대해서는 보험기간이 만료되기 일정 기간 이전에 보험만기 도래 사실 및 계약 갱신 절차 등을 보험소비자에게 안내해야 한다.
> ㄹ. 보험모집자는 보험소비자에게 제공하는 보험안내자료 상의 예상수치는 실제 적용되는 이율이나 수익률 등과 다를 수 없다는 점을 분명하게 설명해야 한다.

① ㄱ, ㄴ   ② ㄱ, ㄷ   ③ ㄴ, ㄷ   ④ ㄷ, ㄹ

04 〈보기〉에서 보험소비자에 대한 설명으로 옳은 것을 모두 고른 것은?

> 보기
> ㄱ. 보험모집자는 보험회사가 제작하여 승인된 보험안내자료만 사용해야 하며, 승인되지 않은 보험안내자료를 임의로 제작하거나 사용할 수 없다.
> ㄴ. 보험회사는 보험상품에 대한 판매 광고 시, 보험협회의 상품광고 사전심의 대상이 되는 보험상품에 대해서는 금융감독원으로부터 심의필을 받아야 한다.
> ㄷ. 보험회사는 공시자료 내용에 변경이 생긴 경우 특별한 사유가 없는 한 지체없이 자료를 수정함으로써 보험소비자에게 정확한 정보를 제공해야 한다.
> ㄹ. 보험회사는 1년 이상 유지된 계약에 관해 보험계약관리내용을 연 1회 이상 보험소비자에게 제공해야 하며, 변액보험도 동일하게 연 1회 이상 제공해야 한다.

① ㄱ, ㄴ   ② ㄱ, ㄷ   ③ ㄴ, ㄹ   ④ ㄷ, ㄹ

정답 및 해설

01 ② 윤리준칙 준수 여부에 대한 주기적 점검 및 위법·부당행위 내부신고제도 운영을 통해 영업행위의 내부통제를 강화해야 한다.
02 ③ 충실한 설명의무 이행에 대한 설명이다.
03 ③ ㄱ. 보험모집자는 보험회사가 제작하여 승인된 보험안내자료만 사용해야 하며, 승인되지 않은 보험안내자료를 임의로 제작하거나 사용할 수 없다.
   ㄹ. 보험모집자는 보험소비자에게 제공하는 보험안내자료 상의 예상수치는 실제 적용되는 이율이나 수익률 등과 다를 수 있다는 점을 분명하게 설명해야 한다.
04 ② ㄴ. 보험회사는 보험상품에 대한 판매 광고 시, 보험협회의 상품광고 사전심의 대상이 되는 보험상품에 대해서는 보험협회로부터 심의필을 받아야 한다.
   ㄹ. 보험회사는 1년 이상 유지된 계약에 관해 보험계약관리내용을 연 1회 이상 보험소비자에게 제공해야 하며, 변액보험에 대해서는 반기별 1회 이상 제공해야 한다.

05 모집질서 개선을 위한 소비자보호에 대한 설명으로 옳지 않은 것은?

① 보험회사는 보험모집자의 모집관리지표를 측정·관리하고 그 결과에 따라 완전판매 교육체계를 마련해야 한다.
② 보험모집자의 불완전판매 재발을 방지해야 한다.
③ 보험회사 및 보험모집자는 위탁계약서의 내용을 충실히 이행해야 하며, 필요에 따라 보험회사는 보험설계사에게 보험료 대납 등을 행할 수 있다.
④ 보험모집자는 판매하는 상품에 대한 모집자격을 갖추어야 하며, 판매하는 상품에 대한 충분한 지식을 갖추어야 한다.

06 〈보기〉에서 개인정보의 보호와 판매 관련보상체계에 대한 설명으로 옳은 것을 모두 고른 것은?

> ┌ 보기 ┐
> ㄱ. 보험회사는 보험상품 판매를 위해 개인정보의 수집 및 이용이 필요할 경우 명확한 동의절차를 밟아야 하며 그 목적에 부합하는 최소한의 정보만 수집·이용해야 한다.
> ㄴ. 보험회사는 수집한 개인정보를 당해 목적 이외에는 사용하지 아니하며, 그 목적이 달성되었을 때에는 수집한 정보를 파기해야 한다.
> ㄷ. 판매 담당 직원 등의 범위에 보험설계사와 보험대리점도 포함된다.
> ㄹ. 보험소비자들이 판매 담당 직원의 불건전영업행위, 불완전판매 등으로 금융거래를 철회·해지하더라도 보험회사는 판매 담당 직원에게 이미 제공된 금전적 보상을 환수할 수 없다.

① ㄱ, ㄴ   ② ㄱ, ㄷ
③ ㄴ, ㄹ   ④ ㄷ, ㄹ

07 연성사기와 경성사기에 대한 설명으로 옳지 않은 것은?

① 연성사기는 우연히 발생한 보험사고의 피해를 부풀려 실제 발생한 손해 이상의 과다한 보험금을 청구하는 행위이다.
② 경성사기는 보험계약에서 담보하는 재해, 상해, 도난, 방화, 기타의 손실을 계획적, 의도적으로 조작하는 행위이다.
③ 경미한 질병·상해에도 장기간 입원하는 행위는 연성사기의 사례이다.
④ 보험료 절감을 위해 보험 가입 시 보험회사에 허위 정보를 제공하는 행위는 경성사기의 사례이다.

08 〈보기〉에서 보험범죄의 유형에 대한 설명으로 옳은 것을 모두 고른 것은?

> ┌ 보기 ┐
> ㄱ. 암 등 고위험군 질병을 진단받은 자가 보험 가입을 위해 진단 사실을 은폐는 사기적 보험계약의 체결에 해당한다.
> ㄴ. 자동차 등과 관련하여 보험사고 발생 후 사고일자 등을 조작·변경하여 보험에 가입하는 행위는 보험사고의 위장 또는 허위사고에 해당한다.
> ㄷ. 보험사고를 조작하여 병원 또는 의원으로부터 허위진단서를 발급받아 보험금을 청구하는 행위는 보험사고의 위장 또는 허위사고에 해당한다.
> ㄹ. 피보험자 본인이 신체 일부를 절단 또는 고층에서 뛰어내리거나 운행 중인 차량에 고의로 충돌하는 행위는 보험금 과다청구에 해당한다.

① ㄱ, ㄴ
② ㄱ, ㄷ
③ ㄴ, ㄹ
④ ㄷ, ㄹ

09 보험범죄에 대한 설명 중 옳지 않은 것을 고르시오.

① 보험범죄는 연성사기와 경성사기로 구분될 수 있다.
② 보험범죄는 관련·후속 범죄 유발가능성이 매우 높다.
③ 보험범죄는 보험사고의 과실이나 고의를 구분하는 것이 어려운 경향이 있다.
④ 보험사기로 인한 부정한 보험금 지급이 많아지면 일반 보험계약자와는 관계없이 보험회사만 손실을 본다.

정답 및 해설

05 ③ 보험회사는 보험설계사에게 보험료 대납 등 불법 모집행위를 강요하는 행위를 하여서는 안 된다.
06 ① ㄷ. 판매 담당 직원 등의 범위는 보험소비자에게 금융상품을 직접 판매하는 직원과 이러한 직원들의 판매실적에 따라 주로 평가받는 직원 및 영업 단위조직으로 보험설계사와 보험대리점은 포함되지 않는다.
ㄹ. 보험소비자들이 판매 담당 직원의 불건전영업행위, 불완전판매 등으로 금융거래를 철회·해지하는 경우 보험회사는 판매 담당 직원에게 이미 제공된 금전적 보상을 환수할 수 있다.
07 ④ 보험료 절감을 위해 보험 가입 시 보험회사에 허위 정보를 제공하는 행위는 연성사기의 사례이다. 경성사기의 유형으로는 피보험자의 신체에 상해를 입히거나 방화·살인 등 피보험자를 해치는 행위 또는 생존자를 사망한 것으로 위장함으로써 보험금을 받으려는 행위가 이에 속한다.
08 ② ㄴ. 자동차 등과 관련하여 보험사고 발생 후 사고일자 등을 조작·변경하여 보험에 가입하는 행위는 사기적 보험계약체결에 해당한다.
ㄹ. 피보험자 본인이 신체 일부를 절단 또는 고층에서 뛰어내리거나 운행 중인 차량에 고의로 충돌하는 행위는 고의적인 보험사고유발에 해당한다.
09 ④ 보험사기는 선의의 일반계약자에게 그 피해가 전가되는 형태로 보험사기 피해가 확대된다.

10 보험범죄의 유형에 대한 설명이다. 다음 〈보기〉에서 옳은 것의 개수는?

> ┌─ 보기 ┐
> ㄱ. 피보험자가 제3자를 통한 대리진단으로 다수의 보험에 가입하는 행위는 사기적 보험계약체결에 해당한다.
> ㄴ. 보험사고를 조작하여 병원 또는 의원으로부터 허위진단서를 발급받아 보험금을 청구하는 행위는 보험사고의 위장에 해당한다.
> ㄷ. 병원 입원 기간 동안 외출, 외박 등을 통해 정상적인 사회활동을 하였음에도 입원한 것처럼 진단서를 발급받는 행위는 보험금 과다청구에 해당한다.
> ㄹ. 보험수익자가 보험금을 노리고 피보험자의 신체에 고의로 상해를 입히거나 살해하는 행위는 고의적인 보험사고 유발에 해당한다.

① 1개   ② 2개
③ 3개   ④ 4개

11 보험모집자격에 대한 설명으로 옳지 않은 것은?

① 보험설계사는 보험회사, 보험대리점 또는 보험중개사에 소속되어 보험계약 체결을 중개하는 자이다.
② 보험대리점은 보험회사를 위하여 보험계약의 체결을 대리하는 자이다.
③ 보험중개사는 보험대리점에 소속되어 보험계약의 체결을 중개하는 자이다.
④ 보험회사의 임직원은 대표이사, 사외이사, 감사 및 감사위원은 제외된다.

12 보험업법상 보험을 모집할 수 있는 자에 대한 설명으로 옳지 않은 것은? ²⁴·계리직

① 보험중개사는 독립적으로 보험계약의 체결을 중개한다.
② 대표이사를 포함한 보험회사의 임직원은 보험모집이 가능하다.
③ 보험대리점은 보험회사를 위하여 보험계약의 체결을 대리한다.
④ 보험설계사는 보험회사, 보험대리점 또는 보험중개사에 소속되어 보험계약의 체결을 중개한다.

13 보험업법상 준수사항에 대한 설명이다. 다음 〈보기〉에서 옳은 것을 모두 고르시오.

> 보기
> ㄱ. 보험회사는 보험계약의 체결 시부터 보험금 지급 시까지의 주요 과정을 대통령령으로 정하는 바에 따라 일반보험계약자가 설명을 거부하더라도 반드시 설명하여야 한다.
> ㄴ. 전화·우편·컴퓨터통신 등 통신수단을 이용하여 모집을 하는 자의 자격요건은 성인이면 누구나 가능하다.
> ㄷ. 통신수단을 이용한 모집에서는 사전에 통신수단을 이용한 모집에 동의한 자를 대상으로 해야 된다.
> ㄹ. 새로운 보험계약을 청약하게 함으로써 기존보험계약을 부당하게 소멸시키거나 그 밖에 부당하게 보험계약을 청약하게 하거나 이러한 것을 권유하는 행위는 금지된다.

① ㄱ, ㄴ ② ㄱ, ㄷ
③ ㄴ, ㄷ ④ ㄷ, ㄹ

14 다음 중 보험모집에 있어 금지사항이 아닌 것은?

① 다른 모집 종사자의 명의를 이용하여 보험계약을 모집하는 행위
② 기초서류에서 정한 사유에 근거한 보험료의 할인 또는 수수료의 지급
③ 기초서류에서 정한 보험금액보다 많은 보험금액의 지급 약속
④ 보험계약자 또는 피보험자의 자필서명이 필요한 경우에 보험계약자 또는 피보험자로부터 자필서명을 받지 아니하고 서명을 대신하거나 다른 사람으로 하여금 서명하게 하는 행위

정답 및 해설

10 ④ 모두 옳은 지문이다.
11 ③ 보험중개사는 독립적으로 보험계약의 체결을 중개하는 자이다.
12 ② 대표이사는 보험모집이 불가능하다. (대표이사, 사외이사, 감사, 감사위원은 제외)
13 ④ ㄱ. 보험회사는 보험계약의 체결 시부터 보험금 지급 시까지의 주요 과정을 대통령령으로 정하는 바에 따라 일반보험계약자에게 설명하여야 한다. 다만, 일반보험계약자가 설명을 거부하는 경우에는 설명하지 않아도 된다.
　　ㄴ. 전화·우편·컴퓨터통신 등 통신수단을 이용하여 모집을 하는 자는 보험업법 상 보험모집을 할 수 있는 자여야 한다.
14 ② 기초서류에서 정한 사유에 근거하지 아니한 보험료의 할인 또는 수수료의 지급은 금지된다.

15 〈보기〉에서 보험업법상 준수사항에 대한 설명으로 옳은 것을 모두 고른 것은?

> ┌ 보기 ┐
> ㄱ. 보험회사는 보험계약의 체결 시부터 보험금 지급 시까지의 주요 과정을 대통령령으로 정하는 바에 따라 일반보험계약자에게 설명하여야 한다.
> ㄴ. 일반보험계약자가 설명을 거부하는 경우도 만약을 위해 반드시 설명해야 한다.
> ㄷ. 통신수단을 이용해 보험계약을 청약한 경우라도 청약 철회 및 계약 해지는 방문을 통해서만 가능하다.
> ㄹ. 보험계약의 체결 또는 모집에 종사하는 자는 그 체결 또는 모집과 관련하여 보험계약자나 피보험자에게 특별이익을 제공하거나 제공하기로 약속하여서는 아니 된다.

① ㄱ, ㄴ　　　　　　　　　　　　② ㄱ, ㄹ
③ ㄴ, ㄹ　　　　　　　　　　　　④ ㄷ, ㄹ

16 보험모집 준수사항에 대한 설명이다. 다음 〈보기〉에서 옳은 것을 모두 고르시오.

> ┌ 보기 ┐
> ㄱ. 보험설계사는 보험회사, 보험대리점 또는 보험중개사에 소속되어 보험계약 체결을 중개하는 자이다.
> ㄴ. 보험회사의 임직원은 대표이사, 사외이사를 포함하여 보험모집의 자격이 있다.
> ㄷ. 보험계약자 또는 피보험자로 하여금 이미 성립된 보험계약을 소멸시키고 기존의 보험계약과 다른 새로운 보험계약을 청약하게 하는 것은 부당하다.
> ㄹ. 보험회사로부터 받은 대출금에 대한 이자의 대납은 금지된다.

① ㄱ, ㄴ　　　　　　　　　　　　② ㄱ, ㄹ
③ ㄴ, ㄹ　　　　　　　　　　　　④ ㄷ, ㄹ

17 예금자보호법에 대한 설명으로 옳지 않은 것은?

① 예금자보호법의 대상은 예금자로 개인을 대상으로 하며 법인은 포함되지 않는다.
② 예금자보호법의 보장금액은 원금 및 소정의 이자 합산한 1인당 최고 5,000만 원이다.
③ 예금자보호법의 보장금액은 동일한 금융기관 내에서 보호받을 수 있는 총 합산 금액이다.
④ 예금자보호법의 산출기준은 대출 채무가 있는 경우 이를 먼저 상환하고 남은 금액이다.

18 〈보기〉에서 예금자보호법상 보호상품으로 옳은 것은?

> ┌ 보기 ┌
> ㄱ. 변액보험계약 특약 및 최저보증금
> ㄴ. 보험계약자 및 보험료납부자가 법인인 보험계약
> ㄷ. 개인형 퇴직연금제도의 적립금, 원본이 보전되는 금전신탁 등
> ㄹ. 확정급여형 퇴직연금제도의 적립금

① ㄱ, ㄴ   ② ㄱ, ㄷ
③ ㄴ, ㄹ   ④ ㄷ, ㄹ

19 예금자보호법에 의한 보험계약보장이다. 다음 〈보기〉에서 옳은 것을 모두 고르시오.

> ┌ 보기 ┌
> ㄱ. 대출 채무가 있는 경우 이를 먼저 상환하고 남은 금액을 보호받는다.
> ㄴ. 보호대상은 예금자로 개인만 해당하며 법인은 제외된다.
> ㄷ. 보장금액은 원금 및 소정의 이자 합산 1인당 최고 5,000만 원이다.
> ㄹ. 동일한 금융기관 내에서 보호받을 수 있는 계좌당 금액을 의미한다.

① ㄱ, ㄴ   ② ㄱ, ㄷ
③ ㄴ, ㄷ   ④ ㄷ, ㄹ

정답 및 해설

15 ② ㄴ. 일반보험계약자가 설명을 거부하는 경우에는 설명하지 않아도 된다.
   ㄷ. 통신수단을 이용해 보험계약을 청약한 경우 청약의 내용 확인 및 정정, 청약 철회 및 계약 해지도 통신수단을 이용할 수 있도록 해야 한다.
16 ② ㄴ. 보험회사의 임직원(대표이사, 사외이사, 감사 및 감사위원은 제외)은 보험모집의 자격이 있다.
   ㄷ. 보험계약자 또는 피보험자로 하여금 이미 성립된 보험계약을 부당하게 소멸시킴으로써 새로운 보험계약(기존보험계약과 보장 내용 등이 비슷한 경우)을 청약하게 하는 것은 부당하다.
17 ① 예금자보호법의 대상은 예금자로 개인과 법인이 모두 포함된다.
18 ② • 보호상품 : 개인이 가입한 보험계약, 퇴직보험, 변액보험계약 특약 및 최저보증금, 예금자보호대상 금융상품으로 운용되는 확정기여형 퇴직연금제도 및 개인형 퇴직연금제도의 적립금, 원본이 보전되는 금전신탁 등
   • 비보호상품 : 보험계약자 및 보험료납부자가 법인인 보험계약, 보증보험계약, 재보험계약, 변액보험계약 주계약, 확정급여형 퇴직연금제도의 적립금 등
19 ② ㄴ. 보호대상은 예금자로 개인 및 법인 모두 포함된다.
   ㄹ. 동일한 금융기관 내에서 보호받을 수 있는 총 합산 금액을 의미한다.

20 「금융소비자 보호에 관한 법률」상 준수사항 주요 내용에 대한 설명으로 옳지 않은 것은?

① 자기 또는 제3자의 이익을 위하여 금융소비자에게 특정 대출 상환방식을 강요하는 행위는 금지된다.

② 대출계약이 성립한 날부터 3년 이내에 상환하는 경우 중도상환수수료를 부과하는 행위는 금지된다.

③ 개인에 대한 대출 등 대통령령으로 정하는 대출상품의 계약과 관련하여 제3자의 연대보증을 요구하는 경우는 금지된다.

④ 연계·제휴서비스 등이 있는 경우 연계·제휴서비스등을 부당하게 축소하거나 변경하는 행위로서 대통령령으로 정하는 행위는 원칙적으로 금지된다.

21 〈보기〉에서 금융분쟁 조정위원회에 대한 설명으로 옳은 것을 모두 고른 것은?

┌─ 보기 ┐

ㄱ. 금융감독원은 분쟁 관계 당사자에게 내용을 통지하고 합의를 강제할 수 있다.

ㄴ. 분쟁 조정 신청일 이후 30일 이내로 합의가 이루어지지 않는 경우 금융감독원장은 지체없이 이를 금융분쟁조정위원회로 회부해야 한다.

ㄷ. 금융분쟁조정위원회는 조정 회부로부터 30일 이내 이를 심의하여 조정안을 마련해야 한다.

ㄹ. 관계 당사자가 조정안을 수락한 경우 해당 조정안은 재판상 화해와 동일한 효력을 가진다.

① ㄱ, ㄴ   ② ㄱ, ㄷ

③ ㄴ, ㄹ   ④ ㄷ, ㄹ

22 금융분쟁조정위원회에 대한 설명 중 옳지 않은 것을 고르시오.

① 금융회사, 예금자 등 금융수요자 및 기타 이해관계자는 금융 관련 분쟁 발생 시 금융감독원에 분쟁의 조정을 신청할 수 있다.

② 금융감독원은 분쟁 관계당사자에게 내용을 통지하고 합의를 권고할 수 있으며, 분쟁조정 신청일 이후 30일 이내로 합의가 이루어지지 않는 경우 금융감독원장은 지체없이 이를 금융분쟁조정위원회로 회부해야 한다.

③ 금융분쟁조정위원회는 조정 회부로부터 30일 이내 이를 심의하여 조정안을 마련해야 하며 금융감독원장은 신청인과 관계당사자에게 이를 제시하고 수락을 권고할 수 있다.

④ 관계당사자가 조정안을 수락한 경우 해당 조정안은 재판상 화해와 동일한 효력을 가진다.

23 보험소비자 보호에 대한 설명으로 옳지 않은 것은?

① 금융감독원·생명보험협회·보험회사는 보험 관련 소비자 상담 등을 위해 고객상담창구를 설치 및 운영하고 있다.

② 우체국보험의 경우 우체국보험 홈페이지의 계약사항조회를 통해 확인 가능하다.

③ 스스로 보험금 청구가 현실적으로 어려운 상황이 발생할 경우 보험금 대리청구인을 미리 지정하는 제도를 보험금 청구대리인 지정제도라고 한다.

④ 정부 기관, 곧 우체국보험을 포함한 우정사업본부의 광고는 「금융소비자 보호에 관한 법률」 제22조 금융상품 등에 관한 광고 관련 준수사항을 법적 근거로 하고 있다.

24 다음 〈보기〉에서 옳은 것을 모두 고르시오.

> **보기**
> ㄱ. 스스로 보험금 청구가 현실적으로 어려운 상황이 발생한 경우 보험금 대리청구인을 미리 지정해 두어 대리청구인이 피보험자(수익자)를 대신하여 보험금을 청구할 수 있도록 제도를 실시하고 있다.
> ㄴ. 생명보험협회의 경우 생존자 및 사망자에 대한 보험가입조회제도를 운영하고 있다.
> ㄷ. 보험가입조회에서 우체국, 새마을금고 등 공제보험의 가입내역도 조회 가능하다.
> ㄹ. 우체국보험을 포함한 우정사업본부의 광고는 「금융소비자 보호에 관한 법률」에 따라 기본계획을 수립한다.

① ㄱ, ㄴ   ② ㄱ, ㄹ
③ ㄴ, ㄹ   ④ ㄷ, ㄹ

정답 및 해설

20 ② 이 세 가지 경우는 중도상환수수료부과가 가능하다.
　1) 대출계약이 성립한 날부터 3년 이내에 상환하는 경우
　2) 다른 법령에 따라 중도상환수수료 부과가 허용되는 경우
　3) 금융소비자 보호 및 건전한 거래질서를 해칠 우려가 없는 행위로서 대통령령으로 정하는 경우
21 ③ ㄱ. 금융감독원은 분쟁 관계 당사자에게 내용을 통지하고 합의를 권고할 수 있다.
　ㄷ. 금융분쟁조정위원회는 조정 회부로부터 60일 이내 이를 심의하여 조정안을 마련해야 한다.
22 ③ 금융분쟁조정위원회는 조정 회부로부터 60일 이내 이를 심의하여 조정안을 마련해야 하며 금융감독원장은 신청인과 관계당사자에게 이를 제시하고 수락을 권고할 수 있다.
23 ④ 우체국보험을 포함한 우정사업본부의 광고는 「정부 기관 및 공공법인 등의 광고 시행에 관한 법률」에 따라 기본계획을 수립하고, 광고를 동법 시행령 제6조(업무의 위탁)에 따라 정부 광고 업무를 수탁한 한국언론진흥재단의 정부 광고 통합시스템에 의뢰하며 해당 시스템을 통해 소요경비를 지출한다.
24 ① ㄷ. 보험가입 내역은 생명보험과 손해보험에 대해 확인이 가능하나 우체국, 새마을금고 등 공제보험의 가입내역은 조회할 수 없다.
　ㄹ. 우체국보험을 포함한 우정사업본부의 광고는 「정부기관 및 공공법인 등의 광고시행에 관한 법률」에 따라 기본계획을 수립한다.

25 보험 민원에 대한 설명 중 옳지 않은 것을 고르시오.

① 일반적으로 보험은 상품 특성상 어느 정도의 민원을 내포할 수밖에 없다.

② 불완전판매 등의 민원도 상당 비중을 차지한다.

③ 보험 민원은 보험회사가 민원평가 및 평판 등을 의식하여 원칙적으로 수용할 수 없는 민원까지 수용하는 것이 바람직하다.

④ 보험회사의 상품개발 및 판매 정책 등에 의해서도 발생할 수 있어 상품기획단계에서부터 민원소지나 불완전판매 소지가 없는지 보험회사 스스로 판단하는 제도를 운영하기도 한다.

26 〈보기〉에서 보험 민원의 특징에 대한 설명으로 옳은 것을 모두 고른 것은?

┌ 보기 ┐
ㄱ. 일반적으로 보험은 상품 특성상 어느 정도의 민원을 내포할 수밖에 없다.
ㄴ. 보험계약 시 보험회사와 계약자를 연결하는 판매 채널이 존재하므로 불완전판매 등의 민원도 상당 비중을 차지한다.
ㄷ. 보험회사는 보험 민원을 스스로 판단하는 제도를 운영하지 않는다.
ㄹ. 보험 민원은 보험회사가 민원평가 및 평판 등을 의식하여 대부분 수용하는 것이 일반적이다.

① ㄱ, ㄴ   ② ㄱ, ㄷ
③ ㄴ, ㄹ   ④ ㄷ, ㄹ

정답 및 해설

25 ③ 보험 민원은 보험회사가 민원평가 및 평판 등을 의식하여 원칙적으로 수용할 수 없는 민원까지 수용할 경우 악성민원인에 의해 남용될 소지가 큼 이러한 경우 보험회사와 감독당국의 민원·분쟁처리 효율성을 크게 저하시켜 결국 선량한 소비자의 정당한 민원·분쟁처리가 지연될 수도 있다.

26 ① ㄷ. 보험회사의 상품개발 및 판매 정책 등에 의해서도 발생할 수 있어 상품기획단계에서부터 민원소지나 불완전판매 소지가 없는지 보험회사 스스로 판단하는 제도를 운영하기도 한다.
ㄹ. 보험 민원은 보험회사가 민원평가 및 평판 등을 의식하여 원칙적으로 수용할 수 없는 민원까지 수용할 경우 악성 민원인에 의해 남용될 소지가 크다.

04 생명보험과 제3보험

Step 01 OX로 핵심잡기

topic 9 생명보험 개요와 생명보험 상품

01 생명보험은 주로 사람의 생사(生死)에 관련된 불의의 사고에 대한 경제적 손실을 보전하며 많은 사람이 모여 합리적으로 계산된 소액의 분담금(보험료)을 모아서 공동준비재산을 조성하고 불의의 사고가 발생했을 경우에 약정된 금액(보험금)을 지급하는 것이다.　　　　(　　　)

02 생명보험은 보장성 기능과 저축성 기능을 가진다.　　　　　　　　　　　　　(　　　)

03 생명보험은 형태가 보이지 않는 무형의 상품이므로 타상품과 성능을 비교 검증하기 용이하다.
　　　　　　　　　　　　　　　　　　　　　　　　　　　　　　　　　　　(　　　)

04 생명보험 상품은 불확실한 미래에 대한 보장을 주기능으로 하는 미래지향적인 상품으로 가입과 효용이 동시에 발생한다.　　　　　　　　　　　　　　　　　　　　　　(　　　)

05 생명보험 상품은 보험판매자의 권유와 설득에 의해 가입하게 되는 비자발적인 상품이다.
　　　　　　　　　　　　　　　　　　　　　　　　　　　　　　　　　　　(　　　)

06 특약은 다수의 보험계약자들의 다양한 욕구를 모두 충족시키기 위하여 부가하는 것이 특약이며 주계약 외에 별도의 보장을 받기 위해 주계약에 부가하는 계약을 의미한다.　　(　　　)

07 필수가입 여부에 따라 독립특약과 종속특약으로 나뉜다.　　　　　　　　　　(　　　)

정답 및 해설

01 ○
02 ○
03 × 생명보험은 형태가 보이지 않는 무형의 상품이므로 타상품과 성능을 비교 검증하기 힘들다.
04 × 생명보험 상품은 불확실한 미래에 대한 보장을 주기능으로 하는 미래지향적인 상품으로 가입과 효용이 동시에 발생하지 않고 사망, 상해, 만기, 노후 등 보험금 지급 사유가 발생했을 때 효용을 주는 상품이다.
05 ○
06 ○
07 × 필수가입 여부에 따라 고정부가특약과 선택부가특약으로 나뉜다. 독립성에 따라 독립특약과 종속특약으로 나뉜다.

08 정기보험은 보험기간을 미리 정해놓고 피보험자가 그 기간 내에 사망했을 때 보험금이 지급되는 보험이다. ( )

09 만 15세 미만자, 심신상실자 또는 심신박약자를 피보험자로 하는 타인의 사망보험계약은 물론 자기의 사망보험계약은 취소사유이다. ( )

10 의사능력이 있는 심신박약자의 상황을 고려하여 심신박약자가 보험계약을 체결하거나 소속단체의 규약에 따라 단체보험의 피보험자가 될 때에 의사능력이 있는 경우에는 유효한 보험계약을 체결할 수 있다. ( )

11 사회적 약자가 보험계약자나 보험수익자가 되는 것은 무방하다. ( )

12 생존보험은 피보험자가 보험기간이 끝날 때까지 생존했을 때에만 보험금이 지급되는 보험이다. ( )

13 생사혼합보험에는 양로보험, 연금보험, 교육보험 등이 있다. ( )

14 저축성보험의 적립 부분은 위험보험료를 예정이율로 부리하여 피보험자가 사망 또는 장해를 당했을 때 보험금을 지급하는 부분이다. ( )

15 보장성보험은 만기 시 환급되는 금액이 기 납입 보험료보다 같거나 많다. ( )

16 개인보험은 단생보험이다. ( )

17 연생보험은 보험자 2인 중 1인의 사망을 보험사고로 하여 다른 1인이 보험금액을 지급받는 보험으로 대표적인 예로는 생명보험이 있다. ( )

18 변액보험은 계약자가 납입한 보험료를 특별계정을 통하여 기금을 조성한 후 주식, 채권 등에 투자하여 발생한 이익을 보험금 또는 배당으로 지급하는 상품이다. ( )

19 변액보험으로 변액종신보험, 변액연금보험, 변액유니버셜보험 등이 있으며 펀드형 투자상품의 일종이다. ( )

20 CI(Critical Illness)보험은 중대한 질병이며 치료비가 고액인 암, 심근경색, 뇌출혈 등에 대한 급부를 중점적으로 보장하여 주는 보험이다. ( )

PART
01

topic 10 | 제3보험

21 제3보험은 위험보장을 목적으로 사람의 질병·상해 또는 이에 따른 간병에 관하여 금전 및 그 밖의 급여를 지급할 것을 약속하고 대가를 수수하는 계약으로서 대통령령으로 정하는 계약이다 (보험업법 제2조 제1호).   (   )

22 제3보험의 종류로는 상해보험, 질병보험, 변액보험이 있다.   (   )

23 생명보험사·손해보험사는 제3보험업 겸영이 가능하다.   (   )

24 제3보험의 경우 생명보험의 약정된 정액 보상적 특성과 손해보험의 실손 보상적 특성을 모두 가지는 보험을 의미한다.   (   )

25 우리나라에서는 1998년 IMF 이후 보험업법 개정을 통해서 최초로 제3보험이 제정되었다. (   )

정답 및 해설

08 ○
09 × 만 15세 미만자, 심신상실자 또는 심신박약자를 피보험자로 하는 타인의 사망보험계약은 물론 자기의 사망보험 계약도 무효로 한다.
10 ○
11 ○
12 ○
13 ○
14 × 저축성보험의 보장 부분은 위험보험료를 예정이율로 부리하여 피보험자가 사망 또는 장해를 당했을 때 보험금을 지급하는 부분이다. 적립부분은 저축보험료를 일정 이율로 부리 하여 만기 또는 중도 생존 시 적립된 금액을 지급하는 부분이다.
15 × 보장성보험은 만기 시 환급되는 금액이 없거나 기 납입 보험료보다 적거나 같다.
16 ○
17 ○
18 ○
19 × 변액보험으로 변액종신보험, 변액연금보험, 변액유니버셜보험 등이 있으며 펀드형 투자상품이 아니다.
20 ○
21 ○
22 × 제3보험의 종류로는 상해보험, 질병보험, 간병보험이 있다.
23 ○
24 ○
25 × 우리나라에서는 2003년 8월 보험업법 개정을 통해서 최초로 제3보험이 제정되었다.

26 제3보험의 피보험자는 손해에 대한 보상받을 권리를 가진 자이다. (   )

27 간병보험은 치매 또는 일상생활장해 등 타인의 간병을 필요로 하는 상태 및 이로 인한 치료 등의 위험에 관하여 금전 및 그 밖의 급여를 지급할 것을 약속하고 대가를 수수하는 보험이다. (   )

28 상법에서 생명보험, 상해보험, 제3보험으로 분류하고 있다. (   )

29 보험업법 제4조에서는 보험 종목을 구분하여 제3보험을 생명보험이나 손해보험이 아닌 독립된 하나의 보험업으로 구분하고 있다. (   )

30 생명보험업과 손해보험업의 겸영을 금지한다. (   )

31 보험회사가 생명보험업이나 손해보험업에 해당하는 일부 종목에 관하여 허가를 받았을 때는 제3보험업에 대해서도 허가를 받은 것으로 본다. (   )

32 생명보험회사나 손해보험회사는 질병보험 주계약에 각종 특약을 부가하여 보장을 확대한 보험상품을 판매하고 있다. (   )

33 생명보험사와 손해보험사 모두 제3보험(질병 사망)의 특약에 따른 겸영 가능 요건에 제한이 없다. (   )

34 상해보험은 외부로부터의 급작스러운 사고로 인한 상해인정 여부가 중요한 조건이 되는데 피보험자의 책임 있는 사유로 타인에게 상해 등을 입힌 경우도 포함된다. (   )

35 상해보험의 요건은 급격성, 우연성, 외래성이 있다. (   )

36 상해로 보는 것에는 연탄가스 등의 유독가스를 우연히 일시에 흡입하여 생긴 중독 현상이나 약물복용의 부작용 등이 있다. (   )

37 외과적 수술 도중에 생긴 상해는 상해보험의 요건인 우연성을 충족한다. (   )

38 상해보험에서 질병은 어떠한 경우에도 보장되지 않는다. (   )

39 생명보험의 재해보험은 특정 재해분류표(보험상품 약관참고) 등을 이용하여 담보위험을 열거하여 보장해 주는 제3보험 상품이다. (   )

40 손해보험의 상해보험은 특정 상해사고를 보상하는 특별약관으로 보장하는 형태의 제3보험 상품이다. ( )

41 직업 및 직무가 변경되면 알려야 할 의무가 있으며 알리지 않은 경우 이후 발생한 상해사고에 대해 보험금을 지급하지 않는다. ( )

42 우리나라에서는 질병보험을 건강보험이라고도 하며 종류로는 진단보험, 암보험, CI보험, 실손의료보험 등이 있다. ( )

정답 및 해설

26 × 제3보험의 피보험자는 보험사고의 대상이다.

구분	생명보험	손해보험	제3보험
보험사고대상(조건)	사람의 생존 또는 사망	피보험자 재산상의 손해	신체의 상해, 질병, 간병
보험기간	장기	단기	단기, 장기 모두 존재
피보험이익	원칙적으로 불인정	인정	원칙적으로 불인정
피보험자(보험대상자)	보험사고 대상	손해에 대한 보상받을 권리를 가진 자	보험사고 대상
보상방법	정액보상	실손보상	정액보상, 실손보상

27 ○

28 × 상법에서 생명보험, 상해보험, 질병보험, 화재보험, 운송보험, 해상보험, 책임보험, 자동차 보험 등에 대한 정의는 있지만, 제3보험이라는 분류는 없다. 대신 제3보험과 관련된 생명보험, 상해보험, 질병보험 등 관련 법규를 준용하게 된다.

29 ○

30 ○

31 × 보험회사가 생명보험업이나 손해보험업에 해당하는 전 종목에 관하여 허가를 받았을 때는 제3보험업에 대해서도 허가를 받은 것으로 본다(보험업법 제4조 3항).

32 ○

33 × 생명보험사는 제한이 없으나 손해보험사는 제한이 있다.

구분	생명보험	손해보험
보험만기		80세 이하
보험금액	제한없음	개인당 2억 원 이내
만기환급금		납입 보험료 합계액 범위내

34 × 상해보험은 외부로부터의 급작스러운 사고로 인한 상해인정 여부가 중요한 조건이 되는데 단, 피보험자의 책임 있는 사유로 타인에게 상해 등을 입힌 경우는 보장하지 않는다.

35 ○

36 ○

37 × 우연이 아닌 것은 자해행위, 자살, 음독, 외과적 수술 도중에 생긴 상해·사망, 범죄자에 대한 형의 집행으로 인한 사망 또는 질환이 있는 자가 과격한 운동 중에 생긴 사망 등이 있다.

38 × 상해사고는 발생하였으나 그에 따른 질병으로 사망한 경우에는 우연한 상해사고가 질병의 직접적인 원인에 해당한다면 이를 상해사고로 본다.

39 ○

40 ○

41 × 변경된 직업 및 직무와 관계가 없는 사고의 경우에는 보험가입자가 직업 및 직무의 변경 사실을 알리지 않고 있어도 보험금이 전액 지급된다.

42 ○

43 질병보험은 보상한도의 없이 병이 나을 때까지 보장하는 것이 일반적이다.　　　　(　)

44 선천적인 질병, 정신질환, 알코올중독 및 마약 등의 질병은 면책 질병으로 분류되며 질병보험의 책임개시일은 보험계약일로 하나, 일부 질병 담보(예시 : 암 90일)의 경우 보험계약일(당일 포함)로부터 일정 기간의 면책 기간을 둔다.　　　　(　)

45 질병보험은 부담보조건 인수를 하지 않는 경향이 있다.　　　　(　)

46 질병보험의 경우 보험기간은 10년 이상이 대부분이며, 0세부터 가입이 가능하다 　 (　)

47 질병보험금의 지급 사유가 발생하기 전에 사망한 경우에 위로의 차원에서 보험금을 지급하여야 한다.　　　　(　)

48 암보험의 경우 만기환급금에 따라 순수보장형과 만기환급형으로 구분된다.　　 (　)

49 암보험의 경우 가입 후 즉시 보장되는 상품이 일반적이다.　　　　(　)

50 실손의료보험은 동일인이 여러 개를 가입해도 실제 손해액 이내로 보상하게 된다. (　)

51 다수의 실손의료보험에 가입했을 경우 치료비가 가입 상품 수만큼 지급된다.　 (　)

52 단체 실손보험에 3년 이상 가입한 사람이 퇴직할 경우 1개월 이내 개인 실손으로 전환하여 가입할 수 있다.　　　　(　)

53 개인 실손보험에 1년 이상 가입한 사람이 취직 등으로 회사의 단체 실손보험에 가입 시, 기존에 가입한 개인 실손보험의 보험료 납입 및 보장을 중지한 후 퇴직 후 1개월 이내 중지했던 개인 실손보험을 재개할 수 있다.　　　　(　)

54 "장기요양상태"는 거동이 불편하여 장기요양이 필요하다고 판단되었을 경우 「노인장기요양보험법」에 따라 국민건강보험공단의 장기요양등급 판정위원회에서 장기요양 1등급 또는 장기요양 2등급 등으로 판정받은 경우이다.　　　　(　)

55 간병보험은 기존 진단, 수술, 입원 등의 사유로 보험금을 지급하는 질병보험과 보험금 지급사유가 동일하다.　　　　(　)

56 「노인장기요양보험법」에 따라 2008년 7월 1일부터 노인장기요양보험 제도가 시행되면서, 고령 및 노인성 질병 등으로 인한 장기간의 간병·요양 문제를 국가와 사회가 책임을 분담하게 된다. 노인장기요양보험이 공적 장기간병보험에 해당된다.　　　　(　)

57 우리나라에서 민영 장기간병보험은 2008년부터 판매되기 시작하였다. 민영 장기간병보험은 보험금 지급방식에 따라 정액보상형과 실손보상형으로 구분된다. ( )

58 간병보험은 피보험자의 보험금 지급기준표에 따라 보험수익자에게 약정한 보험금을 지급한다. ( )

59 간병보험은 보험기간이 끝날 때까지 살아 있을 때는 건강관리자금으로 구분하여 지급하게 된다. ( )

60 간병보험은 공적 기준인 장기요양 등급과 관련된 경우에는 만 65세 이상이거나 노인성 질병 환자를 보험금 지급대상으로 하지만, 회사 자체 판단기준에 따라 "일상생활 장해상태" 또는 "치매 상태"를 보장하는 상품의 경우에는 보험 가입일 이후 "일상생활 장해상태" 또는 "치매 상태"로 진단 확정되면 지급대상이 될 수 있다. ( )

정답 및 해설

43 × 진단비, 수술비에는 1회 보상한도 금액을 설정하고, 입원의 경우에는 입원일수를 120일 또는 180일 등으로 한도를 정하고 있다.

44 ○

45 × 계약 전 알릴 의무에 해당하는 질병으로 피보험자가 과거에 의료기관에서 진단 또는 치료를 받은 경우 부담보 조건의 계약을 인수하고 가입 이후 해당 질병으로 보험금 지급 사유가 발생하여도 보험금을 지급하지 않는다. 그 외의 질병에 대해서는 보상하도록 하여 보험 가입대상을 확대할 수 있도록 하고 있다.

46 ○

47 × 질병보험금의 지급 사유가 발생하기 전에 사망한 경우에는 보험계약은 소멸하게 된다. 이때 보험금 대신 책임준비금을 지급하게 된다.

48 ○

49 × 도덕적 해이 및 역선택 방지를 위한 장치로 일정 기간 이후부터 보장이 개시되도록 하고 가입 후 일정 시점(보통 1년)을 기준으로 보험금이 차등 책정된다.

50 ○

51 × 가입자가 다수의 실손의료보험을 가입하더라도 초과이익 금지를 위해 본인이 부담한 치료비를 상품별로 비례보상하게 되므로, 치료비가 가입 상품 수만큼 지급되는 것은 아니다. 따라서 보험계약 체결 전 중복가입(기가입) 여부를 반드시 확인해야 한다.

52 × 단체 실손보험에 5년 이상 가입한 사람이 퇴직할 경우 1개월 이내 개인 실손으로 전환하여 가입할 수 있다.

53 ○

54 ○

55 × 간병보험은 치매 상태와 일상생활에서 행동의 제한이 있는 상태에 있을 때 보험금을 지급하는 것으로, 기존 진단, 수술, 입원 등의 사유로 보험금을 지급하는 질병보험과는 다르다.

56 ○

57 × 우리나라에서 민영 장기간병보험은 2003년 8월부터 판매되기 시작하였다. 민영 장기간병보험은 보험금 지급방식에 따라 정액보상형과 실손보상형으로 구분된다.

58 ○

59 ○

60 ○

Step 02 | **객관식으로 실전연습**

01 생명보험 상품의 종류에 대한 설명으로 옳지 않은 것은? 24. 계리직

① 종신보험은 보험기간을 미리 정해놓고 피보험자가 그 기간 내에 사망 시 보험금을 지급한다.
② 보장성보험은 만기 시 환급되는 금액이 없거나 이미 납입한 보험료보다 적거나 같다.
③ 생사혼합보험(양로보험)에는 사망보험의 보장기능과 생존보험의 저축기능이 결합되어 있다.
④ 변액보험은 보험계약자가 납입한 보험료로 특별계정을 통한 기금을 조성한 후 주식, 채권 등에 투자하여 발생한 이익을 보험금 또는 배당금으로 지급한다.

02 생명보험 상품의 종류에 관한 설명으로 옳지 않은 것은? 12. 계리직

① 종신보험은 보험기간을 정해놓고, 사망하였을 때 보험금을 지급하는 보험이다.
② 저축성보험은 생존 시에 보험금이 지급되는 저축 기능을 강화한 보험이다.
③ 연금보험은 연금을 수령하여 일정 수준의 소득을 계속 유지하기 위한 보험이다.
④ 교육보험은 자녀의 교육자금을 종합적으로 마련할 수 있도록 설계된 보험이다.

03 생명보험 상품에 대한 설명으로 옳지 않은 것은?

① 생명보험 상품은 저축보험료를 주식이나 채권 등에 투자하여 얻은 수익을 지급하는 저축성 기능을 가진다.
② 생명보험은 형태가 보이지 않는 무형의 상품이므로 타상품과 성능을 비교 검증하기 용이하다.
③ 생명보험 상품은 불확실한 미래에 대한 보장을 주기능으로 하는 미래지향적인 상품으로 가입과 효용이 동시에 발생하지 않고 사망, 상해, 만기, 노후 등 보험금 지급 사유가 발생했을 때 효용을 주는 상품이다.
④ 생명보험 상품은 보험판매자의 권유와 설득에 의해 가입하게 되는 비자발적인 상품이다.

04 다음은 생명보험 상품에 대한 설명이다. 〈보기〉에서 옳은 것을 모두 고르시오.

┌─ 보기 ┌
| ㄱ. 생명보험은 형태가 보이는 유형의 상품이다.
| ㄴ. 생명보험 상품은 불확실한 미래에 대한 보장을 주기능으로 하는 미래지향적인 상품이다.
| ㄷ. 생명보험 상품은 짧게는 수년부터 길게는 종신동안 계약의 효력이 지속된다.
| ㄹ. 생명보험은 대부분의 경우 자신의 의지에 기반하여 가입하는 비자발적인 상품이다.

① ㄱ, ㄴ   ② ㄱ, ㄷ
③ ㄴ, ㄷ   ④ ㄷ, ㄹ

05 〈보기〉에서 생명보험 상품의 구성에 대한 설명으로 옳은 것을 모두 고른 것은?

┌─ 보기 ┌
│ ㄱ. 주계약은 보험계약에 있어서 기본이 되는 중심적인 보장내용 부분으로 보험계약의 가장 큰
│   특징이자 가입목적을 나타내며 계약성립의 기본이 되는 부분이다.
│ ㄴ. 특약은 다수의 보험계약자들의 다양한 욕구를 모두 충족시키기 위하여 부가하는 것이며 주
│   계약 외에 별도의 보장을 받기 위해 주계약에 부가하는 계약을 의미한다.
│ ㄷ. 필수가입 여부에 따라 독립특약과 종속특약으로 나뉜다.
│ ㄹ. 독립특약은 계약자 선택과 무관하게 주계약에 고정시켜 판매되는 특약이다.

① ㄱ, ㄴ   ② ㄱ, ㄷ
③ ㄴ, ㄹ   ④ ㄷ, ㄹ

06 사망보험에 대한 설명으로 옳지 않은 것은?

① 정기보험은 보험기간을 미리 정해놓고 피보험자가 그 기간 내에 사망했을 때 보험금이 지급
   되는 보험이다.
② 종신보험은 보험기간을 정하지 않고 피보험자가 일생을 통하여 언제든지 사망했을 때 보험
   금을 지급하는 보험이다.
③ 사회적 약자가 보험계약자나 보험수익자가 되는 것은 무방하다.
④ 만 15세 미만자, 심신상실자 또는 심신박약자를 피보험자로 하는 타인의 사망보험계약은 물
   론 자기의 사망보험계약도 취소된다.

정답 및 해설

01 ① 종신보험은 보험기간을 정하지 않고 피보험자가 일생을 통하여 언제든지 사망했을 때 보험금을 지급하는 보험
   이다. 지문은 정기보험에 대한 설명이다.
02 ① 종신보험은 보험기간을 정해놓지 않고, 피보험자가 일생을 통하여 언제든지 사망하였을 때 보험금을 지급하는
   보험이다.
03 ② 생명보험은 형태가 보이지 않는 무형의 상품이므로 타상품과 성능을 비교 검증하기 힘들다.
04 ③ ㄱ. 생명보험은 형태가 보이지 않는 무형의 상품이다.
   ㄹ. 생명보험은 대부분의 경우 보험판매자의 권유와 설득에 의해 가입하게 되는 비자발적인 상품이다.
05 ① ㄷ. 필수가입 여부에 따라 고정부가특약과 선택부가특약으로 나뉜다. 독립성에 따라 독립특약과 종속특약으로
      나뉜다.
   ㄹ. 독립특약은 별도의 독립된 상품으로 개발되어 어떤 상품에든지 부가될 수 있는 특약이다.
06 ④ 만 15세 미만자, 심신상실자 또는 심신박약자를 피보험자로 하는 타인의 사망보험계약은 물론 자기의 사망보험
   계약도 무효로 한다.

07 사망보험에 대한 설명으로 옳지 않은 것은?

① 종신보험은 보험기간을 정하지 않고 피보험자가 일생을 통하여 언제든지 사망했을 때 보험금을 지급하는 보험이다.

② 사망보험의 피보험자 자격에는 상법상 제한이 있다.

③ 심신박약자의 경우 소속단체의 규약에 있더라도 단체보험의 피보험자가 될 수 없다.

④ 사회적 약자가 보험계약자나 보험수익자가 되는 것은 무방하다.

08 다음은 생명보험 상품의 종류에 대한 설명이다. 〈보기〉에서 옳은 것을 모두 고르시오.

> ┌ 보기 ┐
> ㄱ. 생존보험은 피보험자가 보험기간이 끝날 때까지 생존했을 때에만 보험금이 지급되는 보험이다.
> ㄴ. 생사혼합보험은 사망보험의 보장기능과 생존보험의 저축기능을 동시에 가진 생명보험이다.
> ㄷ. 저축성보험에는 암보험, 상해보험 등이 있다.
> ㄹ. CI는 계약자가 납입한 보험료를 특별계정을 통하여 기금을 조성한 후 주식, 채권 등에 투자하여 발생한 이익을 보험금 또는 배당으로 지급하는 상품이다.

① ㄱ, ㄴ   ② ㄱ, ㄷ

③ ㄴ, ㄹ   ④ ㄷ, ㄹ

09 〈보기〉에서 생명보험에 대한 설명으로 옳은 것을 모두 고른 것은?

> ┌ 보기 ┐
> ㄱ. 생존보험은 보험기간을 미리 정해놓고 피보험자가 그 기간 내에 사망했을 때 보험금이 지급되는 보험이다.
> ㄴ. 생사혼합보험에는 양로보험, 연금보험, 교육보험 등이 있다.
> ㄷ. 적립 부분은 위험보험료를 일정 이율로 부리 하여 만기 또는 중도 생존 시 적립된 금액을 지급하는 부분이다.
> ㄹ. 보장성보험은 만기 시 환급되는 금액이 없거나 기 납입 보험료보다 적거나 같다.

① ㄱ, ㄴ   ② ㄱ, ㄷ

③ ㄴ, ㄹ   ④ ㄷ, ㄹ

10 생명보험에 대한 설명으로 옳지 않은 것은?

① 정기연금보험은 일정한 기간을 정하여 연금을 지급하는 보험이다.

② 연생보험은 피보험자 2인 중 1인의 사망을 보험사고로 하여 다른 1인이 보험금액을 지급받는 보험으로 대표적인 예로는 생명보험이 있다.

③ CI(Critical Illness)보험은 중대한 질병이며 치료비가 고액인 암, 심근경색, 뇌출혈 등에 대한 급부를 중점적으로 보장하여 주는 보험이다.

④ 변액보험으로 변액종신보험, 변액연금보험, 변액유니버셜보험 등이 있으며 펀드형 투자상품의 일종이다.

11 〈보기〉에서 제3보험에 대한 설명으로 옳은 것을 모두 고른 것은?

┌ 보기 ┐
ㄱ. 제3보험의 종류로는 상해보험, 질병보험, 간병보험이 있다.
ㄴ. 우리나라에서는 2003년 8월 보험업법 개정을 통해서 최초로 제3보험이 제정되었다.
ㄷ. 제3보험은 피보험이익을 원칙적으로 인정한다.
ㄹ. 보상방법으로는 실손보상만 가능하다.

① ㄱ, ㄴ　　　　　② ㄱ, ㄷ
③ ㄴ, ㄹ　　　　　④ ㄷ, ㄹ

정답 및 해설

07 ③ 심신박약자의 경우 소속단체의 규약에 따라 단체보험의 피보험자가 될 때에 의사능력이 있는 경우에는 유효한 보험계약을 체결할 수 있다.

08 ① ㄷ. 저축성보험에는 연금보험, 교육보험 등이 있다. 지문은 보장성보험에 대한 설명이다.
　　ㄹ. CI는 중대한 질병이며 치료비가 고액인 암, 심근경색, 뇌출혈 등에 대한 급부를 중점적으로 보장하여 주는 보험이다. 지문은 변액보험에 대한 설명이다.

09 ③ ㄱ. 생존보험은 피보험자가 보험기간이 끝날 때까지 생존했을 때에만 보험금이 지급되는 보험이다. 지문은 사망보험 중 정기보험에 대한 설명이다.
　　ㄷ. 적립 부분은 저축보험료를 일정 이율로 부리 하여 만기 또는 중도 생존 시 적립된 금액을 지급하는 부분이다.

10 ④ 변액보험으로 변액종신보험, 변액연금보험, 변액유니버셜보험 등이 있으며 보험은 펀드와 다르므로 펀드형 투자상품이 아니다.

11 ① ㄷ. 제3보험은 피보험이익을 원칙적으로 불인정한다.
　　ㄹ. 보상방법으로는 정액보장, 실손보상 모두 가능하다.

12 제3보험에 대한 설명으로 옳은 것은? ^{24. 계리직}

① 생명보험으로서 제3보험은 실손보상을 원칙으로 한다.

② 생명보험사가 제3보험업을 겸영하는 경우, 제3보험에 부가하는 질병사망 특약 보험금액 한도는 개인당 2억 원 이내이다.

③ 보험회사가 생명보험업에 해당하는 보험종목의 일부에 관하여 허가를 받은 경우에는 제3보험업에 대해서도 허가를 받은 것으로 본다.

④ 위험보장을 목적으로 사람의 질병·상해 또는 이에 따른 간병에 관하여 금전 및 그 밖의 급여를 지급할 것을 약속하고 대가를 수수하는 계약이다.

13 제3보험의 특성으로 옳지 않은 것은?

① 피보험자의 동의 필요

② 실손보상의 원칙

③ 만 15세 미만 계약 허용

④ 보험자 대위 원칙적 허용

14 다음은 제3보험에 대한 설명이다. 〈보기〉에서 옳은 것을 모두 고르시오.

┌─ 보기 ┌
ㄱ. 제3보험의 경우 생명보험의 약정된 정액보상적 특성과 손해보험의 실손보상적 특성을 모두 가지는 보험을 의미한다.
ㄴ. 제3보험의 종류로는 상해보험, 질병보험, 손해보험이 있으며 생명보험사·손해보험사는 제3보험업 겸영이 가능하다.
ㄷ. 우리나라에서는 2003년 8월 보험업법 개정을 통해서 최초로 제3보험이 제정되었다.
ㄹ. 제3보험의 보상방법은 정액보상은 가능하나 실손보상은 불가능하다.

① ㄱ, ㄴ   ② ㄱ, ㄷ
③ ㄴ, ㄹ   ④ ㄷ, ㄹ

15 〈보기〉에서 제3보험 관련 법규에 대한 설명으로 옳은 것을 모두 고른 것은?

> ┌ 보기 ┐
> ㄱ. 상법에서 생명보험, 상해보험, 질병보험, 화재보험, 운송보험, 해상보험, 책임보험, 자동차 보험 등에 대한 정의는 있지만, 제3보험이라는 분류는 없다.
> ㄴ. 상법에서는 제3보험 법규를 준용하게 된다.
> ㄷ. 보험업법 제4조에서는 보험 종목을 구분하여 제3보험을 생명보험이나 손해보험이 아닌 독립된 하나의 보험업으로 구분하고 있다.
> ㄹ. 보험업법 제4조에서는 보험업을 경영하려는 자는 다음 각호에서 정하는 보험 종목별로 금융감독원의 허가를 받아야 한다.

① ㄱ, ㄴ
② ㄱ, ㄷ
③ ㄴ, ㄹ
④ ㄷ, ㄹ

정답 및 해설

12 ④

오답체크
① 생명보험으로서 제3보험은 정액보상을 원칙으로 한다.
② 생명보험사의 제3보험 취급 시 질병사망 특약의 제한이 없다. 손해보험회사는 2억 원 한도, 80세 만기 등의 제한이 있다.
③ 보험회사가 생명보험업의 모든 보험종목의 허가를 받은 경우에는 제3보험업에 대해서도 허가를 받은 것으로 본다.

13 ④ 보험자 대위는 보험자가 보험사고로 인하여 발생한 손해를 피보험자에게 보상하여 주고, 그 피보험자 또는 보험계약자가 보험의 목적이나 제3자에 대하여 가지는 권리를 법률상 당연히 취득하는 것을 말한다. 이 보험자 대위에는 보험의 목적에 대한 것(상법 제681조 : 잔존물 대위)과 제3자에 대한 것(상법 제682조 : 청구권대위)의 두 가지 형태가 있다.
보험자 대위는 손해보험에서만 인정되고 인보험의 경우에는 이를 금지하는 것이 원칙이지만, 인보험 가운데 상해보험에 관하여는 당사자 사이에 약정이 있으면 피보험자의 권리를 해하지 아니하는 범위에서 청구권대위가 인정된다(상법 제729조).

14 ② ㄴ. 제3보험의 종류로는 상해보험, 질병보험, 간병보험이 있으며 생명보험사·손해보험사는 제3보험업 겸영이 가능하다.
ㄹ. 제3보험의 보상방법은 정액보상, 실손보상 모두 가능하다.

15 ② ㄴ. 상법에서는 제3보험이라는 분류는 없다. 따라서 제3보험과 관련된 생명보험, 상해보험, 질병보험 등 관련 법규를 준용하게 된다.
ㄹ. 보험업법 제4조에서는 보험업을 경영하려는 자는 다음 각호에서 정하는 보험 종목별로 금융위원회의 허가를 받아야 한다.

16 제3보험에 대한 설명으로 옳지 않은 것은?

① 상법에서 생명보험, 상해보험, 질병보험, 화재보험, 운송보험, 해상보험, 책임보험, 자동차 보험, 제3보험 등에 대한 정의를 하고 있다.
② 보험업법 제4조에서는 보험종목을 구분하여 제3보험을 생명보험이나 손해보험이 아닌 독립된 하나의 보험업으로 구분하고 있다.
③ 보험업법에서 생명보험업과 손해보험업의 겸영을 금지한다.
④ 보험회사가 생명보험업이나 손해보험업에 해당하는 전 종목에 관하여 허가를 받았을 때는 제3보험업에 대해서도 허가를 받은 것으로 본다.

17 제3보험의 겸영에 대한 설명으로 옳지 않은 것은?

① 생명보험업과 손해보험업의 겸영을 금지한다.
② 보험회사가 생명보험업이나 손해보험업에 해당하는 전 종목에 관하여 허가를 받았을 때는 제3보험업에 대해서도 허가를 받은 것으로 겸영을 허용한다.
③ 생명보험회사나 손해보험회사는 질병보험 주계약에 각종 특약을 부가하여 보장을 확대한 보험상품을 판매하고 있다.
④ 제3보험(질병 사망)의 특약에 따른 겸영 가능 요건은 생명보험일 경우 만기는 80세 이하, 보험금액은 개인당 2억 원 이내, 만기환급금은 납입 보험료 합계액 범위 내여야 한다.

18 〈보기〉에서 상해보험에 대한 설명으로 옳은 것을 모두 고른 것은?

┌─ 보기 ┌
ㄱ. 외과적 수술 도중에 생긴 상해는 상해보험의 요건인 우연성을 충족한다.
ㄴ. 우연이 아닌 것은 자해행위, 자살, 음독, 외과적 수술 도중에 생긴 상해·사망, 범죄자에 대한 형의 집행으로 인한 사망 또는 질환이 있는 자가 과격한 운동 중에 생긴 사망 등이 있다.
ㄷ. 손해보험의 상해보험은 특정 재해분류표(보험상품 약관참고) 등을 이용하여 담보위험을 열거하여 보장해 주는 제3보험 상품이다.
ㄹ. 변경된 직업 및 직무와 관계가 없는 사고의 경우에는 보험가입자가 직업 및 직무의 변경 사실을 알리지 않고 있어도 보험금이 전액 지급된다.

① ㄱ, ㄴ   ② ㄱ, ㄷ
③ ㄴ, ㄹ   ④ ㄷ, ㄹ

19 질병보험 시장의 변화에 대한 설명으로 옳지 않은 것은?

① 급속한 인구노령화의 진행으로 질병보험의 종류 및 지급방식도 변화하고 있다.

② 국내외 환경 변화에 따라 생활양식의 서구화 등으로 질병 형태가 변화하고 있어 의료비용도 급증하는 현상이 초래되고 있다.

③ 새롭게 CI보험, 온라인 미니보험, 유병자보험 등 질병 중심의 상에서 종신보험 상품으로 변화하고 있다.

④ 중대한 질병에 걸려도 과거와 달리 생존율 및 완치율이 높아서 고액 의료비 외에도 각종 비용이 추가적으로 발생하게 되어 경제적 부담이 가중된다.

20 〈보기〉에서 질병보험에 대한 설명으로 옳은 것을 모두 고른 것은?

> 보기
> ㄱ. 진단비, 수술비에는 1회 보상한도 금액을 설정하고, 입원의 경우에는 입원일 수를 120일 또는 180일 등으로 한도를 정하고 있다.
> ㄴ. 질병보험은 연령별로 보험료가 차이가 있으며 질병 위험이 고연령일수록 보험료가 감소하게 된다.
> ㄷ. 새로운 질병이 지속적으로 증가하고 있어 이로 인한 분쟁을 줄이기 위한 약관의 판정 기준 및 용어의 정의를 포괄적으로 규정하고 있다.
> ㄹ. 부담보조건 인수로 보험 가입대상을 확대하고 있다.

① ㄱ, ㄴ   ② ㄱ, ㄹ

③ ㄴ, ㄹ   ④ ㄷ, ㄹ

정답 및 해설

16 ① 상법에서 생명보험, 상해보험, 질병보험, 화재보험, 운송보험, 해상보험, 책임보험, 자동차 보험 등에 대한 정의는 있지만 제3보험이라는 분류는 없다.

17 ④ 제3보험(질병 사망)의 특약에 따른 겸영 가능 요건은 생명보험일 경우는 제한이 없으며 손해보험일 경우 만기는 80세 이하, 보험금액은 개인당 2억 원 이내, 만기환급금은 납입 보험료 합계액 범위 내여야 한다.

18 ③ ㄱ. 상해로 보는 것에는 연탄가스 등의 유독가스를 우연히 일시에 흡입하여 생긴 중독 현상이나 약물복용의 부작용 등이 있다.
　ㄷ. 손해보험의 상해보험은 특정 상해사고를 보상하는 특별약관으로 보장하는 형태의 제3보험 상품이다. 생명보험의 재해보험에 대한 설명이다.

19 ③ IMF 이후 대량판매 되었던 종신보험 시장이 포화상태가 되었다. 이후 새롭게 CI보험, 온라인 미니보험, 유병자보험 등 다양한 질병 중심의 상품을 개발 및 판매하는 추세변화가 나타나고 있다.

20 ② ㄴ. 질병보험은 연령별로 보험료가 차이가 있으며 질병 위험이 높은 고연령일수록 보험료가 증가하게 된다.
　ㄷ. 새로운 질병이 지속적으로 증가하고 있어 이로 인한 분쟁을 줄이기 위한 약관의 판정 기준 및 용어의 정의를 정확히 규정하고 있다.

21 암보험에 대한 설명으로 옳지 않은 것은?

① 암보험의 경우 만기환급금에 따라 순수보장형과 만기환급형으로 구분된다.

② 특정 암(예 : 3대 주요 암)만을 집중적으로 보장하는 형태의 상품도 있다.

③ 암 직접치료 통원보험금은 피보험자가 암 보장개시일 이후에 암으로 진단 확정되고, 직접적인 치료를 목적으로 하여 통원하였을 경우 통원 1회당 약정 보험금을 지급하게 된다.

④ 암보험의 경우 가입 후 즉시 보장되는 상품이 일반적이다.

22 〈보기〉에서 실손의료보험에 대한 설명으로 옳은 것을 모두 고른 것은?

┌─ 보기 ┌
ㄱ. 실손의료보험은 동일인이 여러 개를 가입해도 실제 손해액 이내로 보상하게 된다.

ㄴ. 다수의 실손의료보험에 가입했을 경우 치료비가 가입 상품 수만큼 지급된다.

ㄷ. 단체 실손보험에 5년 이상 가입한 사람이 퇴직할 경우 1개월 이내 개인 실손으로 전환하여 가입할 수 있다.

ㄹ. 개인 실손보험에 5년 이상 가입한 사람이 취직 등으로 회사의 단체 실손보험에 가입 시, 기존에 가입한 개인 실손보험의 보험료 납입 및 보장을 중지한 후 퇴직 후 1개월 이내 중지했던 개인 실손보험을 재개할 수 있다.

① ㄱ, ㄴ   ② ㄱ, ㄷ
③ ㄴ, ㄹ   ④ ㄷ, ㄹ

23 간병보험에 대한 설명으로 옳지 않은 것은?

① 장기요양상태와 중증 치매인 경우 간병보험의 대상이 된다.

② 노인장기요양보험의 장기요양등급 적용은 기본동작제한 장해평가표(ADLs)를 기준으로 적용하는 방식과 정부의 장기요양등급을 기준으로 적용하는 상품으로 적용되어 판매되고 있다.

③ 간병보험은 기존 진단, 수술, 입원 등의 사유로 보험금을 지급하는 질병보험과 보험금 지급 사유가 동일하다.

④ 간병보험은 보험기간이 끝날 때까지 살아 있을 때는 건강관리자금으로 구분하여 지급하게 된다.

24 다음은 제3보험에 대한 설명이다. 〈보기〉에서 옳은 것을 모두 고르시오.

> ┌ 보기 ┌
> ㄱ. 상해보험에서는 피보험자의 책임있는 사유로 타인에게 상해 등을 입힌 경우는 보장사유에 해당한다.
> ㄴ. 상해보험에서는 질병으로 상해가 발생한 경우 보상의 대상이 된다.
> ㄷ. 질병보험에서 보험금의 지급사유가 발생하기 전에 사망한 경우에는 보험계약은 소멸하고 이때 보험금대신 책임준비금을 지급하게 된다.
> ㄹ. 질병보험의 암보험에서는 도덕적 해이 및 역선택 방지를 위한 장치로 일정기간 이후 보장이 개시되도록 한다.

① ㄱ, ㄴ   ② ㄱ, ㄷ
③ ㄴ, ㄹ   ④ ㄷ, ㄹ

정답 및 해설

21 ④ 도덕적 해이 및 역선택 방지를 위한 장치로 일정 기간 이후부터 보장이 개시되도록 하고 가입 후 일정 시점(보통 1년)을 기준으로 보험금이 차등 책정된다.

22 ② ㄴ. 가입자가 다수의 실손의료보험을 가입하더라도 초과이익 금지를 위해 본인이 부담한 치료비를 상품별로 비례 보상하게 되므로, 치료비가 가입 상품 수만큼 지급되는 것은 아니다. 따라서 보험계약 체결 전 중복가입(기가입) 여부를 반드시 확인해야 한다.
       ㄹ. 개인 실손보험에 1년 이상 가입한 사람이 취직 등으로 회사의 단체 실손보험에 가입 시, 기존에 가입한 개인 실손보험의 보험료 납입 및 보장을 중지한 후 퇴직 후 1개월 이내 중지했던 개인 실손보험을 재개할 수 있다.

23 ③ 간병보험은 치매 상태와 일상생활에서 행동의 제한이 있는 상태에 있을 때 보험금을 지급하는 것으로, 기존 진단, 수술, 입원 등의 사유로 보험금을 지급하는 질병보험과는 다르다.

24 ④ ㄱ. 상해보험에서는 피보험자의 책임있는 사유로 타인에게 상해 등을 입힌 경우는 보장하지 않는다.
       ㄴ. 상해보험에서는 상해로 질병이 발생한 경우 보상의 대상이 된다.

Step 01 OX로 핵심잡기

topic 11 인보험편(1) – 의의, 법적성질, 특성, 요소

01 보험계약은 당사자 일방(보험계약자)이 약정한 보험료를 납부하고, 상대방(보험자)이 재산 또는 생명이나 신체에 불확정한 사고가 생길 경우에 일정한 보험금액 기타의 급여를 지급할 의무를 부담하는 계약이다. ( )

02 낙성계약은 당사자 간 의사표시의 합치만으로 성립하는 계약이다. ( )

03 보험계약은 보험계약자의 청약과 동시에 최초보험료를 미리 납부하는 것이 보험거래의 관행이므로 보험계약은 요물계약처럼 운용되고 있다. ( )

04 보험계약은 본질적으로 낙성계약이므로, 보험료의 선납이 없어도 보험계약은 유효하게 성립되어 보험자의 책임이 발생한다. ( )

05 보험계약은 보험계약에 대해 특별한 방식을 요구하지 않는 불요식계약이므로 보험계약은 서면으로 체결되지 아니하여도 효력이 있다. ( )

06 보험계약은 보험자와 보험계약자 사이의 의무관계로 놓인 쌍무계약이며, 또한 대가관계의 유상계약이다. ( )

07 영리보험에 있어서 보험계약은 상행위성이 인정되며 이를 영업으로 하는 보험수익자가 상인이 된다. ( )

08 보험계약에서 보험금 지급의 조건인 보험사고 발생은 장래의 우연한 사고에 달려 있으므로 도박과 마찬가지로 사행계약의 특성을 가진다. ( )

09 일반적으로 보험계약은 보험자의 보험금 지급책임이 우연한 사고의 발생에 발생하는 소위 사행성 계약이므로 보험계약자 측의 선의가 더욱 강조된다. ( )

10 보험계약에서는 선의계약성 실현을 위해 고지의무, 위험변경·증가의 통지의무, 고의나 중과실 사고에 대한 보험자면책, 사기로 인한 초과보험 무효, 손해방지의무, 보험자 대위 등의 규정을 두고 있다. ( )

11 보험자의 보험약관설명의무는 보험계약에서는 선의계약성 실현을 위한 규정이다. ( )

12 보험계약법은 사보험은 국가가 경제적 약자를 지원하는 사회보장적 성격을 지니는 사회보험과는 그 성격이 유사하다고 볼 수 있다. ( )

13 보험사법에는 보험업법, 보험공법에는 보험계약법이 해당한다. ( )

14 보험계약법의 단체성은, 보험계약자는 보험자와 계약을 체결하는 것이지만 보험계약의 배후에는 수많은 보험계약자로 구성된 보험단체 또는 위험단체의 관념이 존재하고 있다는 것을 의미한다. ( )

15 보험자는 대수의 법칙과 수지상등의 원칙에 따라 보험사업을 영위하여야 하고 이를 뒷받침하기 위해 보험계약법은 기술적인 성격을 가지게 된다. ( )

16 보험계약법은 보험계약자 등의 불이익변경금지원칙과 같은 상대적 강행법규를 많이 정하여 둠으로써 보험자를 보호하도록 이루어져 있다. ( )

정답 및 해설

01 ○
02 ○
03 ○
04 × 보험계약은 본질적으로 낙성계약이므로, 보험료의 선납이 없어도 보험계약은 유효하게 성립된다. 다만 최초보험료의 납부 없이는 보험자의 책임이 개시하지 않는다.
05 ○
06 ○
07 × 영리보험에 있어서 보험계약은 상행위성이 인정되며 이를 영업으로 하는 보험자가 상인이 된다.
08 ○
09 ○
10 ○
11 × 보험자의 보험약관설명의무는 보험계약자 측을 보호하기 위한 것으로 선의계약성과는 관계가 없다.
12 × 보험계약법은 사회보험과는 달리 사보험 관계에 적용되는 법으로서 사보험은 국가가 경제적 약자를 지원하는 사회보장적 성격을 지니는 사회보험과는 그 성격이 크게 다르다고 볼 수 있다.
13 × 보험공법에는 보험업법, 보험사법에는 보험계약법이 해당한다.
14 ○
15 ○
16 × 보험계약법은 보험계약자 등의 불이익변경금지원칙과 같은 상대적 강행법규를 많이 정하여 둠으로써 약자인 보험계약자를 보호하도록 이루어져 있다.

17 보험사고 발생의 객체로 생명보험에서는 피보험자의 생명 또는 신체가 보험의 목적이 되므로 당연히 사람인 자연인만 보험의 목적이 된다. ( )

18 보험자의 보험금 지급책임은 다른 약정이 없는 한 보험계약자로부터 최초의 보험료(제1회 보험료)를 받은 때로부터 시작된다. ( )

19 보험자의 보험금 지급책임은 자동이체 납입 및 신용 카드 납입의 경우에는 실제 1회 보험료가 인출한 시점에 발생한다. ( )

20 보험기간은 보험자의 책임이 시작되어 끝날 때까지의 기간으로 위험기간 · 책임 기간 · 담보 기간이라고도 한다. ( )

21 보험자의 보험금 지급책임이 존속하는 기간을 보험료 납입 기간이라고 한다. ( )

22 보험기간과 보험료 납입 기간이 일치하는 경우를 전기납, 보험료 납입 기간이 보험기간보다 짧은 경우를 단기납이라고 한다. ( )

---

topic 12 | 인보험편(2) – 성립과 체결, 철회, 무효, 변경, 소멸, 고지의무, 효과, 부활

23 보험자는 계약자의 청약에 대해 피보험자가 계약에 적합하지 않을 경우 계약을 거절할 수 있으며, 보험자가 계약을 거절한 때에는 보험료를 받은 기간에 대하여 일정 이자를 보험료에 더하여 돌려준다. ( )

24 계약자가 최초보험료를 신용카드로 납부한 계약에 대한 승낙 거절 시 일정 이자를 보험료에 더하여 돌려준다. ( )

25 보험자는 계약의 청약을 받고, 제1회 보험료를 받은 경우에 건강진단을 받지 않는 계약은 청약일에 승낙된 것으로 본다. ( )

26 진단계약은 진단일부터 45일 이내에 계약을 승낙 또는 거절하여야 한다. 만일 45일 이내에 승낙 또는 거절의 통지를 하지 않으면 계약은 승낙된 것으로 본다. ( )

27 보험계약은 특별한 방식을 요구하지 않는 불요식의 낙성계약이므로 보험계약자의 청약에 대하여 보험자가 승낙한 때에 성립한다. ( )

28 실제로는 보험자의 승낙절차와 보험증서(보험증권)의 교부절차는 통합되어 이루어진다.

( )

29 보험자가 승낙할 경우 보험자의 책임은 승낙이 이루어진 이후부터 개시된다. ( )

30 보험계약자가 보험계약의 청약 시에 보험료 상당액을 납부한 때에는 보험자는 다른 약정이 없는 한 30일 이내에 승낙의 통지를 발송해야 하고, 이를 해태한 때에는 승낙한 것으로 본다.

( )

31 인보험 계약의 피보험자가 신체검사를 받아야 하는 경우도 청약일을 시작으로 30일 이내에 승낙의 통지를 발송해야 한다.

( )

32 보험계약자가 청약과 함께 보험료 일정을 납부하고, 보험자가 청약을 승낙하기 전에 보험사고가 발생한 경우 계약의 승낙이 이루어지지 않았으므로 보험자는 보험 계약상의 책임을 지지 않는다.

( )

정답 및 해설

17 ○
18 ○
19 × 보험자의 보험금 지급책임은 자동이체 납입 및 신용 카드 납입의 경우에는 자동이체 신청 및 신용카드 매출 승인에 필요한 정보를 제공한 때, 다만 계약자의 귀책 사유로 자동이체 또는 매출 승인이 불가능한 경우에는 보험료가 납입되지 않은 것으로 본다.
20 ○
21 × 보험자의 보험금 지급책임이 존속하는 기간을 보험 기간이라고 하고, 계약자가 보험자에게 보험료를 납입하여야 할 기간을 보험료 납입 기간이라고 한다.
22 ○
23 ○
24 × 계약자가 최초보험료를 신용카드로 납부한 계약에 대한 승낙 거절 시 이자를 지급하지 않고 신용카드 매출만 취소한다.
25 ○
26 × 진단계약은 진단일부터 30일 이내에 계약을 승낙 또는 거절하여야 한다. 만일 30일 이내에 승낙 또는 거절의 통지를 하지 않으면 계약은 승낙된 것으로 본다.
27 ○
28 ○
29 × 보험자가 승낙할 경우 보험자의 책임은 최초보험료가 지급된 때로 소급하여 개시된다.
30 ○
31 × 인보험 계약의 피보험자가 신체검사를 받아야 하는 경우 그 기간은 신체검사를 받은 날로부터 기산한다.
32 × 보험계약자가 청약과 함께 보험료 일정을 납부하고, 보험자가 청약을 승낙하기 전에 보험사고가 생긴 때에는 고지의무위반, 건강진단 불응 등 해당 청약을 거절할 사유가 없는 한 보험자는 보험 계약상의 책임을 진다(상법 제638의2 제3항).

33 보험가입증서(보험증권)는 보험계약의 성립 및 그 내용에 관한 증거로서 보험자가 교부하는 문서이다. ( )

34 배달 착오 등으로 인하여 보험계약자에게 보험가입증서(보험증권)가 도달되지 못하면 보험계약은 성립하지 않는다. ( )

35 보험계약자는 보험가입증서(보험증권)를 받은 날부터 15일 이내에 청약을 철회할 수 있다. ( )

36 일자 계산은 초일 불산입을 적용하므로 1일 보험가입증서를 받은 경우 16일까지 청약 철회가 가능하다. ( )

37 청약일로부터 30일이 초과한 계약도 청약 철회가 가능하다. ( )

38 보험계약이 무효가 된 경우에 보험계약자·피보험자·보험수익자가 선의이며 중과실이 없을 경우 보험료의 전부 또는 일부의 반환을 청구할 수 있다. ( )

39 회사의 고의 또는 과실로 계약이 무효로 된 경우와 회사가 승낙 전에 무효임을 알았거나 알 수 있었음에도 보험료를 반환하지 않은 경우 이자없이 납부보험료를 지급한다. ( )

40 보험자가 보험약관의 교부·명시의무에 위반한 경우 보험계약자는 보험계약이 성립한 날부터 1개월 이내에 보험계약을 취소할 수 있다. ( )

41 보험계약이 취소되면 계약 체결 시점으로 소급하여 처음부터 효력이 발생하지 않게 되어 무효와 같은 효과가 발생한다. ( )

42 보험계약 당시에 보험사고가 이미 발생하였거나 또는 발생할 수 없는 것이라면 그 보험계약은 무효로 한다. 단, 다만 당사자 쌍방과 피보험자가 이를 알지 못한 때, 주관적으로 불확정한 경우에 그 보험계약은 유효하다. ( )

43 보험계약이 선량한 풍속 기타 사회질서에 반하는 경우는 취소사유가 된다. ( )

44 인보험의 경우 타인의 사망을 보험사고로 하는 보험계약에서 타인의 서면에 의한 동의를 얻지 못한 경우라도 그 보험계약은 전부 무효가 되지 않는다. ( )

45 심신박약자가 보험계약을 체결하거나 소속단체의 규약에 따라 단체보험의 피보험자가 될 때 의사능력이 있는 경우에는 무효가 아닌 것으로 한다. ( )

46 보험계약이 무효인 경우 보험금 지급사유가 발생하더라도 보험금 지급을 하지 않는다.

( )

47 보험계약자가 별도의 약정 없이 계약 성립 후 1월이 지나도록 그 보험료를 납입하지 않을 때 보험계약은 해제된 것으로 본다.

( )

48 보험자가 파산선고를 받으면 보험계약자는 계약을 해지할 수 있으나 보험계약자가 해지하지 않으면 파산선고 후 3월을 경과한 때 계약은 당연히 효력을 상실한다.

( )

49 타인을 위한 보험계약의 경우 보험계약자가 그 타인의 동의를 얻지 못해도 보험증권을 소지하지 하고 있으면 그 계약을 해지할 수 있다.

( )

50 보험계약 당시에 보험계약자 또는 피보험자가 고의 또는 중대한 과실로 고지의무를 위반한 때 보험자는 그 고지의무 위반 사실을 안 날로부터 1월, 계약을 체결한 날로부터 3년 내에 보험계약을 해지할 수 있다.

( )

정답 및 해설

33 ○
34 ✕ 보험가입증서(보험증권)의 교부 여부는 보험계약의 효력 발생에 아무런 영향을 미치지 못한다. 배달 착오 등으로 인하여 보험계약자에게 보험가입증서(보험증권)가 도달되지 못한 경우에도 보험계약은 유효하게 성립한 것이다.
35 ○
36 ○
37 ✕ 진단계약, 보험기간이 90일 이내인 계약 또는 전문금융소비자가 체결한 계약은 청약을 철회할 수 없으며, 청약일로부터 30일이 초과한 계약도 청약 철회가 불가하다.
38 ○
39 ✕ 회사의 고의 또는 과실로 계약이 무효로 된 경우와 회사가 승낙 전에 무효임을 알았거나 알 수 있었음에도 보험료를 반환하지 않은 경우 보험료를 납입한 날의 다음 날부터 반환일까지의 기간에 대하여 회사는 이 계약의 보험계약 대출이율을 연 단위 복리로 계산한 금액을 더하여 돌려주어야 한다.
40 ✕ 보험자가 보험약관의 교부·명시의무에 위반한 경우 보험계약자는 보험계약이 성립한 날부터 3개월 이내에 보험계약을 취소할 수 있다.
41 ○
42 ○
43 ✕ 보험계약이 선량한 풍속 기타 사회질서에 반하는 경우에도 무효가 된다.
44 ✕ 인보험의 경우 타인의 사망을 보험사고로 하는 보험계약에서 타인의 서면에 의한 동의를 얻지 못한 경우에 그 보험계약은 전부 무효가 된다.
45 ○
46 ○
47 ✕ 보험계약자가 별도의 약정 없이 계약 성립 후 2월이 지나도록 그 보험료를 납입하지 않을 때 보험계약은 해제된 것으로 본다.
48 ○
49 ✕ 타인을 위한 보험계약의 경우 보험계약자가 그 타인의 동의를 얻지 않았거나 보험증권을 소지하지 않은 경우 그 계약을 해지하지 못한다.
50 ○

51 고지의무자는 보험계약법상 고지할 의무를 부담하는 보험계약자, 피보험자, 보험수익자 및 이들의 대리인이다. ( )

52 고지수령권자는 보험자 또는 보험자로부터 고지수령권을 받은 자이다. ( )

53 피보험자의 직업 또는 직종에 관한 고지의무를 위반함으로써 보험 가입한도액을 초과 청약한 경우에는 계약 전부를 해지한다. ( )

54 고지의무를 위반한 사실이 보험금 지급 사유 발생에 영향을 미쳤음을 보험자가 증명하지 못하는 경우에는 해당 보험금을 지급한다. ( )

55 보험자가 고지의무 위반 사실을 안 날로부터 1개월 이상 지났거나 보장개시일부터 보험금 지급 사유가 발생하지 않고 2년 이상 지났을 때 보험계약을 해지할 수 없다. ( )

56 일반적으로 약관상에는 보험자 보호를 위해 상법 규정보다 강화된 규정을 두고 있다. ( )

57 보험계약 후 보험계약자가 보험료의 전부 또는 최초의 보험료를 지급하지 아니한 때에는 보험증권을 교부할 의무가 없다. ( )

58 보험계약의 일부 또는 전부가 무효인 경우 보험계약자와 피보험자가 선의이며 중대한 과실이 없는 때에는 보험자는 납입 보험료의 일부 또는 전부를 반환할 의무를 진다. ( )

59 보험계약자가 보험사고의 발생 전에 보험계약의 전부 또는 일부를 해지한 경우 보험자는 다른 약정이 없으면 미경과보험료를 반환할 필요가 없다. ( )

60 생명보험의 경우 보험자는 보험계약이 해지되었거나 보험금 지급이 면책된 경우에는 소위 보험료적립금을 반환할 의무가 있다. ( )

61 보험료 지급의무는 계약 체결의 당사자인 보험계약자가 1차적으로 부담한다. ( )

62 타인을 위한 보험계약의 경우 보험계약자가 파산선고를 받거나 보험료 지급을 지체한 때 그 타인이 그 권리를 포기하지 않더라도 그 타인은 2차적으로 보험료를 지급할 의무가 없다. ( )

63 보험료 지급은 원칙적으로 추심채무이지만 당사자의 합의나 보험모집인의 관행을 통하여 지참 채무로 될 수 있다. ( )

64 계속 보험료가 약정되어 있는 시기에 납부되지 아니할 경우 보험자는 '상당한' 기간을 정하여 보험료 납입을 최고하고, 해당 기간 내에 보험계약자가 보험료의 납입을 지체한 경우 별도의 해지통보를 통해 계약을 해지할 수 있다. ( )

65 보험계약자 또는 피보험자가 위험변경 증가의 통지의무를 해태한 때에는 보험자는 그 사실을 안 날로부터 1월 내에 계약을 해지할 수 있다. ( )

66 보험계약자 또는 피보험자나 보험수익자는 계약에서 정한 보험사고의 발생을 안 때에는 지체없이 이를 보험자에게 통지해야 한다. ( )

67 보험계약자 등의 통지 해태로 인해 손해가 증가 되더라도 그 증가된 손해를 보험자는 보상해야 한다. ( )

정답 및 해설

51 ✕ 고지의무자는 보험계약법상 고지할 의무를 부담하는 보험계약자, 피보험자 및 이들의 대리인이다. 그러나 보험 수익자는 고지의 의무가 부여되지 않는다.

52 ○

53 ✕ 피보험자의 직업 또는 직종에 관한 고지의무를 위반함으로써 보험 가입한도액을 초과 청약한 경우에는 그 초과 청약액에 대해서만 계약을 해지하고 초과 가입액에 대한 보험료는 반환한다. 단, 승낙거절 직업 또는 직종에 대해서는 계약 전부를 해지한다.

54 ○

55 ○

56 ✕ 일반적으로 약관상에는 계약자 보호를 위해 상법 규정보다 강화된 규정을 두고 있다.

57 ○

58 ○

59 ✕ 보험계약자가 보험사고의 발생 전에 보험계약의 전부 또는 일부를 해지한 경우 보험자는 다른 약정이 없으면 미경과보험료를 반환하여야 할 의무를 진다. 미경과보험료는 보험계약이 해지될 경우 아직 경과하지 않은 보험 료기간에 해당하는 보험료를 의미하며 실무에서는 일할로 계산한 금액이나 단기요율로 계산한 금액을 지급한다.

60 ○

61 ○

62 ✕ 타인을 위한 보험계약의 경우 보험계약자가 파산선고를 받거나 보험료 지급을 지체한 때 그 타인이 그 권리를 포기하지 않는 한 그 타인도 2차적으로 보험료를 지급할 의무가 있다.

63 ✕ 보험료 지급은 원칙적으로 지참채무이지만 당사자의 합의나 보험모집인의 관행을 통하여 추심채무로 될 수 있다. 지참채무는 채무자가 채권자의 주소지나 영업소에서 이행해야 하는 채무이다.

64 ○

65 ○

66 ○

67 ✕ 보험계약자 등의 통지 해태로 인해 손해가 증가된 때에는 그 증가된 손해를 보상할 책임이 없다.

68 보험기간 중에 보험계약자, 피보험자 또는 보험수익자의 고의 또는 중대한 과실로 인하여 사고 발생의 위험이 현저하게 변경 또는 증가된 때에는 보험자는 그 사실을 안 날로부터 3월 내에 보험료 증액을 청구하거나 계약을 해지할 수 있다. (   )

69 보험료의 납입 연체로 인해 계약이 해지된 경우 해지 환급금이 지급되더라도 보험계약을 부활 시킬 수 있다. (   )

70 계약자는 특정한 경우 연체보험료에 약정이자를 붙여 보험자에게 지급하고 그 계약의 부활(효력회복)을 청구할 수 있다. (   )

71 부활 계약 청구 시에도 보험계약자는 기존계약이므로 중요한 사항에 대하여 고지의무를 부담할 필요는 없다. (   )

72 보험계약자의 부활청구로부터 보험자가 약정이자를 첨부한 연체보험료를 받은 후 30일이 지나도록 낙부통지 하지 않으면 보험자의 승낙이 의제되고 해당 보험계약은 부활한다. (   )

73 부활 청약 시 부활 청약 심사를 하는 이유는 계약 부활의 경우 부활 청약자의 역선택 가능성이 높기 때문이다. (   )

74 보험계약이 부활하면 보험계약이 실효된 이후 시점부터 부활될 때까지의 기간에 발생한 보험사고에 대하여 보험자는 책임을 진다. (   )

75 계약자가 약정이자를 포함한 연체보험료를 지급하고 보험계약 부활을 청구한 때부터 보험자가 승낙하기 전까지 사이에 보험사고 발생 시 보험자가 거절할 사유가 없는 한 보상책임을 지게 된다. (   )

정답 및 해설

68 ✕ 보험기간 중에 보험계약자, 피보험자 또는 보험수익자의 고의 또는 중대한 과실로 인하여 사고 발생의 위험이 현저하게 변경 또는 증가된 때에는 보험자는 그 사실을 안 날로부터 1월 내에 보험료 증액을 청구하거나 계약을 해지할 수 있다.

69 ✕ 보험료의 납입 연체로 인해 계약이 해지되었으나 해지 환급금이 지급되지 아니한 경우 보험계약을 부활시킬 수 있다.

70 ○

71 ✕ 부활 계약 청구 시에도 보험계약자는 중요한 사항에 대하여 고지의무를 부담하여야 한다.

72 ○

73 ○

74 ✕ 보험계약이 부활하였다 하더라도 보험계약이 실효된 이후 시점부터 부활될 때까지의 기간에 발생한 보험사고에 대하여는 보험자는 책임을 지지 않고 보험자의 책임은 부활 계약의 승낙 시부터 다시 개시된다.

75 ○

Step 02 객관식으로 실전연습

01 〈보기〉에서 보험계약의 법적성질에 대한 설명으로 옳은 것을 모두 고른 것은?

┌─ 보기 ┌
ㄱ. 보험계약은 보험계약자의 청약과 동시에 최초보험료를 미리 납부하는 것이 보험거래의 관행이므로 보험계약은 요물계약처럼 운용되고 있다.
ㄴ. 보험계약은 본질적으로 낙성계약이므로, 보험료의 선납이 없어도 보험계약은 유효하게 성립된다.
ㄷ. 보험계약은 최초보험료의 납부 없이 의사의 합치만 있더라도 보험자의 책임이 개시한다.
ㄹ. 보험계약은 서면으로 체결되어야 효력이 발생한다.

① ㄱ, ㄴ   ② ㄱ, ㄷ
③ ㄴ, ㄹ   ④ ㄷ, ㄹ

02 보험계약의 법적성질에 대한 설명으로 옳지 않은 것은?

① 보험계약은 보험자와 보험계약자 사이의 의무관계로 놓인 쌍무계약이며, 또한 대가관계의 유상계약이다.
② 영리보험에 있어서 보험계약은 상행위성이 인정되며 이를 영업으로 하는 보험자가 상인이 된다.
③ 보험계약에서 보험금 지급의 조건인 보험사고 발생은 장래의 우연한 사고에 달려 있으므로 도박과 마찬가지로 사행계약의 특성을 가진다.
④ 보험자의 보험약관설명의무는 보험계약에서는 선의계약성 실현을 위한 규정이다.

정답 및 해설

01 ① ㄷ. 최초보험료의 납부 없이는 보험자의 책임이 개시하지 않는다.
　　ㄹ. 보험계약은 보험계약에 대해 특별한 방식을 요구하지 않는 불요식계약이므로 보험계약은 서면으로 체결되지 아니하여도 효력이 있다.
02 ④ 보험계약에서는 선의계약성 실현을 위해 고지의무, 위험변경·증가의 통지의무, 고의나 중과실 사고에 대한 보험자면책, 사기로 인한 초과보험 무효, 손해방지의무, 보험자 대위 등의 규정을 두고 있다. 보험자의 보험약관설명의무는 보험계약자 측을 보호하기 위한 것으로 선의계약성과는 관계가 없다.

03 〈보기〉에서 보험계약의 요소에 대한 설명으로 옳은 것의 총 개수는? 23. 계리직

> ┌ 보기 ┌
> ㄱ. 보험목적물은 보험사고 발생의 객체로 보험자가 배상하여야 할 범위와 한계를 정해준다.
> ㄴ. 보험기간은 보험에 의한 보장이 제공되는 기간으로 위험기간 또는 책임기간이라고도 하며 보험자의 책임은 보험을 승낙함으로써 개시된다.
> ㄷ. 보험사고란 보험에 담보된 재산 또는 생명이나 신체에 관하여 보험자가 보험금 지급을 약속한 사고가 발생하는 것이다.
> ㄹ. 보험료는 보험사고에 의한 보장을 받기 위하여 계약자가 보험자에게 지급하여야 할 금액이다.

① 1개   ② 2개
③ 3개   ④ 4개

04 〈보기〉에서 옳은 것을 모두 고른 것은?

> ┌ 보기 ┌
> ㄱ. 보험계약법은 사회보험과는 달리 사보험 관계에 적용되는 법으로서 사보험은 국가가 경제적 약자를 지원하는 사회보장적 성격을 지니는 사회보험과는 그 성격이 크게 다르다고 볼 수 있다.
> ㄴ. 보험사법에는 보험업법, 보험공법에는 보험계약법이 해당한다.
> ㄷ. 보험자는 대수의 법칙과 수지상등의 원칙에 따라 보험사업을 영위하여야 하고 이를 뒷받침하기 위해 보험계약법은 기술적인 성격을 가지게 된다.
> ㄹ. 보험계약법은 보험계약자 등의 불이익변경금지원칙과 같은 상대적 강행법규를 많이 정하여 둠으로써 보험자를 보호하도록 이루어져 있다.

① ㄱ, ㄴ   ② ㄱ, ㄷ
③ ㄴ, ㄹ   ④ ㄷ, ㄹ

05 보험계약의 법적성질에 대한 설명으로 옳지 않은 것은?

① 보험계약은 본질적으로 낙성계약이므로, 보험료의 선납이 없어도 보험계약은 유효하게 성립된다.
② 보험계약은 요식계약이므로 보험계약은 서면으로 체결되어야 한다.
③ 보험계약은 보험자와 보험계약자 사이의 의무관계로 놓인 쌍무계약이며, 또한 대가관계의 유상계약이다.
④ 영리보험에 있어서 보험계약은 상행위성이 인정되며 이를 영업으로 하는 보험자가 상인이 된다.

06 보험계약의 요소에 대한 설명으로 옳지 않은 것은?

① 보험자의 보험금 지급책임은 다른 약정이 없는 한 보험계약자로부터 최초의 보험료(제1회 보험료)를 받은 때로부터 시작된다.

② 보험기간은 보험자의 책임이 시작되어 끝날 때까지의 기간으로 위험기간·책임 기간·담보 기간이라고도 한다.

③ 보험자의 보험금 지급책임은 자동이체 납입 및 신용 카드 납입의 경우에는 실제 1회 보험료가 인출한 시점에 발생한다.

④ 보험자의 보험금 지급책임이 존속하는 기간을 보험기간이라고 하고, 계약자가 보험자에게 보험료를 납입하여야 할 기간을 보험료 납입 기간이라고 한다.

07 보험계약에 대한 설명으로 옳은 것은? 22. 계리직

① 고지의무자는 보험계약자, 피보험자 및 보험수익자이다.

② 보험계약자는 보험가입증서(보험증권)를 받은 날부터 30일 이내에 청약을 철회할 수 있다.

③ 보험자는 계약을 체결한 날부터 2년이 지난 경우에는 고지 의무 위반으로 인한 계약해지를 할 수 없다.

④ 보험자는 보험계약이 성립하고 보험계약자가 보험료의 전부 또는 최초의 보험료를 지급한 때에는 지체 없이 보험가입증서(보험증권)를 작성하여 보험계약자에게 교부하여야 한다.

정답 및 해설

03 ③ ㄴ. 보험자의 보험금 지급책임이 존속하는 기간을 보험 기간이라고 하고, 계약자가 보험자에게 보험료를 납입하여야 할 기간을 보험료 납입 기간이라고 한다. 보험 기간은 보험에 의한 보장이 제공되는 기간으로 상법에서는 보험자의 책임을 최초의 보험료를 지급받은 때로부터 개시한다고 규정되어 있다.

04 ② ㄴ. 보험공법에는 보험업법, 보험사법에는 보험계약법이 해당한다.
ㄹ. 보험계약법은 보험계약자 등의 불이익변경금지원칙과 같은 상대적 강행법규를 많이 정하여 둠으로써 약자인 보험계약자를 보호하도록 이루어져 있다.

05 ② 보험계약은 보험계약에 대해 특별한 방식을 요구하지 않는 불요식계약이므로 보험계약은 서면으로 체결되지 아니하여도 효력이 있다.

06 ③ 보험자의 보험금 지급책임은 자동이체 납입 및 신용 카드 납입의 경우에는 자동이체 신청 및 신용카드 매출 승인에 필요한 정보를 제공한 때, 다만 계약자의 귀책 사유로 자동이체 또는 매출 승인이 불가능한 경우에는 보험료가 납입되지 않은 것으로 본다.

07 ④

오답체크

① 고지의무자란 보험계약법상 고지할 의무를 부담하는 보험계약자, 피보험자 및 이들의 대리인이다. 그러나 보험수익자는 고지의 의무가 부여되지 않는다.

② 보험계약자는 보험가입증서(보험증권)을 받은 날부터 15일 이내에 청약을 철회할 수 있다. 다만, 진단계약, 보험 기간이 1년 미만인 계약 또는 전문보험계약자가 체결한 계약은 청약을 철회할 수 없으며, 청약일로부터 30일이 초과한 계약도 청약철회가 불가하다(일자 계산은 초일 불산입을 적용하므로 1일 보험가입증서를 받은 경우 16일까지 청약철회가 가능하다).

③ 계약자 또는 피보험자가 고의 또는 중대한 과실로 인하여 보험금 지급사유 발생에 영향을 미치는 고지의무를 위반한 때에는 보험금 지급사유 발생여부와 관계없이 보험자는 계약을 해지할 수 있다. 이 경우 보험자는 해약 환급금을 지급한다.

08 〈보기〉에서 보험계약의 철회가 불가능한 계약에 대한 설명으로 옳은 것을 모두 고른 것은?

> ─ 보기 ┌
> ㄱ. 4월 1일 보험 가입증서를 받은 경우 4월 16일이 된 경우
> ㄴ. 진단계약
> ㄷ. 보험기간이 90일 이내인 계약
> ㄹ. 일반금융소비자가 체결한 계약

① ㄱ, ㄴ   ② ㄱ, ㄷ
③ ㄴ, ㄹ   ④ ㄷ, ㄹ

09 보험계약 취소사유에 대한 설명으로 옳지 않은 것은?

① 사망보험의 경우 피보험자의 자격미달
② 보험자의 법위반이 존재할 때
③ 고객의 자필서명이 없을 때
④ 약관중요내용 설명 및 교부가 없을 때

10 〈보기〉에서 보험계약의 소멸에 대한 설명으로 옳은 것을 모두 고른 것은?

> ─ 보기 ┌
> ㄱ. 보험계약에서 정한 보험사고가 발생하지 않고 보험기간이 끝난 경우, 보험기간의 만료로 보험계약은 소멸한다.
> ㄴ. 보험계약자가 별도의 약정 없이 계약 성립 후 1월이 지나도록 그 보험료를 납입하지 않을 때 보험계약은 해제된 것으로 본다.
> ㄷ. 보험자가 파산선고를 받으면 보험계약자는 계약을 해지할 수 있으나 보험계약자가 해지하지 않으면 파산선고 후 2월을 경과한 때 계약은 당연히 효력을 상실한다.
> ㄹ. 보험사고의 발생으로 손해가 발생하고 보험금액의 전부를 지급한 경우 소멸한다.

① ㄱ, ㄴ   ② ㄱ, ㄹ
③ ㄴ, ㄹ   ④ ㄷ, ㄹ

11 보험계약 고지의무에 대한 설명으로 옳은 것을 〈보기〉에서 모두 고른 것은? 18. 계리직

> 보기
>
> ㄱ. 고지의무 당사자는 보험계약자, 피보험자, 보험수익자이다.
> ㄴ. 고지의무는 청약 시에 이행하고, 부활 청약 시에는 면제된다.
> ㄷ. 보험자가 고지의무 위반 사실을 안 날로부터 1개월 이상 지났을 때에는 보험계약을 해지할 수 없다.
> ㄹ. 보험자는 고지의무 위반 사실이 보험사고 발생에 영향을 미치지 않았음이 증명된 경우 보험금을 지급할 책임이 없다.

① ㄱ, ㄴ ② ㄱ, ㄷ
③ ㄴ, ㄹ ④ ㄷ, ㄹ

정답 및 해설

08 ③ ㄱ. 일자 계산은 초일 불산입을 적용하므로 1일 보험 가입증서를 받은 경우 16일까지 청약 철회가 가능하다.
ㄹ. 전문금융소비자가 체결한 계약은 철회가 불가능하다. 일반금융소비자가 계약한 것은 일정요건을 충족하면 철회가 가능하다.

09 ① 피보험자의 자격미달은 무효사유이다.

10 ② ㄴ. 보험계약자가 별도의 약정 없이 계약 성립 후 2월이 지나도록 그 보험료를 납입하지 않을 때 보험계약은 해제된 것으로 본다.
ㄷ. 보험자가 파산선고를 받으면 보험계약자는 계약을 해지할 수 있으나 보험계약자가 해지하지 않으면 파산선고 후 3월을 경과한 때 계약은 당연히 효력을 상실한다.

11 ④ ㄷ. 고지의무 위반에 대해 해지할 수 없는 경우는 다음과 같다.

> • 보험자가 계약 당시에 고지의무 위반 사실을 알았거나 과실로 알지 못한 경우
> • 보험자가 고지의무 위반 사실을 안 날로부터 1개월 이상 지났거나 보장개시일부터 보험금 지급사유가 발생하지 않고 2년 이상 지났을 때
> • 계약을 체결한 날부터 3년이 지났을 때
> • 보험을 모집한 자(이하 "모집자 등"이라 함)가 계약자 또는 피보험자에게 고지할 기회를 주지 않았거나 계약자 또는 피보험자가 사실대로 고지하는 것을 방해한 경우, 계약자 또는 피보험자에게 사실대로 고지하지 않게 하였거나 부실한 고지를 권유했을 때, 다만, 모집자 등의 행위가 없었다 하더라도 계약자 또는 피보험자가 사실대로 고지하지 않았거나 부실한 고지를 했다고 인정되는 경우에는 계약을 해지하거나 보상을 제한할 수 있음

ㄹ. 고지의무를 위반한 사실 또는 위험이 현저하게 변경되거나 증가한 사실이 보험사고 발생에 영향을 미치지 아니하였음이 증명된 경우 보험금을 지급할 책임이 있다(「상법」 제655조).

오답체크
ㄱ. 고지의무자는 보험계약법 상 고지할 의무를 부담하는 보험계약자, 피보험자 및 이들의 대리인이다.
ㄴ. 고지의무는 청약 시뿐만 아니라 부활 시에도 이행하여야 한다.

12 〈보기〉에서 보험의 성립과 체결에 대한 설명으로 옳은 것을 모두 고른 것은?

> 보기
> ㄱ. 계약자가 최초보험료를 신용카드로 납부한 계약에 대한 승낙 거절 시 이자를 지급하지 않고 신용카드 매출만 취소한다.
> ㄴ. 보험자는 계약의 청약을 받고, 제1회 보험료를 받은 경우에 건강진단을 받지 않는 계약은 청약일로부터 30일 이후에 승낙된 것으로 본다.
> ㄷ. 진단계약은 진단일부터 30일 이내에 계약을 승낙 또는 거절하여야 한다. 만일 30일 이내에 승낙 또는 거절의 통지를 하지 않으면 계약은 승낙된 것으로 본다.
> ㄹ. 보험자가 승낙할 경우 보험자의 책임은 최초 청약일로 소급하여 개시된다.

① ㄱ, ㄴ   ② ㄱ, ㄷ
③ ㄴ, ㄹ   ④ ㄷ, ㄹ

13 보험계약에 대한 설명으로 옳지 않은 것은?

① 인보험 계약의 피보험자가 신체검사를 받아야 하는 경우도 청약일을 시작으로 30일 이내에 승낙의 통지를 발송해야 한다.
② 보험계약자가 청약과 함께 보험료 일정을 납부하고, 보험자가 청약을 승낙하기 전에 보험사고가 생긴 때에는 고지의무위반, 건강진단 불응 등 해당 청약을 거절할 사유가 없는 한 보험자는 보험 계약상의 책임을 진다.
③ 보험가입증서(보험증권)은 보험계약의 성립 및 그 내용에 관한 증거로서 보험자가 교부하는 문서이다.
④ 배달 착오 등으로 인하여 보험계약자에게 보험 가입증서(보험증권)가 도달되지 못한 경우에도 보험계약은 유효하게 성립한 것이다.

14 보험계약에 대한 설명으로 옳은 것은? 12. 계리직

① 보험계약이 부활한 경우 계약이 실효된 이후 시점부터 부활될 때까지의 기간에 발생한 모든 보험사고에 대하여 보험자는 책임을 진다.
② 생명보험계약에서 보험계약자와 피보험자가 서로 다른 경우를 '타인의 생명보험'이라 하며, 보험계약자와 보험수익자가 서로 다른 경우를 '타인을 위한 보험'이라 한다.
③ 보험계약의 무효란 계약이 처음에는 유효하게 성립되었으나 계약 이후에 무효사유의 발생으로 계약의 법률상 효력이 계약시점으로 소급되어 없어지는 것을 말한다.
④ 보험계약자 또는 피보험자는 청약 시 청약서에서 질문한 사항에 대하여 보험자에게 사실대로 알려야 하나 부활청약 시에는 고지의무가 없다.

15 다음은 인보험에 특성에 대한 설명이다. 〈보기〉에서 옳은 것을 모두 고르시오.

┌─ 보기 ┌
ㄱ. 보험계약법은 사회보험과는 달리 사보험 관계에 적용되는 법으로 사회보험과는 성격이 다르다.
ㄴ. 보험계약자는 보험자와 계약을 체결으로 단체적 개념은 관련이 없다.
ㄷ. 보험자는 대수의 법칙과 수지상등의 원칙에 따라 보험사업을 영위하여야 하고 이를 뒷받침
　　하기 위해 보험계약법은 기술적인 성격을 가지게 된다.
ㄹ. 보험계약법은 보험계약자 등의 불이익변경금지원칙과 같은 상대적 임의법규를 많이 정하여
　　둠으로써 약자인 보험계약자를 보호하도록 이루어져 있다.

① ㄱ, ㄴ　　　　　　　　　　　　② ㄱ, ㄷ
③ ㄴ, ㄹ　　　　　　　　　　　　④ ㄷ, ㄹ

정답 및 해설

12 ② ㄴ. 보험자는 계약의 청약을 받고, 제1회 보험료를 받은 경우에 건강진단을 받지 않는 계약은 청약일에 승낙된
　　　　 것으로 본다.
　　　ㄹ. 보험자가 승낙할 경우 보험자의 책임은 최초보험료가 지급된 때로 소급하여 개시된다.
13 ① 인보험 계약의 피보험자가 신체검사를 받아야 하는 경우에는 그 기간은 신체검사를 받은 날로부터 기산한다.
14 ②
　　 오답체크
　　① 보험계약이 부활하였다 하더라도 보험계약이 실효된 이후 시점부터 부활될 때까지의 기간에 발생한 모든 보험
　　　 사고에 대하여 보험자는 책임을 지지 않는다.
　　③ 보험계약의 무효란 무효사유에 의하여 계약의 법률상 효력이 처음부터 발생하지 않은 것을 말하며, 보험계약의
　　　 취소란 계약이 처음에는 유효하게 성립되었으나 계약 이후에 취소사유의 발생으로 계약의 법률상 효력이 계약
　　　 시점으로 소급되어 없어지는 것을 말한다.
　　④ 보험계약자 또는 피보험자는 청약 시 청약서에서 질문한 사항에 대하여 보험자에게 사실대로 알려야 하는데,
　　　 이를 고지의무라고 한다. 고지의무는 계약 청약 시뿐만 아니라 부활 시에도 이행하여야 한다.
15 ② ㄴ. 보험계약자는 보험자와 계약을 체결하는 것이지만, 보험계약의 배후에는 수많은 보험계약자로 구성된 보험
　　　　 단체 또는 위험단체의 관념이 존재하고 있다.
　　　ㄹ. 보험계약법은 보험계약자 등의 불이익변경금지원칙과 같은 상대적 강행법규를 많이 정하여 둠으로써 약자
　　　　 인 보험계약자를 보호하도록 이루어져 있다.

16 보험계약에 대한 설명으로 옳은 것은? 08. 계리직

① 일반적으로 보험계약의 당사자라 함은 보험자, 보험계약자, 보험모집인, 피보험자 및 보험수 익자를 말한다.

② 보험자가 청약과 함께 보험료를 받고 청약을 승낙하기 전에 보험사고가 생긴 때에는 해당 청약을 거절할 사유가 없는 한 보험자는 보험계약상의 책임을 진다.

③ 타인의 사망을 보험금 지급사유로 하는 계약에서 계약을 체결할 때까지 피보험자의 서면(전 자문서는 제외)에 의한 동의를 얻지 않은 경우에는 계약을 무효로 하며 이미 납입한 보험료 를 돌려준다.

④ 회사가 나이의 착오를 발견하였을 때 이미 계약나이에 도달한 경우에는 유효한 계약으로 보며, 만 15세 미만자에 관한 예외가 인정된다.

17 보험계약법에 대한 설명으로 옳지 않은 것은?

① 보험자는 보험의 목적에 보험사고가 발생한 경우 보험금을 지급할 책임을 지므로 보험계약 시 목적물을 구체적으로 정하여 보험증권에 기재하도록 하고 있다.

② 생명보험은 보험대상자의 생존, 사망, 장해 등을 보험사고로 하고 있다.

③ 다른 약정이 없는 한 보험료의 선납이 없어도 보험계약은 유효하며 보험자의 책임이 시작된다.

④ 보험기간과 보험료 납입 기간이 일치하는 경우를 전기납, 보험료 납입 기간이 보험기간보다 짧은 경우를 단기납이라고 한다.

18 보험계약에 대한 설명으로 옳은 것은? 24. 계리직

① 보험계약의 실효는 계약이 처음에는 유효하게 성립되었으나 계약 이후 특정 원인이 발생하 여 계약의 효력이 계약시점으로 소급되어 없어지는 것이다.

② 고지의무는 청약서에서 질문한 사항에 대해 보험자에게 사실대로 알리는 것으로, 계약 청약 시에만 이행하고 부활 시에는 이행하지 않는다.

③ 보험가입증서(보험증권)는 보험계약의 성립 및 그 내용에 관한 증거로서 보험가입증서(보험 증권)의 교부는 보험계약의 성립요건이다.

④ 보험계약자 또는 피보험자나 보험수익자는 보험사고의 발생을 안 때에는 지체없이 이를 보 험자에게 통지해야 한다.

19   고지의무에 대한 설명으로 옳지 않은 것은?

① 고지의무자는 보험계약법상 고지할 의무를 부담하는 보험계약자, 피보험자 및 이들의 대리인이다. 그러나 보험수익자는 고지의 의무가 부여되지 않는다.

② 고지수령권자는 보험자 또는 보험자로부터 고지수령권을 받은 자이다.

③ 피보험자의 직업 또는 직종에 관한 고지의무를 위반함으로써 보험 가입한도액을 초과 청약한 경우에는 그 초과 청약액에 대해서만 계약을 해지한다.

④ 고지의무를 위반한 사실이 보험금 지급 사유 발생에 영향을 미쳤음을 보험계약자가 증명하지 못하는 경우에는 해당 보험금을 지급한다.

정답 및 해설

16 ② 보험자가 보험계약자로부터 보험계약의 청약과 함께 보험료 상당액의 전부 또는 일부를 받은 경우에 그 청약을 승낙하기 전에 보험계약에서 정한 보험사고가 생긴 때에는 그 청약을 거절할 사유가 없는 한 보험자는 보험계약상의 책임을 진다(「상법」 제638조의2 제3항).

오답체크
① 보험계약관계자에는 보험자, 보험계약자, 피보험자 및 보험수익자가 있으며, 이 중 보험계약자의 당사자란 보험료를 내는 보험계약자와 보험금을 지급하는 보험자를 말한다.
③ 타인의 사망을 보험금 지급사유로 하는 계약에서 계약을 체결할 때까지 피보험자의 서면(「전자서명법」 제2조 제2호에 따른 전자서명이 있는 경우로서 대통령령으로 정하는 바에 따라 본인 확인 및 위조·변조 방지에 대한 신뢰성을 갖춘 전자문서를 포함)에 의한 동의를 얻어야 한다(동법 제731조 제1항).
④ 15세 미만자, 심신상실자 또는 심신박약자의 사망을 보험사고로 한 보험계약은 무효로 한다(동법 제732조).

17 ③ 다른 약정이 없는 한 보험계약자로부터 최초의 보험료(제1회 보험료)를 받은 때 보험자의 책임이 시작된다.

18 ④

오답체크
① 보험계약의 실효는 계약이 처음에는 유효하게 성립되었으나 계약 이후 특정 원인이 발생하여 계약의 효력이 실효시점부터 없어지는 것이며, 소급되는 것이 아니다.
② 고지의무는 청약서에서 질문한 사항에 대해 보험자에게 사실대로 알리는 것으로, 계약 청약 시에만 이행하고 부활 시에도 고지의무가 있다.
③ 보험가입증서(보험증권)는 보험계약의 성립 및 그 내용에 관한 증거로서 보험가입증서(보험증권)의 교부는 보험계약의 성립요건이 아니다.

19 ④ 고지의무를 위반한 사실이 보험금 지급 사유 발생에 영향을 미쳤음을 보험자가 증명하지 못하는 경우에는 해당 보험금을 지급한다.

20 〈보기〉에서 보험계약을 해지할 수 없는 경우에 대한 설명으로 옳은 것을 모두 고른 것은?

> ┌ 보기 ┌
> ㄱ. 보험자가 계약 당시에 고지의무 위반 사실을 알았거나 과실로 알지 못한 경우
> ㄴ. 보험자가 고지의무 위반 사실을 안 날로부터 1개월 이상 지났거나 보장개시일부터 보험금
>   지급 사유가 발생하지 않고 1년 이상 지났을 때
> ㄷ. 계약자 또는 피보험자에게 사실대로 고지하지 않게 하였거나 부실한 고지를 권유했을 때
> ㄹ. 계약을 체결한 날부터 2년이 지났을 때

① ㄱ, ㄴ   ② ㄱ, ㄷ
③ ㄴ, ㄹ   ④ ㄷ, ㄹ

21 다음은 보험계약에 대한 설명이다. 〈보기〉에서 옳은 것을 모두 고르시오.

> ┌ 보기 ┌
> ㄱ. 보험자는 계약자의 청약에 대해 피보험자가 계약에 적합하지 않을 경우 계약을 거절할 수
>   있다.
> ㄴ. 보험자는 계약의 청약을 받고, 제1회 보험료를 받은 경우에 건강진단을 받지 않는 계약은
>   청약일, 진단계약은 15일 이내에 승낙 또는 거절의 통지를 하지 않으면 계약은 승낙된 것으
>   로 본다.
> ㄷ. 보험가입증서(보험증권)의 교부 여부는 보험계약의 효력발생의 시작점으로 본다.
> ㄹ. 보험계약자는 보험가입증서(보험증권)을 받은 날부터 15일 이내에 청약을 철회할 수 있다.

① ㄱ, ㄴ   ② ㄱ, ㄹ
③ ㄴ, ㄹ   ④ ㄷ, ㄹ

22 고지의무에 대한 설명으로 옳지 않은 것은?

① 고지의무는 중요사항에 대해 진실을 알릴 것을 요구하는 보험계약의 특유한 제도로 보험계약이 성립하기 전의 의무이다.

② 보험자가 계약 당시에 고지의무 위반 사실을 알았거나 과실로 알지 못한 경우 해지가 불가능하다.

③ 보험계약 당시에 보험계약자 또는 피보험자가 고의 또는 중대한 과실로 인하여 중요한 사항을 고지하지 아니하거나 부실의 고지를 한 때에는 보험자는 그 사실을 안 날로부터 1월내에, 계약을 체결한 날로부터 3년내에 한하여 계약을 해지할 수 있다.

④ 보험계약법상 고지할 의무를 부담하는 보험계약자, 보험수익자, 피보험자 및 이들의 대리인이다.

20 ② ㄴ, ㄹ 둘 다 기간이 만료되지 않았으므로 취소가 가능하다.
   ㄴ. 보험자가 고지의무 위반 사실을 안 날로부터 1개월 이상 지났거나 보장개시일부터 보험금 지급 사유가 발생하지 않고 2년 이상 지났을 때
   ㄹ. 계약을 체결한 날부터 3년이 지났을 때
21 ② ㄴ. 보험자는 계약의 청약을 받고, 제1회 보험료를 받은 경우에 건강진단을 받지 않는 계약은 청약일, 진단계약은 30일 이내에 승낙 또는 거절의 통지를 하지 않으면 계약은 승낙된 것으로 본다.
   ㄷ. 보험가입증서(보험증권)의 교부 여부는 보험계약의 효력발생에 아무런 영향을 미치지 못한다.
22 ④ 보험계약법상 고지할 의무를 부담하는 보험계약자, 피보험자 및 이들의 대리인이다. 그러나 보험수익자는 고지의 의무가 부여되지 않는다.

23 다음 중 보험의 반환의무와 면책에 대한 설명으로 옳지 않은 것은?

① 보험계약자가 보험사고의 발생 전에 보험계약의 전부 또는 일부를 해지한 경우 보험자는 다른 약정이 없으면 미경과보험료를 반환하여야 할 의무를 진다.

② 생명보험의 경우 보험자는 보험계약이 해지되었거나 보험금 지급이 면책된 경우에는 소위 보험료적립금을 반환할 의무가 있다.

③ 보험사고가 보험계약자, 피보험자, 보험수익자 등 보험계약자 측의 고의 또는 중과실로 생긴 경우 보험자는 보험금 지급책임을 면한다.

④ 도덕적 위험에 대한 면책 사유의 입증책임은 보험자에게 있다.

24 〈보기〉에서 보험계약자의 의무에 대한 설명으로 옳은 것을 모두 고른 것은?

┌─ 보기 ┌─
ㄱ. 계속 보험료가 약정되어 있는 시기에 납부되지 아니할 경우 보험자는 '상당한' 기간을 정하여 보험료 납입을 최고하고, 해당 기간 내에 보험계약자가 보험료의 납입을 지체한 경우 별도의 해지통보를 통해 계약을 해지할 수 있다.

ㄴ. 보험료 지급은 원칙적으로 지참채무이지만 당사자의 합의나 보험모집인의 관행을 통하여 추심채무로 될 수 있다.

ㄷ. 보험계약자 또는 피보험자가 위험변경 증가의 통지의무를 해태한 때에는 보험자는 그 사실을 안 날로부터 2월 내에 계약을 해지할 수 있다.

ㄹ. 보험계약자 등의 통지 해태로 인해 손해가 증가되더라도 그 증가된 손해를 보험자는 보상해야 한다.

① ㄱ, ㄴ   ② ㄱ, ㄷ
③ ㄴ, ㄹ   ④ ㄷ, ㄹ

25 보험의 부활에 대한 설명으로 옳지 않은 것은?

① 부활 계약 청구 시에도 보험계약자는 기존계약이므로 중요한 사항에 대하여 고지의무를 부담할 필요는 없다.

② 보험계약자의 부활청구로부터 보험자가 약정이자를 첨부한 연체보험료를 받은 후 30일이 지나도록 낙부통지 하지 않으면 보험자의 승낙이 의제되고 해당 보험계약은 부활한다.

③ 부활 청약 시 부활 청약 심사를 하는 이유는 계약 부활의 경우 부활 청약자의 역선택 가능성이 높기 때문이다.

④ 계약자가 약정이자를 포함한 연체보험료를 지급하고 보험계약 부활을 청구한 때부터 보험자가 승낙하기 전까지 사이에 보험사고 발생 시 보험자가 거절할 사유가 없는 한 보상책임을 지게 된다.

Step 01 OX로 핵심잡기

topic 13 우체국보험 일반현황

01 우체국보험은 1929년 5월에 제정된 "조선간이생명보험령"에 따라 종신보험과 양로보험으로 시판되었다. ( )

02 1952년 12월 "국민생명보험법" 및 "우편연금법"이 제정되면서 "간이생명보험"이 국민생명보험으로 개칭되었다. ( )

03 2002. 06. 01.에 "우정사업본부"가 출범하였다. ( )

04 2013. 03. 23.에 정부조직개편으로 "지식경제부"에서 "미래창조과학부" 소속으로 이관하였다. ( )

05 2016. 12. 26.에 우체국보험 지급센터를 운영하였다. ( )

06 우체국보험은 5천만 원 이하의 소액보험(생명·신체·상해·연금 등) 상품개발과 판매 및 운영사업을 하면서 기타 보험사업에 부대 되는 환급금 대출과 증권의 매매 및 대여를 업무 범위로 하고 있다. ( )

07 부동산의 취득·처분과 임대서비스는 업무 범위에 포함되지 않는다. ( )

08 우체국보험의 운영 주체는 국가가 경영하고 과학기술정보통신부 장관이 관장(우체국예금·보험에 관한 법률 제3조)하며, 감사원의 감사와 국회의 국정감사를 받고 있다. ( )

09 우체국보험사업의 운영에 필요한 경비는 우체국보험의 경영실적을 통해 자체 마련한다. ( )

10 우체국보험은 사망보험인 경우 4,000만 원, 연금일 경우 연 900만 원이 가입한도액이다. ( )

11 우체국보험과 민영보험 모두 주주이익을 우선 추구한다. ( )

12 우체국보험은 변액보험, 퇴직연금, 손해보험을 취급할 수 없다. ( )

13 우체국보험과 관련된 법은 법률 1, 대통령령 1, 부령 2의 조항이 존재한다. ( )

14 우체국보험특별회계법 제4조에 의거하여 보험금, 환급금 등 보험급여의 지급을 위한 책임준비금에 충당하기 위하여 우체국보험특별회계의 세입·세출 외에 별도 우체국보험적립금을 설치 운영한다. ( )

15 우체국보험적립금은 순보험료, 운용수익 및 우체국보험특별회계 세입·세출의 결산상 잉여금으로 조성한다. ( )

16 공공자금관리기금 및 금융기관을 통한 산업자금 지원과 지방경제 활성화를 위한 지방은행에의 자금예치 및 우체국예금 대출제도 운영에 사용된다. ( )

정답 및 해설

01 ○

02 ○

03 × 2000. 07. 01.에 "우정사업본부"가 출범하였다.

04 ○

05 ○

06 × 우체국보험은 4천만 원 이하의 소액보험을 대상으로 하고 있다.

07 × 부동산의 취득·처분과 임대서비스도 업무 범위에 포함된다.

08 ○

09 × 우체국보험사업의 운영에 필요한 경비는 기획재정부와 협의, 국회의 심의를 거쳐 정부 예산으로 편성하고, 예산집행 내역 및 결산 결과를 국회 및 감사원에 보고한다.

10 ○

11 × 우체국보험은 공영보험이므로 주주가 존재하지 않는다.

12 ○

13 ×

법률(2)	대통령령(2)	부령(2)
• 우체국예금·보험에 관한 법률 • 우체국보험특별회계법	• 우체국예금·보험에 관한 법률 시행령 • 우체국보험특별회계법 시행령	• 우체국예금·보험에 관한 법률 시행규칙 • 우체국보험특별회계법 시행규칙

14 ○

15 ○

16 × 공공자금관리기금 및 금융기관을 통한 산업자금 지원과 지방경제 활성화를 위한 지방은행에의 자금예치 및 보험계약자를 위한 대출제도 운영에 사용된다. 우체국예금 대출은 존재하지 않는다.

17 우체국의 공헌사업은 1995년 휴면보험금으로 소년소녀가장에게 장학금을 지원하는 공익사업을 시작하였다. ( )

18 우체국예금의 공익준비금의 경우 정부 예산에서 재원으로 삼고 있다. ( )

19 우체국보험의 공익준비금은 전 회계연도 적립금 이익 잉여금의 8% 이내 또는 그린보너스저축 보험 전년도 책임준비금의 0.05% 이내(친환경 사업 활용)에서 재원을 마련하고 있다. ( )

20 공익재단 출연을 위해서 공익자금 조성액은 전 회계연도 이익 잉여금을 기준으로 조성하되, 전 년 및 당해 연도(추정) 당기순이익과 적립금 재무건전성을 고려하여 조성한다. ( )

정답 및 해설

17 ○
18 ○
19 × 우체국보험의 공익준비금은 전 회계연도 적립금 이익 잉여금의 5% 이내 또는 그린보너스저축보험 전년도 책임준비금의 0.05% 이내(친환경 사업 활용)에서 재원을 마련하고 있다.
20 ○

Step 02 객관식으로 실전연습

01 〈보기〉에서 우체국보험에 대한 설명으로 옳은 것을 모두 고른 것은?

> ┌ 보기 ┐
> ㄱ. 국가가 간편하고 신용 있는 보험사업을 운영함으로써 보험의 보편화를 달성하고 이를 통해
>   서 질병과 재해의 위험에 공동으로 대처하여 궁극적으로는 국민의 경제생활 안정과 공공복
>   리의 증진에 기여함을 목적으로 한다.
> ㄴ. 우체국보험은 우체국 우편 사업의 운영·유지에 필요한 비용을 마련하는 것과는 관련이 없다.
> ㄷ. 우체국보험은 4천만 원 이하의 소액보험(생명·신체·상해 ·연금 등) 상품개발과 판매 및
>   운영 사업을 하면서 기타 보험사업에 부대 되는 환급금 대출과 증권의 매매 및 대여를 업무
>   범위로 하고 있다.
> ㄹ. 부동산의 취득·처분과 임대서비스는 업무 범위에 포함되지 않는다.

① ㄱ, ㄴ   ② ㄱ, ㄷ
③ ㄴ, ㄹ   ④ ㄷ, ㄹ

02 우체국보험의 특징에 대한 설명으로 옳지 않은 것은?

① 무진단·단순한 상품구조를 바탕으로 보험료가 저렴한 보험상품을 취급하여 서민들이 쉽게
   가입이 가능하도록 하고 있다.
② 공적 역할을 하며 사익(주주 이익)을 추구하지 않는 국영보험으로서 장애인, 취약계층 등과
   관련된 보험상품을 확대 보급하고 있다. 또한, 사회 소외계층을 위한 현장 밀착형 공익사업
   을 발굴 및 지원함으로써 사회적 책임을 강화하고 있다.
③ 우체국보험의 운영 주체는 국가가 경영하고 금융감독원장이 관장하며, 감사원의 감사와 국
   회의 국정감사를 받고 있다.
④ 우체국보험사업의 운영에 필요한 경비는 기획재정부와 협의, 국회의 심의를 거쳐 정부 예산
   으로 편성하고, 예산집행 내역 및 결산 결과를 국회 및 감사원에 보고한다.

정답 및 해설

01 ② ㄴ. 우체국 우편 사업의 운영·유지에 필요한 비용을 일부 마련하기 위한 경영상의 목적도 가지고 있다.
      ㄹ. 부동산의 취득·처분과 임대서비스도 업무 범위에 포함된다.
02 ③ 우체국보험의 운영 주체는 국가가 경영하고 과학기술정보통신부 장관이 관장하며, 감사원의 감사와 국회의 국
      정감사를 받고 있다.

03 우체국보험의 역사를 설명한 〈보기〉의 ㉠~㉢에 들어갈 내용을 바르게 나열한 것은? 16. 계리직

┌─ 보기 ┌
• 우체국보험은 (㉠)년 5월에 제정된 "조선간이생명보험령"에 따라 종신보험과 (㉡)으로 시판되었다.
• 1952년 12월 "국민생명보험법" 및 "우편연금법"이 제정되면서 "간이생명보험"이 "(㉢)"으로 개칭되었다.

	㉠	㉡	㉢
①	1925	양로보험	우편생명보험
②	1929	양로보험	국민생명보험
③	1925	연금보험	우편생명보험
④	1929	연금보험	국민생명보험

04 우체국보험에 관한 설명으로 옳지 않은 것은? 10. 계리직

① 우체국보험은 인보험(人保險) 분야의 상품을 취급한다.
② 우체국보험은 금융감독원의 감독을 받는다.
③ 우체국보험의 계약보험금 한도액은 일정 금액 이하로 제한된다.
④ 우체국보험의 보험금 지급은 국가가 책임진다.

05 우체국보험과 민영보험에 대한 설명으로 옳은 것은? 24. 계리직

① 우체국보험은 변액보험, 퇴직연금, 손해보험을 취급할 수 없다.
② 민영보험은 감사원, 금융위원회, 금융감독원의 관리 감독을 받는다.
③ 우체국보험과 민영보험은 보험 종류별 계약보험금 한도액에 제한이 없다.
④ 우체국보험과 민영보험은 예금자보호법에 따라 원금과 소정이자를 합산하여 가입자 1인당 최고 5천만 원까지 보호된다.

06 우체국보험 공익사업에 대한 설명으로 옳은 것은? 24. 계리직

① 2000년 9월에 우체국공익재단을 설립하여 국영보험으로서 공익적 역할을 수행하고 있다.
② 공익사업의 범위와 그 재원 조성 등에 관하여 필요한 사항은 과학기술정보통신부령으로 정한다.
③ 우체국공익재단은 저소득 장애인 우체국 암보험 지원과 같이 보험가입자의 의료복지 증진에 한하여 공익사업을 발굴해 지원하고 있다.
④ 공익준비금은 전 회계연도 적립금 결산에 따른 이익 잉여금의 0.05% 이내, 그린보너스저축보험 전년도 책임준비금의 5% 이내에서 재원을 마련하고 있다.

07 다음은 우체국보험의 특징에 대한 설명이다. 〈보기〉에서 옳은 것을 모두 고르시오.

> ┌ 보기 ┌
> ㄱ. 반드시 진단 후 가입하여야 하며 보험료가 저렴한 보험상품을 취급하여 서민들이 쉽게 가입
>   이 가능하도록 하고 있다.
> ㄴ. 사익(주주이익)을 추구하는 국영보험으로서 장애인, 취약계층 등과 관련된 보험상품을 확대
>   보급하고 있다.
> ㄷ. 국가가 경영하고 과학기술정보통신부 장관이 관장(우체국예금ㆍ보험에 관한 법률 제3조)하
>   며, 감사원의 감사와 국회의 국정감사를 받고 있다.
> ㄹ. 우체국보험은 국가가 운영함에 따라 정부예산회계 관계법령의 적용을 받고 있으며 「우체국
>   보험 건전성 기준 제34조」에 따라 외부 회계법인의 검사를 받고 있다.

① ㄱ, ㄴ   ② ㄱ, ㄷ
③ ㄴ, ㄹ   ④ ㄷ, ㄹ

08 우체국보험에 대한 설명으로 옳지 않은 것은?

① 우체국보험은 자유 가입이지만 공영보험은 의무가입이다.
② 우체국보험은 납입료 대비 수혜비례성이 크지만 공영보험은 비례성이 약하다.
③ 우체국보험은 가입한도액이 제한이 있지만 공영보험은 제한이 없다.
④ 우체국보험은 주주이익이 없지만, 민영보험은 주주이익을 추구한다.

정답 및 해설

03 ② ㉠ 1929, ㉡ 양로보험, ㉢ 국민생명보험이 들어간다.
 • 우체국보험은 1929년 5월에 제정된 "조선간이생명보험령"에 따라 종신보험과 양로보험으로 시판되었다.
 • 1952년 12월 "국민생명보험법" 및 "우편연금법"이 제정되면서 "간이생명보험"이 "국민생명보험"으로 개칭되었다.
04 ② 우체국보험의 감독기관은 과학기술정보통신부, 감사원, 국회, 금융위원회 등이다.
05 ①
 오답체크
 ② 감사원의 감독은 우체국보험에만 적용된다.
 ③ 우체국보험의 계약보험금 한도액은 제한이 있다.
 ④ 우체국보험은 국영보험이므로 국가가 전액 보장하므로 예금자보호법 적용이 아니다.
06 ②
 오답체크
 ① 2013년 9월에 우체국공익재단을 설립하여 국영보험으로서 공익적 역할을 수행하고 있다.
 ③ 우체국공익재단의 공익사업은 우정분야, 사회분야, 환경분야, 미래분야 등 다양한 사업을 하고 있다.
 ④ 공익준비금은 전 회계연도 적립금 결산에 따른 이익 잉여금의 5% 이내, 그린보너스저축보험 전년도 책임준비
   금의 0.05% 이내에서 재원을 마련하고 있다.
07 ④ ㄱ. 무진단ㆍ단순한 상품구조를 바탕으로 보험료가 저렴한 보험상품을 취급하여 서민들이 쉽게 가입이 가능하
    도록 하고 있다.
    ㄴ. 사익(주주이익)을 추구하지 않는 국영보험으로서 장애인, 취약계층 등과 관련된 보험상품을 확대 보급하고 있다.
08 ③ 우체국보험은 가입한도액이 제한이 있지만 민영보험은 제한이 없다.

09 우체국보험과 민영보험에 대한 비교 내용으로 옳은 것은?

	구분	우체국보험	민영보험
①	보험료	상대적으로 고액	상대적으로 저렴
②	가입한도액	제한 없음	제한 있음
③	감독기관	금융위원회 금융감독원	국회, 과학기술통신부 등
④	취급제한	제한 있음	제한 없음

10 〈보기〉에서 우체국보험에 대한 설명으로 옳은 것을 모두 고른 것은?

┌ 보기 ┌
ㄱ. 우체국보험은 사망보험인 경우 4,000만 원, 연금일 경우 연 900만 원이 가입한도액이다.
ㄴ. 우체국보험은 국가가 전액 지급 보장한다.
ㄷ. 우체국보험과 민영보험 모두 주주이익을 우선 추구한다.
ㄹ. 우체국보험은 변액보험, 퇴직연금, 손해보험을 취급할 수 있다.

① ㄱ, ㄴ   ② ㄱ, ㄷ
③ ㄴ, ㄹ   ④ ㄷ, ㄹ

11 우체국보험적립금에 대한 설명으로 옳지 않은 것은? 22. 계리직

① 과학기술정보통신부장관이 운용·관리한다.
② 보험계약자를 위한 대출제도 운영에 사용된다.
③ 「우체국예금·보험에 관한 법률」에 근거를 두고 있다.
④ 순보험료, 운용수익 및 회계의 세입·세출 결산상 잉여금으로 조성한다.

12 보험적립금에 대한 설명으로 옳지 않은 것은?

① 「우체국보험 건전성 기준 제34조」에 근거한다.
② 보험금, 환급금 등 보험급여의 지급을 위한 책임준비금에 충당하기 위하여 우체국보험특별회계의 세입·세출 외에 별도 우체국보험적립금을 설치 운영한다.
③ 우체국보험적립금은 순보험료, 운용수익 및 우체국보험특별회계 세입·세출의 결산상 잉여금으로 조성한다.
④ 조성된 적립금은 주로 보험금 지급에 충당하고, 여유자금은 유가증권 매입 또는 금융기관에 예치하여 수익성을 제고하는 기능을 한다.

13 〈보기〉에서 우체국의 사회공헌에 대한 설명으로 옳은 것을 모두 고른 것은?

┌─ 보기 ┌──
ㄱ. 우체국의 공헌사업은 1995년 휴면보험금으로 소년소녀가장에게 장학금을 지원하는 공익사
  업을 시작하였다.
ㄴ. 2010년에는 우체국 공익재단을 설립하여 현재까지 다양한 공적 역할을 수행하고 있다.
ㄷ. 우체국예금의 공익준비금의 경우 정부 예산에서 재원으로 삼고 있다.
ㄹ. 우체국보험의 공익준비금은 전 회계연도 적립금 이익 잉여금의 8% 이내 또는 그린보너스저
  축보험 전년도 책임준비금의 0.05% 이내(친환경 사업 활용)에서 재원을 마련하고 있다.
└──

① ㄱ, ㄴ   ② ㄱ, ㄷ
③ ㄴ, ㄹ   ④ ㄷ, ㄹ

정답 및 해설

09 ④

구분	우체국보험	민영보험
보험료	상대적으로 저렴	상대적 고액
가입한도액	• (사망) 4,000만 원 • (연금) 연 900만 원	제한 없음
지급보장	국가 전액 보장	동일 금융기관내에서 1인당 최고 5천만 원 (예금보험공사 보증)
운영방법	농어촌·서민 위주 전 국민 대상	도시 위주 전 국민 대상
사익추구	주주이익 없음(국영사업)	주주이익 추구
취급제한	변액보험, 퇴직연금, 손해보험 불가	제한 없음
감독기관	과학기술정보통신부, 감사원, 국회, 금융위원회 등	금융위원회, 금융감독원
적용법률	• 우체국예금·보험에 관한 법률, 우체국보험 특별회계법 • 보험업법(일부), 상법(보험 분야)	• 보험업법 • 상법(보험 분야)

10 ① ㄷ. 우체국보험은 공영보험이므로 주주이익을 추구하지 않는다.
     ㄹ. 우체국보험은 변액보험, 퇴직연금, 손해보험을 취급할 수 없다.
11 ③ 우체국보험적립금은 「우체국보험특별회계법 제4조」에 그 근거를 두고 있다.
12 ① 「우체국보험특별회계법 제4조」에 근거한다.
13 ② ㄴ. 2013년 9월에는 우체국 공익재단을 설립하여 현재까지 다양한 공적 역할을 수행하고 있다.
     ㄹ. 우체국보험의 공익준비금은 전 회계연도 적립금 이익 잉여금의 5% 이내 또는 그린보너스저축보험 전년도
     책임준비금의 0.05% 이내(친환경 사업 활용)에서 재원을 마련하고 있다.

07 리스크관리 및 자금운용

www.pmg.co.kr

Step 01 OX로 핵심잡기

topic 14 리스크관리 및 자금운용 & 우체국보험 일반현황

01 리스크는 예측하지 못한 어떤 사실이나 행위가 자본 및 수익에 부정적인 영향을 끼칠 수 있는 잠재적인 가능성이다. ( )

02 자연재해, 화재, 교통사고 등은 리스크에 해당한다. ( )

03 재무적 리스크는 시장리스크, 신용리스크, 금리리스크, 유동성리스크, 보험리스크로 나눠지며, 특성상 주가 및 금리와 같은 데이터를 활용하여 특정한 산식을 통해 산출 및 관리가 가능한 계량적인 성격을 가진다. ( )

04 비재무적 리스크는 금융회사의 영업활동 또는 시스템 관리 등에 따라 발생할 수 있는 정형화된 리스크로서 계량적인 산출과 관리가 용이한 리스크이다. ( )

05 보험리스크는 시장가격(주가, 이자율, 환율 등)의 변동에 따른 자산가치 변화로 손실이 발생할 리스크이다. ( )

06 시장리스크는 예상하지 못한 손해율 증가 등으로 손실이 발생할 리스크이다. ( )

07 신용리스크는 채무자의 부도, 거래 상대방의 채무불이행 등으로 인하여 손실이 발생할 리스크이다. ( )

08 금리리스크는 금리 변동에 따른 순자가산가치의 하락 등으로 재무상태에 부정적인 영향을 미칠 리스크이다. ( )

09 유동성리스크는 자금의 조달, 운영기간의 불일치, 예기치 않은 자금 유출 등으로 지급불능상태에 직면할 리스크이다. ( )

10 운영리스크는 부적절하거나 잘못된 내부의 업무 절차, 인력 및 시스템 또는 외부의 사건 등으로 인하여 손실이 발생할 리스크로 재무리스크에 해당한다. ( )

11 지급여력비율 $= \dfrac{지급여력금액}{지급여력기준금액}$ 이다. ( )

12 지급여력기준금액은 보험사업에 내재된 다양한 리스크를 보험·금리·시장·신용·운영 리스크로 세분화하여 측정한다. ( )

13 지급여력금액은 기본자본과 보완자본을 합산한 후, 차감 항목을 차감하여 산출한다. ( )

14 지급여력비율은 150% 이상을 유지하도록 노력하여야 한다. ( )

15 우정사업본부장은 우체국보험의 지급여력비율이 100% 미만인 경우로서 보험계약자에게 보험금을 지급하지 못할 우려가 있다고 판단되는 경우에는 경영개선계획을 수립·시행하여야 한다. ( )

16 우정사업본부장은 자산 건전성 분류 대상 자산에 해당하는 보유자산에 대해 건전성을 "정상", "요주의", "고정", "회수의문", "추정손실"의 5단계로 분류하여야 한다. ( )

17 "고정" 또는 "회수의문" 또는 "추정손실"로 분류된 자산을 조기에 상각하여 자산의 건전성을 확보하여야 한다. ( )

정답 및 해설

01 ○
02 × 주식투자, 건강관리 등은 리스크에 해당한다.
03 ○
04 × 비재무적 리스크는 금융회사의 영업활동 또는 시스템 관리 등에 따라 발생할 수 있는 비정형화된 리스크로서 계량적인 산출과 관리가 어려운 리스크이다.
05 × 시장리스크는 시장가격(주가, 이자율, 환율 등)의 변동에 따른 자산가치 변화로 손실이 발생할 리스크이다.
06 × 보험리스크는 예상하지 못한 손해율 증가 등으로 손실이 발생할 리스크이다.
07 ○
08 ○
09 ○
10 × 운영리스크는 부적절하거나 잘못된 내부의 업무 절차, 인력 및 시스템 또는 외부의 사건 등으로 인하여 손실이 발생할 리스크로 비재무리스크에 해당한다.
11 ○
12 ○
13 ○
14 × 지급여력비율은 100% 이상을 유지하도록 노력하여야 한다.
15 ○
16 ○
17 × "회수의문" 또는 "추정손실"로 분류된 자산을 조기에 상각하여 자산의 건전성을 확보하여야 한다.

18 「우체국보험특별회계법 제6조(적립금의 운용 방법)」에 의거 적립금을 운용할 때에는 안정성·유동성·수익성 및 공익성이 확보되도록 하여야 한다.　　　　　　　　　　　　　　（　　　）

19 우정사업본부장은 적립금 운용상황 및 결과를 매월 분석하여야 하며, 연간 분석결과는 감사원에 보고하여야 한다.　　　　　　　　　　　　　　　　　　　　　　　　　（　　　）

20 우체국보험의 회계 처리 및 재무제표 작성은 우체국보험회계법, 국가재정법, 국가회계법, 같은 법 시행령 및 시행규칙에서 정하는 바에 따른다.　　　　　　　　　　　　（　　　）

21 매 회계연도마다 적립금의 결산서를 작성하고 외부 회계법인의 검사를 받아야 한다.
　　　　　　　　　　　　　　　　　　　　　　　　　　　　　　　　　　　　（　　　）

22 우정사업본부장은 경영의 투명성 확보를 위하여 우체국보험 경영공시사항을 공시하여야 한다.
　　　　　　　　　　　　　　　　　　　　　　　　　　　　　　　　　　　　（　　　）

23 공시는 결산이 확정된 날로부터 3개월 이내에 보험계약자 등 이해관계자가 알기 쉽도록 간단명료하게 작성하여 우체국보험 홈페이지 등에 게시하여야 한다.　　　　　　（　　　）

24 우정사업본부장은 인터넷 홈페이지에 상품공시란을 설정하여 보험계약자 등이 <우체국보험 상품공시>의 사항을 확인할 수 있도록 공시하여야 한다.　　　　　　　　　　（　　　）

25 보험계약자는 우정사업본부장에게 기초서류에 대한 열람을 신청할 수 있으며, 우정사업본부장은 특별한 사유가 없더라도 열람을 거부할 수 있다.　　　　　　　　　　（　　　）

정답 및 해설

18 ○
19 ✕ 우정사업본부장은 적립금 운용상황 및 결과를 매월 분석하여야 하며, 연간 분석결과는 우체국보험적립금 운용분과위원회에 보고하여야 한다.
20 ○
21 ○
22 ○
23 ✕ 공시는 결산이 확정된 날로부터 1개월 이내에 보험계약자 등 이해관계자가 알기 쉽도록 간단명료하게 작성하여 우체국보험 홈페이지 등에 게시하여야 한다.
24 ○
25 ✕ 보험계약자는 우정사업본부장에게 기초서류에 대한 열람을 신청할 수 있으며, 우정사업본부장은 정당한 사유가 없는 한 이에 응하여야 한다.

Step 02 객관식으로 실전연습

01 다음 중 리스크에 대한 설명으로 옳지 않은 것은?

① 수익의 불확실성 또는 손실발생 가능성
② 불확실성 정도에 따른 보상 존재
③ 통계적 방법을 통해 관리 가능
④ 적절한 보상이 주어지지 않으며 회피함으로써 제거하거나 전가하는 것이 최선

02 〈보기〉에서 재무리스크에 해당하는 것은 개수는?

> **보기**
> ㄱ. 시장리스크　　　　　　　　ㄴ. 운영리스크
> ㄷ. 보험리스크　　　　　　　　ㄹ. 금리리스크

① 1개　　　　　　　　　② 2개
③ 3개　　　　　　　　　④ 4개

03 금융회사에서 발생할 수 있는 리스크(risk)의 종류 중 〈보기〉의 (　)에 들어갈 내용을 바르게 짝지은 것은? 24. 계리직

> **보기**
> (가) (　)리스크는 예상하지 못한 손해율 증가 등으로 손실이 발생할 리스크이다.
> (나) (　)리스크는 주가, 이자율, 환율 등 시장가격의 변동에 따른 자산가치 변화로 손실이 발생할 리스크이다.
> (다) (　)리스크는 자금의 조달, 운영기간의 불일치, 예기치 않은 자금 유출 등으로 지급불능상태에 직면할 리스크이다.

	(가)	(나)	(다)
①	보험	시장	유동성
②	보험	금리	신용
③	운영	금리	유동성
④	운영	시장	신용

정답 및 해설

01 ④ ④는 위험으로 수익에 관계없이 손실만을 발생시키는 사건이다. 예시로는 자연재해, 화재, 교통사고 등이 있다.
02 ③ 재무리스크는 시장, 신용, 금리, 유동성, 보험리스크가 있다. 운영리스크는 비재무리스크이다.
03 ① 보험리스크, 시장리스크, 유동성리스크에 대한 정의이다.

04 자본의 적정성에 대한 설명으로 옳지 않은 것은?

① 우체국보험은 자본의 적정성 유지를 위하여 지급여력비율을 1년마다 산출·관리하여야 한다.

② 지급여력비율 $= \dfrac{\text{지급여력금액}}{\text{지급여력기준금액}}$ 이다.

③ 지급여력기준금액은 보험사업에 내재된 다양한 리스크를 보험·금리·시장·신용·운영 리스크로 세분화하여 측정한다.

④ 지급여력비율은 100% 이상을 유지하도록 노력하여야 한다.

05 〈보기〉에서 우체국의 재무건전성 관리에 대한 설명으로 옳은 것을 모두 고른 것은?

> ┌ 보기 ┐
> ㄱ. 우정사업본부장은 우체국보험의 지급여력비율이 150% 미만인 경우로서 보험계약자에게 보험금을 지급하지 못할 우려가 있다고 판단되는 경우에는 경영개선계획을 수립·시행하여야 한다.
> ㄴ. 우정사업본부장은 자산 건전성 분류 대상 자산에 해당하는 보유자산에 대해 건전성을 "정상", "요주의", "회수의문", "추정손실"의 4단계로 분류하여야 한다.
> ㄷ. "회수의문" 또는 "추정손실"로 분류된 자산을 조기에 상각하여 자산의 건전성을 확보하여야 한다.
> ㄹ. 경영개선계획에 인력 및 조직운영의 개선, 사업비의 감축, 재정투입의 요청, 부실자산의 처분, 고정자산에 대한 투자 제한, 계약자배당의 제한, 위험자산의 보유제한 및 자산의 처분의 일부 또는 전부가 반영되어야 한다.

① ㄱ, ㄴ   ② ㄱ, ㄷ
③ ㄴ, ㄹ   ④ ㄷ, ㄹ

06 우체국보험적립금에 대한 설명으로 옳지 않은 것은? 22. 계리직

① 과학기술정보통신부장관이 운용·관리한다.

② 보험계약자를 위한 대출제도 운영에 사용된다.

③ 「우체국예금·보험에 관한 법률」에 근거를 두고 있다.

④ 순보험료, 운용수익 및 회계의 세입·세출 결산상 잉여금으로 조성한다.

서호성 보험일반 기출&예상문제

PART

01

07 우체국보험 재무건전성 관리에 대한 설명으로 옳은 것은? 23. 계리직

① 우체국보험은 자본의 적정성 유지를 위하여 지급여력비율을 반기별로 산출·관리하여야 한다.

② 과학기술정보통신부장관은 우체국보험사업에 대한 건전성을 유지하고 관리하기 위하여 필요한 경우에는 금융위원회에 검사를 요청할 수 있다.

③ 우정사업본부장은 지급여력비율이 150% 미만인 경우로서 보험계약자에게 보험금을 지급하지 못할 우려가 있다고 판단되는 경우에는 경영개선계획을 수립·시행하여야 한다.

④ 우정사업본부장은 자산건전성 분류 대상 자산에 해당하는 보유 자산에 대해 건전성을 5단계로 분류하여야 하며 "고정", "회수의문" 또는 "추정손실"로 분류된 자산을 조기에 상각하여야 한다.

정답 및 해설

04 ① 우체국보험은 자본의 적정성 유지를 위하여 지급여력비율을 분기별로 산출·관리하여야 한다.

05 ④ ㄱ. 우정사업본부장은 우체국보험의 지급여력비율이 100% 미만인 경우로서 보험계약자에게 보험금을 지급하지 못할 우려가 있다고 판단되는 경우에는 경영개선계획을 수립·시행하여야 한다.
　　ㄴ. 우정사업본부장은 자산 건전성 분류 대상 자산에 해당하는 보유자산에 대해 건전성을 "정상", "요주의", "고정", "회수의문", "추정손실"의 5단계로 분류하여야 한다.

06 ③ 「우체국보험특별회계법 제4조(우체국보험적립금의 조성 등)」는 '보험금·환급금 등 보험급여를 지급하기 위한 책임준비금에 충당하기 위하여 세입·세출 외에 따로 우체국보험적립금(이하 "적립금"이라 한다)을 둔다.'고 규정하고 있다.

07 ②
　오답체크
① 우체국보험은 자본의 적정성 유지를 위하여 지급여력비율을 분기별로 산출·관리하여야 하며, 지급여력비율은 지급여력금액을 지급여력기준금액으로 나누어 산출한다.
③ 우정사업본부장은 우체국보험의 지급여력비율이 100% 미만인 경우로서 보험계약자에게 보험금을 지급하지 못할 우려가 있다고 판단되는 경우에는 경영개선계획을 수립·시행하여야 한다.
④ 우정사업본부장은 보유자산에 대해 건전성을 "정상", "요주의", "고정", "회수의문", "추정손실"의 5단계로 분류하여야 하며 부실자산에 해당하는 "회수의문" 또는 "추정손실"로 분류된 자산을 조기에 상각하여 자산의 건전성을 확보하여야 한다.

08 다음은 우체국보험 재무건전성 관리에 대한 설명이다. 〈보기〉에서 옳은 것을 모두 고르시오.

> ┌ 보기 ┐
> ㄱ. 우체국보험은 자본의 적정성 유지를 위하여 지급여력비율을 분기별로 산출·관리하여야 한다.
> ㄴ. 지급여력비율 $= \dfrac{\text{지급여력금액}}{\text{지급여력기준금액}}$ 이다.
> ㄷ. 지급여력비율은 200% 이상을 유지하도록 노력하여야 한다.
> ㄹ. 지급여력금액은 보험사업에 내재된 다양한 리스크를 보험·금리·시장·신용·운영리스크로 세분화하여 측정한다.

① ㄱ, ㄴ   ② ㄱ, ㄷ   ③ ㄴ, ㄹ   ④ ㄷ, ㄹ

09 우체국 자금운용에 대한 설명으로 옳지 않은 것은?

① 우정사업본부장은 경영의 투명성 확보를 위하여 우체국보험 경영공시사항을 공시하여야 한다.
② 매 회계연도마다 적립금의 결산서를 작성하고 내부 회계부서의 점검을 받아야 한다.
③ 보험계약자는 우정사업본부장에게 기초서류에 대한 열람을 신청할 수 있으며, 우정사업본부장은 정당한 사유가 없는 한 이에 응하여야 한다.
④ 공시는 결산이 확정된 날로부터 1개월 이내에 보험계약자 등 이해관계자가 알기 쉽도록 간단명료하게 작성하여 우체국보험 홈페이지 등에 게시하여야 한다.

정답 및 해설

08 ① ㄷ. 지급여력비율은 100% 이상을 유지하도록 노력하여야 한다.
      ㄹ. 지급여력금액은 기본자본과 보완자본을 합산한 후, 차감항목을 차감하여 산출한다. 지문은 지급여력기준금액에 대한 설명이다.
09 ② 매 회계연도마다 적립금의 결산서를 작성하고 외부 회계법인의 검사를 받아야 한다.

서호성 계리직 보험일반
기출&예상문제집

Part

02

우체국보험 제도

Chapter 08 우체국보험 모집 및 언더라이팅

Chapter 09 우체국보험 계약유지 및 보험금 지급

08 우체국보험 모집 및 언더라이팅

www.pmg.co.kr

Step 01 / OX로 핵심잡기

topic 15 우체국보험 모집

01 보험모집은 우체국과 보험계약이 체결될 수 있도록 중개하는 모든 행위이다. 계약체결의 승낙도 포함한다. ( )

02 우정사업본부장은 우체국보험의 건전한 모집질서를 확립하고 우체국보험의 공신력 제고와 보험계약자의 권익 보호를 위하여 부당한 모집행위나 과당경쟁을 하여서는 아니 되며, 보험모집자가 제반 법규를 준수하도록 하여 합리적이고 공정한 영업풍토를 조성하는 데 최선을 다하여야 한다. ( )

03 보험금이 금리에 연동되는 보험상품의 경우 적용금리 및 보험금 변동에 관한 사항, 보험금 지급제한 조건 등은 보험안내자료 기재사항이다. ( )

04 보험안내자료 작성 시 보험안내자료 준수사항으로 안내자료에 우체국보험의 자산과 부채를 기재하는 경우 우정사업본부장이 작성한 재무제표에 기재된 사항과 다른 내용의 것을 기재할 수 있다. ( )

05 보험계약 체결 시 보험계약자에게 보험모집 단계별로 다음의 서류를 제공하여야 한다. 다만, 단체보험의 경우 1단계를 적용하지 아니한다. ( )

06 1단계 보험계약 체결 권유 단계의 제공서류에는 가입설계서, 상품설명서가 있다. ( )

07 2단계 보험계약 청약 단계는 청약서 부본의 경우 전화를 이용하여 청약하는 확인서 제공으로 이를 갈음할 수 없다. ( )

08 저축성보험(금리확정형 보험은 제외) 계약의 경우 계약자가 보험계약 체결 권유단계에서 아래에 해당하는 사항을 설명받았고, 이를 이해하였음을 전화 등 통신수단을 통하여 청약 후 30일 이내에 확인을 받아야 한다. ( )

09 보험계약자가 설명을 거부하는 경우에도 보험계약의 체결 시부터 보험금 지급 시까지의 주요 과정을 보험계약자에게 설명하여야 한다. ( )

10 저축성보험 계약 체결 권유 단계 설명 의무사항에서 납입 보험료 중 사업비 등이 차감된 일부 금액이 적용이율로 부리된다는 내용을 설명해야 한다. ( )

11 보험모집자는 전화·우편·컴퓨터 등의 통신매체를 이용한 보험모집을 함에 있어 다른 사람의 평온한 생활을 침해하여서는 아니 된다. ( )

12 우체국보험계약을 체결한 실적이 있는 보험계약자 또는 피보험자 다만, 통신수단을 이용한 모집 당시 보험계약이 무효인 자는 통신수단을 이용하여 모집할 수 있는 대상자이다. ( )

13 「신용정보의 이용 및 보호에 관한 법률」에 의한 개인정보제공·활용 동의 등 적법한 절차에 따라 개인정보를 제공받거나 개인정보의 활용에 관하여 동의를 받은 경우의 해당 개인은 통신수단을 이용하여 모집할 수 있는 대상자이다. ( )

정답 및 해설

01 × 보험모집 우체국과 보험계약이 체결될 수 있도록 중개하는 모든 행위이다. 단, 계약체결의 승낙은 제외한다.
02 ○
03 ○
04 × 보험안내자료에 우체국보험의 자산과 부채를 기재하는 경우 우정사업본부장이 작성한 재무제표에 기재된 사항과 다른 내용의 것을 기재하지 못한다.
05 ○
06 ○
07 × 2단계 보험계약 청약 단계는 청약서 부본의 경우 전화를 이용하여 청약하는 경우에는 「보험업감독규정 제4-37조 제3호」에서 정한 확인서 제공으로 이를 갈음 가능하다.
08 × 저축성보험(금리확정형 보험은 제외) 계약의 경우 계약자가 보험계약 체결 권유단계에서 아래에 해당하는 사항을 설명받았고, 이를 이해하였음을 전화 등 통신수단을 통하여 청약 후 10일 이내에 확인을 받아야 한다.
09 × 보험계약의 체결 시부터 보험금 지급 시까지의 주요 과정을 보험계약자에게 설명하여야 한다. 다만, 보험계약자가 설명을 거부하는 경우에는 그러하지 아니한다.
10 ○
11 ○
12 × 우체국보험계약을 체결한 실적이 있는 보험계약자 또는 피보험자(통신수단을 이용한 모집 당시 보험계약이 유효한 자에 한함)는 통신수단을 이용하여 모집할 수 있는 대상자이다.
13 ○

14 기존보험계약이 소멸된 날부터 1개월 이내에 새로운 보험계약을 청약하게 하거나 새로운 보험계약을 청약하게 한 날부터 1개월 이내에 기존보험계약을 소멸하게 하는 행위(다만, 보험계약자가 기존보험계약 소멸 후 새로운 보험계약 체결 시 손해가 발생할 가능성이 있다는 사실을 알고 있음을 본인의 의사에 따른 행위임이 명백히 증명되는 경우는 제외)는 보험계약의 체결 또는 모집에 관한 금지된 행위이다. (   )

15 5만 원을 초과하는 금품은 모집과 관련한 특별이익의 제공금지사항이다. (   )

16 우체국보험모집자는 우체국 FC, 우체국 TMFC(Tele-Marketing Financial Consultant), 우편취급국 FC 등이 있다. (   )

17 우정인재개발원장이 실시하는 보험관련 교육을 2일 이상 이수한 자는 보험모집 자격을 충족한다. (   )

18 우정인재개발원장이 실시하는 보험모집희망자 교육과정(사이버교육)을 이수하고 우정사업본부장, 지방우정청장 또는 우체국장이 실시하는 보험 관련 집합교육을 18시간 이상 이수한 자는 보험모집 자격을 충족한다. (   )

19 신규임용일 또는 금융업무 미취급 관서(타부처 포함)에서 전입일부터 3년 이하인 자(단, 금융업무 담당자는 제외)는 보험모집이 제한된다. (   )

20 우체국예금·보험에 관한 법률 및 보험업법에 따라 벌금 이상의 형을 선고받고 그 집행이 종료되거나 집행이 면제된 날부터 3년이 경과되지 아니한 자는 우체국 FC 등록 제한자에 해당한다. (   )

21 보험모집 등과 관련하여 법령, 규정 및 준수사항 등을 위반하여 보험모집 자격을 상실한 후 3년이 경과되지 아니한 자는 우체국 FC 등록 제한자에 해당한다. (   )

22 「보험업법」에 따라 보험설계사·보험대리점 또는 보험중개사의 등록이 취소된 후 3년이 경과되지 아니한 자는 우체국 FC 등록 제한자에 해당한다. (   )

23 FC 위촉계약 유지 최저기준에 미달하여 위촉계약이 해지된 후 6개월이 경과되지 아니한 자는 우체국 FC 등록 제한자에 해당한다. (   )

24 국내 거주 외국인을 FC 대상자로 선정하고자 할 때에는 우리말을 바르게 이해하고 어휘를 정확하게 구사할 수 있으며, 「출입국관리법」상 국내거주권(F-2) 또는 재외동포(F-4), 영주자격(F-5), 결혼이민(F-6)이 인정된 자여야 한다. (   )

topic 16 | 보험계약의 청약 및 언더라이팅

25 보험계약을 체결하려는 자는 「우체국예금·보험에 관한 법률 제25조 1항」에 따라 제1회 보험료 와 함께 보험계약 청약서를 체신관서에 제출하여야 한다. ( )

26 보험계약은 체신관서가 이를 승낙함으로써 그 효력이 발생하며, 체신관서가 보험계약의 청약을 승낙하지 아니한 경우에는 제1회 보험료(선납보험료를 제외)를 해당 청약자에게 반환하여야 한다. ( )

27 우체국보험 청약업무 프로세스와 전자 청약서비스 및 태블릿 청약서비스는 동일한 프로세스를 적용한다. ( )

28 전자 청약이 가능한 계약은 가입설계서를 발행한 계약으로 전자 청약 전환을 신청한 계약에 한 하며, 가입설계일로부터 10일(비영업일 포함) 이내에 한하여 전자 청약을 할 수 있다. ( )

29 타인계약(보험계약자와 피보험자가 다른 경우 또는 피보험자와 보험수익자가 다른 경우)은 미 성년자 계약과 달리 전자 청약이 가능하다. ( )

정답 및 해설

14 ○
15 × 3만 원을 초과하는 금품은 모집과 관련한 특별이익의 제공금지사항이다.
16 ○
17 × 우정인재개발원장이 실시하는 보험관련 교육을 3일 이상 이수한 자는 보험모집 자격을 충족한다.
18 × 우정인재개발원장이 실시하는 보험모집희망자 교육과정(사이버교육)을 이수하고 우정사업본부장, 지방우정청 장 또는 우체국장이 실시하는 보험 관련 집합교육을 20시간 이상 이수한 자는 보험모집 자격을 충족한다.
19 ○
20 × 우체국예금·보험에 관한 법률 및 보험업법에 따라 벌금 이상의 형을 선고받고 그 집행이 종료되거나 집행이 면제된 날부터 2년이 경과되지 아니한 자는 우체국 FC 등록 제한자에 해당한다.
21 ○
22 × 「보험업법」에 따라 보험설계사·보험대리점 또는 보험중개사의 등록이 취소된 후 5년이 경과되지 아니한 자는 우체국 FC 등록 제한자에 해당한다.
23 ○
24 ○
25 ○
26 × 보험계약은 체신관서가 이를 승낙함으로써 그 효력이 발생하며, 체신관서가 보험계약의 청약을 승낙하지 아니 한 경우에는 제1회 보험료(선납보험료를 포함)를 해당 청약자에게 반환하여야 한다.
27 × 우체국보험 청약업무 프로세스와 전자 청약서비스 및 태블릿 청약서비스는 별도의 프로세스를 적용한다.
28 ○
29 × 타인계약(보험계약자와 피보험자가 다른 경우 또는 피보험자와 보험수익자가 다른 경우), 미성년자 계약 등은 전자 청약이 불가하다.

30   전자 청약을 이용하는 고객에게는 제2회 이후 보험료 자동이체 시 0.5%의 할인이 적용된다.
(   )

31   태블릿 청약서비스가 이용 가능한 계약은 보험계약자가 성인이어야 한다.   (   )

32   태블릿 청약서비스를 이용하는 고객에게는 제1회 이후 보험료의 자동이체 시 0.5%의 할인이
적용된다.
(   )

33   우체국보험의 계약 체결 대상자는 우리나라 국적을 가진 자를 원칙으로 한다.   (   )

34   보험 나이는 계약일 현재 피보험자의 실제 만 나이를 기준으로 6개월 미만의 끝수는 버리고 6개
월 이상의 끝수는 1년으로 하여 계산하며, 이후 매년 계약 해당일에 나이가 증가하는 것으로
한다.
(   )

35   언더라이팅의 목적은 보험계약을 통하여 이익을 얻기 위한 목적으로 자신의 건강상의 결함을
은닉하고 계약을 체결하는 역선택을 방지하기 위함이다.
(   )

36   계약선택의 기준이 되는 세 가지 위험은 신체적, 환경적, 도덕적 위험이다.   (   )

37   신체적 위험은 피보험자의 직업(부업·겸업·계절적 종사 포함)이나 업무 내용, 취미, 운전 등
에 따라 위험도가 달라지며, 위험등급에 따라 보험 종류별로 가입 여부, 가입한도액 등이 달라
질 수 있다.
(   )

38   1차 언더라이팅은 역선택 예방과 적절한 가입조건의 선택을 위해 가장 중요한 단계이므로 성실
한 고지이행 유도 및 고객에 대한 정확한 안내를 통해 우체국보험 사업 안정성 강화에 기여할
수 있다.
(   )

39   우체국보험은 언더라이팅의 일반적 기준에 의한 심사분류체계를 수립하고, 해당 심사기준을 통
하여 동일위험에 대한 동일보험료를 부과함으로써 보험요율의 합리적인 적용을 통한 보험가입
자 간 공정성 제고가 가능하다.
(   )

40   우체국보험은 연령, 보험 종류, 직업 등 신체·환경·도덕적 기준에 의한 계약적부 대상자 선정
기준을 마련하여 대상자를 선정하여 계약적부 조사를 실시하고 있다.
(   )

41   특별조건부 인수계약은 '특정 부위·질병 부담보'와 '특약해지', '보험료 할증', '보험료 감액', '보
험금 삭감' 등이 있는데 우체국에서는 모두 적용하고 있다.
(   )

42 특정 부위·질병 부담보 제도는 피보험자의 특정 부위·질병에 대한 병력으로 정상 인수가 불가한 경우, 해당 부위·질병에 일정한 면책 기간을 설정하여 인수하는 제도이다. (   )

43 보험료 할증 제도는 피보험자의 위험 정도(질병 종류, 건강상태)에 따라 표준체 보험료에 위험도별 할증보험료를 부과하여 계약을 인수하는 제도이다. (   )

44 특약해지 제도는 특정 질병으로 인한 생존치료금 발생 가능성이 높을 경우 주계약에 부가된 선택 특약 가입분을 해지(거절) 처리하여 보험금 지급 사유를 사전에 차단하여 위험을 예방하고, 소극적인 계약 인수를 도모하는 제도이다. (   )

45 청약일 현재 19세 미만으로 보험계약자 또는 피보험자, 보험수익자를 정할 경우에는 친권자, 후견인 등의 법정대리인 동의가 있어야 계약이 유효하다. (   )

46 미성년자 계약을 함에 있어 보험계약자가 친권자일 경우에는 나머지 친권자 1인의 자필서명을 득하여야 하며, 보험계약자가 후견인일 경우에는 후견인란에 자필서명을 반드시 득하여야 한다. (   )

정답 및 해설

30 ○
31 ○
32 ✕ 태블릿 청약서비스를 이용하는 고객에게는 제2회 이후 보험료의 자동이체 시 0.5%의 할인이 적용된다.
33 ✕ 외국인이라 하더라도 국내에 거주 허가를 받은 자는 우체국보험에 가입할 수 있는 반면, 내국인이라도 외국에 거주하는 자는 가입할 수 없다.
34 ○
35 ○
36 ○
37 ✕ 환경적 위험은 피보험자의 직업(부업·겸업·계절적 종사 포함)이나 업무 내용, 취미, 운전 등에 따라 위험도가 달라지며, 위험등급에 따라 보험 종류별로 가입 여부, 가입한도액 등이 달라질 수 있다.
38 ○
39 ○
40 ○
41 ✕ 우체국보험에서는 현재 '특정 부위·질병 부담보'와 '특약해지', '보험료 할증'을 적용하고 있다.
42 ○
43 ○
44 ✕ 특약해지 제도는 특정 질병으로 인한 생존치료금 발생 가능성이 높을 경우 주계약에 부가된 선택 특약 가입분을 해지(거절) 처리하여 보험금 지급 사유를 사전에 차단하여 위험을 예방하고, 적극적인 계약 인수를 도모하는 제도이다.
45 ○
46 ✕ 미성년자 계약을 함에 있어 보험계약자가 친권자일 경우에는 나머지 친권자 1인의 자필서명을 득하여야 하며, 보험계약자가 후견인일 경우에는 후견인란에 자필서명 생략이 가능한다.

47 피보험자 담보별 가입 한도 제도는 보장내용에 따라 피보험자 1인당 과도한 가입을 제한하여 역선택을 예방함으로써 우체국보험사업의 건전성을 도모하는 한편, 우체국보험의 근본 취지에 충실하기 위해 운영하는 제도이다. ( )

48 피보험자 담보별 가입 한도 제도는 피보험자 1인당 담보별 가입 한도를 설정하고, 피보험자별로 모든 가입계약의 각 담보별 보장금액을 계산하여, 이미 설정된 가입 한도를 초과하는 경우에는 1인당 담보별 한도에 추가하여 청약서를 발행한다. ( )

49 암보험 진단금은 일반암 1억 원, 고액암 1.2억 원이다. ( )

50 보험계약자 가입 한도 제도는 소액보험 취급을 통한 보편적 보험서비스 제공을 위하여 보험계약자를 기준으로 보험 가입한도액을 설정하여 제도적 보완 방안을 마련한 제도이다. ( )

51 보험계약자 1인당 가입 한도는 보장성보험, 저축성보험 종류(연금보험 포함)에 모두 실시한다. ( )

52 보험계약자 1인당 가입 한도 내용의 가입한도는 저축성보험(연금보험 포함)보험가입액 기준 20억 원이다. ( )

53 체신관서는 계약의 청약을 받고, 제1회 보험료를 받은 경우에 청약일부터 30일 이내에 승낙 또는 거절하여야 하며, 승낙한 때에는 보험 가입증서(보험증권)를 교부한다. ( )

54 보험계약자는 보험 가입증서(보험증권)를 받은 날부터 15일 이내에 그 청약을 철회할 수 있다. ( )

55 전문보험계약자가 체결한 계약도 청약을 철회할 수 있다. ( )

56 청약한 날부터 30일(단, 전화를 통해 가입하는 계약 중 계약자의 나이가 만 65세 이상인 계약은 45일)이 초과된 계약은 청약을 철회할 수 없다. ( )

57 보험계약자가 청약을 철회한 때에는 체신관서는 청약의 철회를 접수한 날부터 15일 이내에 납입한 보험료를 반환한다. ( )

58 체신관서가 청약과 함께 제1회 보험료를 받은 후 승낙한 경우에도 제1회 보험료를 받은 때가 아닌 승낙한 시점부터 보장이 개시된다. ( )

59 자동이체 납입의 경우에는 자동이체 신청에 필요한 정보를 제공한 때를 보장개시일로 보며, 계약자의 책임 있는 사유로 자동이체가 불가능한 경우에는 보험료가 납입되지 않은 것으로 본다. ( )

60 일반적으로 타인의 사망을 보험금 지급사유로 하는 계약에서 계약을 체결할 때까지 피보험자의 서면에 의한 동의를 얻지 않은 경우는 보험계약의 취소사유이다.　　　　　　　（　　　）

61 만 15세 미만자, 심신상실자 또는 심신박약자를 피보험자로 하여 사망을 보험금 지급사유로 한 계약의 경우는 무효사유이다.　　　　　　　　　　　　　　　　　　（　　　）

62 체신관서는 보험약관에 의거 아래 <사기에 의한 계약>에 해당하는 계약에 대해 취소권을 행사 할 수 있다.　　　　　　　　　　　　　　　　　　　　　　　　　　　（　　　）

63 3대 기본 지키기인 보험계약자 및 피보험자의 자필서명, 약관 및 청약서 부본 전달, 약관의 주요 내용 설명이 이루어지지 않으면 계약자는 계약의 무효처리할 수 있다.　　　　（　　　）

64 계약 취소 시 계약이 성립한 날부터 3개월 이내에 계약을 취소할 수 있으며, 체신관서는 이미 납입한 보험료에 보험료를 받은 기간에 대하여 환급금 대출이율을 연 단위 복리로 계산한 금액 을 더하여 지급한다.　　　　　　　　　　　　　　　　　　　　　　（　　　）

정답 및 해설

47　○

48　× 피보험자 담보별 가입 한도 제도는 피보험자 1인당 담보별 가입 한도를 설정하고, 피보험자별로 모든 가입계약 의 각 담보별 보장금액을 계산하여, 이미 설정된 가입 한도를 초과하는 경우에는 개별청약서 발행 거래에서 청약서 발행이 불가능하다.

49　× 암보험 진단금은 일반암 1.2억 원, 고액암 1억 원이다.

50　○

51　× 보험계약자 1인당 가입 한도는 저축성보험 종류(연금보험 포함)에 한하여 실시한다.

52　○

53　○

54　○

55　× 전문보험계약자가 체결한 계약은 청약을 철회할 수 없다.

56　○

57　× 보험계약자가 청약을 철회한 때에는 체신관서는 청약의 철회를 접수한 날부터 3일 이내에 납입한 보험료를 반 환한다.

58　× 체신관서가 청약과 함께 제1회 보험료를 받은 후 승낙한 경우에도 제1회 보험료를 받은 때부터 보장이 개시된다.

59　○

60　× 타인의 사망을 보험금 지급사유로 하는 계약에서 계약을 체결할 때까지 피보험자의 서면에 의한 동의를 얻지 않은 경우는 보험계약의 무효사유이다.

61　○

62　○

63　× 3대 기본 지키기인 보험계약자 및 피보험자의 자필서명, 약관 및 청약서 부본 전달, 약관의 주요 내용 설명이 이루어지지 않으면 계약자는 취소권을 행사할 수 있다.

64　○

Step 02 객관식으로 실전연습

01 〈보기〉에서 보험안내자료 기재사항에 대한 설명으로 옳은 것의 개수는?

┌ 보기 ┌───
ㄱ. 보험가입에 따른 권리 · 의무에 관한 주요사항
ㄴ. 해약환급금에 관한 사항
ㄷ. 보험가입으로 인한 수익률
ㄹ. 보험금 지급제한 조건
└───

① 1개   ② 2개
③ 3개   ④ 4개

02 보험안내자료 작성 시 보험안내자료 준수사항에 대한 설명으로 옳지 않은 것은?

① 보험안내자료에 우체국보험의 자산과 부채를 기재하는 경우 우정사업본부장이 작성한 재무 제표에 기재된 사항과 다른 내용의 것을 기재하지 못한다.
② 보험계약의 내용과 다른 사항, 보험계약자에게 유리한 내용만을 골라 안내할 수 있다.
③ 확정되지 아니한 사항이나 사실에 근거하지 아니한 사항을 기초로 다른 보험회사 상품에 비하여 유리하게 비교한 사항을 기재하지 못한다.
④ 보험안내자료에 보험계약자의 이해를 돕기 위하여 필요하다고 인정하는 경우에도 우체국보 험의 장래의 이익의 배당 또는 잉여금의 분배에 대한 예상에 관한 사항을 기재하지 못한다.

03 보험모집 단계별 제공서류에 대한 설명이다. 〈보기〉의 (   )에 들어갈 내용을 바르게 짝지은 것은?

┌ 보기 ┐
(가) 1단계 : 보험계약 체결 권유 단계
(나) 2단계 : 보험계약 청약 단계
(다) 3단계 : 보험계약 승낙 단계

	(가)	(나)	(다)
①	가입설계서, 상품설명서	보험가입증서(보험증권)	보험계약청약서 부본, 보험약관
②	보험계약청약서 부본, 보험약관	가입설계서, 상품설명	보험가입증서(보험증권)
③	가입설계서, 상품설명서	보험계약청약서 부본, 보험약관	보험가입증서(보험증권)
④	보험가입증서(보험증권)	보험계약청약서 부본, 보험약관	가입설계서, 상품설명

정답 및 해설

01 ③ ㄷ. 보험가입으로 인한 수익률은 포함되지 않는다. 단, 보험금이 금리에 연동되는 보험상품의 경우 적용금리 및 보험금 변동에 관한 사항이다.

항	기재사항
1	보험가입에 따른 권리 · 의무에 관한 주요사항
2	보험약관에서 정하는 보장에 관한 주요내용
3	해약환급금에 관한 사항
4	보험금이 금리에 연동되는 보험상품의 경우 적용금리 및 보험금 변동에 관한 사항
5	최저로 보장되는 보험금이 설정되어 있는 경우 그 내용
6	보험금 지급제한 조건
7	보험안내자료의 제작기관명, 제작일, 승인번호
8	보험 상담 및 분쟁의 해결에 관한 사항
9	보험안내자료 사용기관의 명칭 또는 보험모집자의 성명이나 명칭 그 밖에 필요한 사항
10	그 밖에 보험계약자의 보호를 위하여 필요하다고 인정되는 사항

02 ④ 보험안내자료에 우체국보험의 장래의 이익의 배당 또는 잉여금의 분배에 대한 예상에 관한 사항을 기재하지 못한다. 다만, 보험계약자의 이해를 돕기 위하여 필요하다고 인정하는 경우에는 그러하지 아니한다.

03 ③

항		제공서류
1단계	보험계약 체결 권유 단계	가입설계서, 상품설명서
2단계	보험계약 청약 단계	보험계약청약서 부본, 보험약관 * 청약서 부본의 경우 전화를 이용하여 청약하는 경우에는 보험업감독규정 제4-37조 제3호에서 정한 확인서 제공으로 이를 갈음 가능
3단계	보험계약 승낙 단계	보험가입증서(보험증권)

04 〈보기〉에서 설명단계별 의무사항에 대한 설명으로 옳은 것을 모두 고른 것은?

> ─ 보기 ┌
> ㄱ. 보험계약 체결 시 보험계약자에게 보험모집 단계별로 다음의 서류를 제공하여야 한다. 다만,
>   단체보험의 경우 1단계를 적용하지 아니한다.
> ㄴ. 저축성보험(금리확정형 보험은 제외) 계약의 경우 계약자가 보험계약 체결 권유단계에서 아
>   래에 해당하는 사항을 설명 받았고, 이를 이해하였음을 전화 등 통신수단을 통하여 청약 후
>   10일 이내에 확인을 받아야 한다.
> ㄷ. 2단계 보험계약 청약 단계는 청약서 부본의 경우 전화를 이용하여 청약하는 확인서 제공으
>   로 이를 갈음할 수 없다.
> ㄹ. 보험계약자가 설명을 거부하는 경우에도 보험계약의 체결 시부터 보험금 지급 시까지의 주
>   요 과정을 보험계약자에게 설명하여야 한다.

① ㄱ, ㄴ   ② ㄱ, ㄷ
③ ㄴ, ㄹ   ④ ㄷ, ㄹ

05 통신수단을 이용하여 모집할 수 있는 대상자에 대한 설명으로 옳지 않은 것은?

① 통신수단을 이용한 모집에 대하여 동의한 자
② 우체국보험계약을 체결한 실적이 있는 보험계약자 또는 피보험자. 단, 통신수단을 이용한 모
  집 당시 보험계약이 실효된 자
③ 「신용정보의 이용 및 보호에 관한 법률」에 의한 개인정보제공 활용 동의 등 적법한 절차에
  따라 개인정보를 제공받는 자
④ 개인정보의 활용에 관하여 동의를 받은 경우의 해당 개인

06 〈보기〉에서 우체국보험 모집자 자격요건에 대한 설명으로 옳은 것의 총 개수는? ²⁴· 계리직

> ─ 보기 ┌
> ㄱ. 금융업무 담당자를 제외한 신규임용일로부터 3년 이하인 직원은 보험모집을 제한한다.
> ㄴ. 직원 중 보험모집을 희망하는 자는 우정인재개발원장이 실시하는 보험모집 희망자 사이버
>   교육과정을 이수하고 우체국장이 실시하는 보험 관련 집합교육을 20시간 이상 이수할 경우,
>   보험모집 자격이 부여된다.
> ㄷ. 우체국FC(Financial Consultant)로 선정될 수 있는 국내거주 외국인은 출입국관리법상 국내
>   거주권(F-2) 또는 동반비자(F-3), 재외동포(F-4), 영주자격(F-5), 결혼이민(F-6)이 인정된
>   자이다.
> ㄹ. 「우체국예금·보험에 관한 법률」 및 보험업법에 따라 벌금이상의 형을 선고받고 그 집행이
>   종료되거나 집행이 면제된 날부터 2년이 경과되지 아니한 자는 우체국FC 등록이 제한된다.

① 1개   ② 2개   ③ 3개   ④ 4개

07 직원의 보험모집 제한에 해당하지 않는 사람은?

① 휴직자, 수술 또는 입원치료 중인 자
② 관련 규정에 따라 보험모집 비희망을 신청한 자
③ 전년도 보험 보수교육 의무이수시간 미달자
④ 우정인재개발원장이 실시하는 보험관련 교육을 5일 이수한 자

08 다음은 우체국보험 모집에 대한 설명이다. 〈보기〉에서 옳은 것을 모두 고르시오.

> ─ 보기 ┌
> ㄱ. 우체국보험을 모집하기 위하여 사용하는 보험안내자료는 명료하고 알기 쉽게 기재하여야
>   한다.
> ㄴ. 단체보험의 경우 가입설계서, 상품설명서를 반드시 제공하여야 한다.
> ㄷ. 금리확정형보험을 제외한 저축성보험 계약의 경우 계약자가 보험계약 체결권유 단계에서
>   특정 사항 사항을 설명 받았고, 이를 이해하였음을 전화 등 통신수단을 통하여 청약 후 10일
>   이내에 확인을 받아야 한다.
> ㄹ. 보험계약자가 설명을 거부하더라도 보험계약의 체결 시부터 보험금 지급 시까지의 주요 과
>   정을 보험계약자에게 설명하여야 한다.

① ㄱ, ㄴ
② ㄱ, ㄷ
③ ㄴ, ㄹ
④ ㄷ, ㄹ

정답 및 해설

04 ① ㄷ. 2단계 보험계약 청약 단계는 청약서 부본의 경우 전화를 이용하여 청약하는 경우에는 「보험업감독규정 제
         4-37조 제3호」에서 정한 확인서 제공으로 이를 갈음 가능하다.
       ㄹ. 보험계약의 체결 시부터 보험금 지급 시까지의 주요 과정을 보험계약자에게 설명하여야 한다. 다만, 보험계
         약자가 설명을 거부하는 경우에는 그러하지 아니한다.
05 ② 우체국보험계약을 체결한 실적이 있는 보험계약자 또는 피보험자. 단, 통신수단을 이용한 모집 당시 보험계약이
       유효한 자
06 ③ ㄷ. 동반비자(F-3)는 우체국 FC 자격이 제한된다.
07 ④ 우정인재개발원장이 실시하는 보험관련 교육을 3일 이상 이수한 자는 직원의 보험모집 자격요건에 해당한다.
08 ② ㄴ. 단체보험의 경우 가입설계서, 상품설명서를 제공하지 않을 수 있다.
       ㄹ. 보험계약의 체결 시부터 보험금 지급 시까지의 주요 과정을 보험계약자에게 설명하여야 한다. 다만, 보험계
         약자가 설명을 거부하는 경우에는 그러하지 아니한다.

09 우체국보험 모집자에 대한 설명으로 옳지 않은 것은?

① 우체국 FC는 우체국으로부터 위탁을 받아 우체국보험의 모집 업무를 행하는 개인이다.

② 우체국 TMFC은 우체국장과 위촉계약을 체결하여 TCM을 통해 우체국보험을 모집하는 개인이다.

③ 우편취급국 FC는 우체국창구업무의 일부를 수탁 받은 자 또는 위 수탁 받은 자가 설치한 장소에서 근무하는 자로서 「우체국보험 모집 및 보상금 지급 등에 관한 규정 제28조」에 따라 등록된 자이다.

④ 우정인재개발원장이 실시하는 보험모집희망자 교육과정(사이버교육)을 이수하고 우정사업본부장, 지방우정청장 또는 우체국장이 실시하는 보험 관련 집합교육을 18시간 이상 이수한 우체국 직원은 보험모집 자격요건을 갖춘 것이다.

10 〈보기〉에서 우체국보험 모집자에 해당하는 사람은 몇 명인가?

> 보기
> ㄱ. 우체국FC   ㄴ. 우체국TMFC
> ㄷ. 상시집배원   ㄹ. 우편취급국 직원

① 1명   ② 2명
③ 3명   ④ 4명

11 우체국 직원의 보험모집 자격요건에 대한 설명으로 옳지 않은 것은?

① 우정인재개발원장이 실시하는 보험관련 교육을 3일 이상 이수한 자

② 우정인재개발원장이 실시하는 보험모집희망자 교육과정(사이버교육)을 이수하고 우정사업본부장, 지방우정청장 또는 우체국장이 실시하는 보험 관련 집합교육을 20시간 이상 이수한 자

③ 교육훈련 인증제에 따른 금융분야 인증시험에 합격한 자

④ 우정개발원장이 실시하는 보험모집희망자 교육과정(사이버교육)을 이수하고, 우체국보험 모집인 자격 평가 시험에서 60점 이상을 받아 합격한 자

12 〈보기〉에서 우체국 FC 등록 제한자에 대한 설명으로 옳은 것을 모두 고른 것은?

> ┌ 보기 ┐
> ㄱ. 우체국예금·보험에 관한 법률 및 보험업법에 따라 벌금 이상의 형을 선고받고 그 집행이 종료
>   되거나 집행이 면제된 날부터 3년이 경과되지 아니한 자는 우체국 FC 등록 제한자에 해당한다.
> ㄴ. 보험모집 등과 관련하여 법령, 규정 및 준수사항 등을 위반하여 보험모집 자격을 상실한 후
>   3년이 경과되지 아니한 자는 우체국 FC 등록 제한자에 해당한다.
> ㄷ. 「보험업법」에 따라 보험설계사·보험대리점 또는 보험중개사의 등록이 취소된 후 3년이 경
>   과되지 아니한 자는 우체국 FC 등록 제한자에 해당한다.
> ㄹ. FC 위촉계약 유지 최저기준에 미달하여 위촉계약이 해지된 후 6개월이 경과되지 아니한 자
>   는 우체국 FC 등록 제한자에 해당한다.

① ㄱ, ㄴ   ② ㄱ, ㄷ   ③ ㄴ, ㄹ   ④ ㄷ, ㄹ

13 〈보기〉에서 우체국보험 언더라이팅(청약 심사)에 대한 설명으로 옳은 것을 모두 고른 것은?

23. 계리직

> ┌ 보기 ┐
> ㄱ. 언더라이팅(청약심사)은 일반적으로 보험사의 "위험의 선택" 업무로서 위험평가의 체계화
>   된 기법을 말한다.
> ㄴ. 보험판매 과정에서 계약선택의 기준이 되는 위험 중 환경적 위험은 피보험자의 직업 및 업
>   무내용, 운전여부, 취미활동, 음주 및 흡연여부, 피보험자와 수익자의 관계 등이다.
> ㄷ. 체신관서는 피보험자의 신체적·환경적·도덕적 위험 등을 종합적으로 평가하여 정상인수,
>   조건부인수, 거절 등의 합리적 인수조건을 결정하는 언더라이팅(청약심사)을 하게 된다.
> ㄹ. 계약적부조사는 적부조사자가 계약자를 직접 면담하여 계약적부조사서상의 주요 확인사항
>   을 중심으로 확인하는 제도이다.

① ㄱ, ㄴ   ② ㄱ, ㄷ   ③ ㄴ, ㄹ   ④ ㄷ, ㄹ

정답 및 해설

09 ④ 우정인재개발원장이 실시하는 보험모집희망자 교육과정(사이버교육)을 이수하고 우정사업본부장, 지방우정청장 또는 우체국장이 실시하는 보험 관련 집합교육을 20시간 이상 이수한 우체국 직원은 보험모집 자격요건을 갖춘 것이다.

10 ④ 위 보기와 함께 우정사업본부 소속 공무원, 별정우체국직원, 우편취급국장, 우편취급국도 우체국보험 모집지도 포함된다.

11 ④ 우정개발원장이 실시하는 보험모집희망자 교육과정(사이버교육)을 이수하고, 우체국보험 모집인 자격 평가 시험에서 70점 이상을 받아 합격한 자

12 ③ ㄱ. 우체국예금·보험에 관한 법률 및 보험업법에 따라 벌금 이상의 형을 선고받고 그 집행이 종료되거나 집행이 면제된 날부터 2년이 경과되지 아니한 자는 우체국 FC 등록 제한자에 해당한다.
     ㄷ. 「보험업법」에 따라 보험설계사·보험대리점 또는 보험중개사의 등록이 취소된 후 5년이 경과되지 아니한 자는 우체국 FC 등록 제한자에 해당한다.

13 ② ㄴ. 계약선택의 기준이 되는 세 가지 위험은 신체적, 환경적, 도덕적 위험이다. 피보험자의 음주 및 흡연여부는 신체적 위험에 해당하고, 피보험자와 수익자의 관계는 도덕적 위험에 해당한다.
     ㄹ. 계약적부조사는 적부조사자가 피보험자를 직접 면담하거나 전화를 활용하여 적부 주요 확인사항을 중심으로 확인하며, 계약적부조사서상에 주요 확인사항 등을 기재하고 피보험자가 최종 확인하는 제도이다.

14 〈보기〉에서 우체국보험 청약서비스에 대한 설명으로 옳은 것을 모두 고른 것은? ^{22. 계리직}

┌─ 보기 ┌
ㄱ. 보험계약자가 성인인 계약에 한해서 태블릿 청약 이용이 가능하다.
ㄴ. 타인계약 또는 미성년자(만 19세 미만자) 계약도 전자 청약이 가능하다.
ㄷ. 전자 청약과 태블릿 청약을 이용하는 고객에게는 제2회 이후 보험료 자동이체 시 0.5%의 할인이 적용된다.
ㄹ. 전자 청약은 가입설계서를 발행한 계약으로 전자 청약 전환을 신청한 계약에 한하며, 가입설계일로부터 10일(비영업일 제외) 이내에만 가능하다.

① ㄱ, ㄷ   ② ㄱ, ㄹ
③ ㄴ, ㄷ   ④ ㄴ, ㄹ

15 다음은 청약서비스에 대한 설명이다. 〈보기〉에서 옳은 것을 모두 고르시오.

┌─ 보기 ┌
ㄱ. 전자 청약이 가능한 계약은 가입설계서를 발행한 계약으로 전자 청약 전환을 신청한 계약에 한하며, 가입설계일로부터 10일(비영업일 포함)이내에 한하여 전자 청약을 할 수 있다.
ㄴ. 성인과 미성년자 모두 전자 청약이 가능하다.
ㄷ. 태블릿 청약서비스가 이용 가능한 계약은 보험계약자가 성인이어야 한다.
ㄹ. 태블릿 청약서비스를 이용하는 고객에게는 제1회 이후 보험료의 자동이체 시 0.5%의 할인이 적용된다.

① ㄱ, ㄴ   ② ㄱ, ㄷ
③ ㄴ, ㄹ   ④ ㄷ, ㄹ

16 전자 청약서비스에 대한 설명으로 옳지 않은 것은?

① 우체국보험 청약업무 프로세스와 전자 청약서비스 및 태블릿 청약서비스는 별도의 프로세스를 적용한다.
② 전자 청약이 가능한 계약은 가입설계서를 발행한 계약으로 전자 청약 전환을 신청한 계약에 한하며, 가입설계일로부터 10일(비영업일 포함) 이내에 한하여 전자 청약을 할 수 있다.
③ 타인계약(보험계약자와 피보험자가 다른 경우 또는 피보험자와 보험수익자가 다른 경우)은 미성년자 계약과 달리 전자 청약이 가능하다.
④ 전자 청약을 이용하는 고객에게는 제2회 이후 보험료 자동이체 시 0.5%의 할인이 적용된다.

17 〈보기〉에서 보험계약의 청약에 대한 설명으로 옳은 것을 모두 고른 것은?

> ┌─ 보기 ┐
> ㄱ. 태블릿 청약서비스가 이용 가능한 계약은 보험계약자가 성인이어야 한다.
> ㄴ. 태블릿 청약서비스를 이용하는 고객에게는 제1회 이후 보험료의 자동이체 시 0.5%의 할인이 적용된다.
> ㄷ. 외국인이라 하더라도 국내에 거주 허가를 받은 자는 우체국보험에 가입할 수 있는 반면, 내국인이라도 외국에 거주하는 자는 가입할 수 없다.
> ㄹ. 우체국보험의 계약 체결 대상자는 국내에 거주에 관계없이 우리나라 국적을 원칙으로 한다.

① ㄱ, ㄴ   ② ㄱ, ㄷ
③ ㄴ, ㄹ   ④ ㄷ, ㄹ

18 신체적 위험에 대한 설명으로 옳지 않은 것은?

① 피보험자의 음주 및 흡연여부, 체격
② 과거 병력
③ 현재의 병증
④ 취미활동

정답 및 해설

14 ① ㄴ. 타인계약(계약자와 피보험자가 다른 경우 또는 피보험자와 수익자가 다른 경우), 미성년자 계약 등은 전자 청약이 불가하다.
    ㄹ. 전자 청약이 가능한 계약은 가입설계서를 발행한 계약으로 전자 청약 전환을 신청한 계약에 한하며, 가입설계일로부터 10일(비영업일 포함) 이내에 한하여 전자 청약을 할 수 있다.
15 ② ㄴ. 보험계약자와 피보험자가 다른 경우 또는 피보험자와 보험수익자가 다른 경우의 타인계약, 미성년자 계약 등은 전자 청약이 불가능하다.
    ㄹ. 태블릿 청약서비스를 이용하는 고객에게는 제2회 이후 보험료의 자동이체 시 0.5%의 할인이 적용된다.
16 ③ 타인계약(보험계약자와 피보험자가 다른 경우 또는 피보험자와 보험수익자가 다른 경우), 미성년자 계약 등은 전자 청약이 불가하다.
17 ② ㄴ. 태블릿 청약서비스를 이용하는 고객에게는 제2회 이후 보험료의 자동이체 시 0.5%의 할인이 적용된다.
    ㄹ. 우체국보험의 계약 체결 대상자는 국내에 거주하는 자를 원칙으로 한다.
18 ④ 취미활동은 환경적 위험에 해당한다.

신체적 위험	환경적 위험	도덕적 위험(재정적 위험)
• 피보험자의 음주 및 흡연여부, 체격 • 과거 병력 • 현재의 병증(病症)	• 직업 및 업무내용 • 운전여부 • 취미활동	• 보험가입금액의 과다여부 • 피보험자와 수익자의 관계 • 과거 보험사기 여부

19 〈보기〉에서 언더라이팅 관련 제도에 대한 설명으로 옳은 것을 모두 고른 것은?

┌─ 보기 ┌─
ㄱ. 우체국보험은 연령, 보험 종류, 직업 등 신체·환경·도덕적 기준에 의한 계약적부 대상자 선정기준을 마련하여 대상자를 선정하여 계약적부 조사를 실시하고 있다.
ㄴ. 우체국보험에서는 현재 '특정 부위·질병 부담보'와 '특약해지', '보험료 할증'을 적용하고 있다.
ㄷ. 특정 부위·질병 부담보 제도는 피보험자의 특정 부위·질병에 대한 병력으로 정상 인수가 불가한 경우, 해당 부위·질병에 일정한 면책 기간없이 인수하는 제도이다.
ㄹ. 보험료 할증 제도는 피보험자의 위험 정도(질병 종류, 건강상태)에 따라 표준체 보험료에 위험도별 할증보험료를 차감하여 계약을 인수하는 제도이다.

① ㄱ, ㄴ   ② ㄱ, ㄷ
③ ㄴ, ㄹ   ④ ㄷ, ㄹ

20 다음 중 보험계약에 대한 설명으로 옳지 않은 것은?

① 미성년자 계약은 청약일 현재 19세 미만으로 보험계약자 또는 피보험자, 보험수익자를 정할 경우에는 친권자, 후견인 등의 법정대리인의 동의가 있어야 계약이 유효하다.
② 피보험자 담보별 가입한도 제도는 피보험자 1인당 담보별 가입한도를 설정하고, 피보험자별로 모든 가입계약의 각 담보별 보장금액을 계산하여, 이미 설정된 가입한도를 초과하는 경우에는 개별청약서 발행 거래에서 청약서 발행이 불가능하다.
③ 전문보험계약자가 체결한 계약이라도 보험가입증서(보험증권)를 받은 날부터 15일 이내에 그 청약을 철회할 수 있다.
④ 자동이체 납입의 경우에는 자동이체 신청에 필요한 정보를 제공한 때를 보장개시일로 본다.

21 피보험자 담보별 가입 한도 내용에 대한 설명으로 옳지 않은 것은?

① 질병으로 인한 사망보험금은 최대 4억 원이다.
② 재해로 인한 사망보험금은 최대 6억 원이다.
③ 암보험 진단금은 일반암 1억 원, 고액암 1.2억 원이다.
④ 질병수술비는 최대 300만 원이며 중증치매 간병비는 120만 원이다.

22 〈보기〉에서 보험계약자 가입한도제도에 대한 설명으로 옳은 것을 모두 고른 것은?

> ┌ 보기 ┌
> ㄱ. 저축성보험(연금보험포함)에 한하여 실시한다.
> ㄴ. 한도액은 10억 원(보험가입금액기준)이다.
> ㄷ. 계약자가 법인인 경우는 한도적용 제외대상이다.
> ㄹ. 우체국 즉시연금보험은 한도적용 제외대상이 아니다.

① ㄱ, ㄴ   ② ㄱ, ㄷ
③ ㄴ, ㄹ   ④ ㄷ, ㄹ

정답 및 해설

19 ① ㄷ. 특정 부위·질병 부담보 제도는 피보험자의 특정 부위·질병에 대한 병력으로 정상 인수가 불가한 경우, 해당 부위·질병에 일정한 면책 기간을 설정하여 인수하는 제도이다.
　ㄹ. 보험료 할증 제도는 피보험자의 위험 정도(질병 종류, 건강상태)에 따라 표준체 보험료에 위험도별 할증보험료를 부과하여 계약을 인수하는 제도이다.

20 ③ 전문보험계약자가 체결한 계약은 청약을 철회할 수 없다.

21 ③ 암보험 진단금은 일반암 1.2억 원, 고액암 1억 원이다.

위험 등급	사망보험금		암진단보험금		1일당 입원비					질병 수술비 (1회당)	중증 치매 간병비 (매월)
	질병	재해	일반암	고액암	암 직접 치료	요양 병원 암	뇌출혈, 급성 심근 경색증	일반 질병	재해		
비위험직	4억 원	6억 원	1.2억 원	1억 원	25만 원	2만 원	25만 원	8만 원	8만 원	300만 원 (3종 기준)	120만 원
위험4급									6만 원		
위험3급		5억 원							4만 원	200만 원 (3종 기준)	
위험2급	3억 원	3억 원							3만 원		
위험1급									2만 원		

22 ② ㄴ. 한도액은 20억 원(보험가입금액기준)이다.
　ㄹ. 우체국 즉시연금보험은 한도적용 제외대상이다.

23 보험계약의 철회에 대한 설명으로 옳지 않은 것은?

① 보험계약자는 보험 가입증서(보험증권)를 받은 날부터 15일 이내에 그 청약을 철회할 수 있다.

② 전문보험계약자가 체결한 계약은 청약을 철회할 수 없다.

③ 청약한 날부터 전화를 통해 가입하는 계약 중 계약자의 나이가 만 65세 이상인 계약은 30일 이 초과된 계약은 청약을 철회할 수 없다.

④ 보험계약자가 청약을 철회한 때에는 체신관서는 청약의 철회를 접수한 날부터 3일 이내에 납입한 보험료를 반환한다.

24 〈보기〉에서 계약의 무효에 대한 설명으로 옳은 것을 모두 고른 것은?

> 보기
>
> ㄱ. 체신관서는 약관에 의거 다음과 같은 경우에는 보험계약을 무효로 하고 이미 납입된 보험료를 반환한다.
>
> ㄴ. 타인의 사망을 보험금 지급사유로 하는 계약에서 계약을 체결할 때까지 피보험자의 서면에 의한 동의를 얻지 않은 경우는 무효사유이다.
>
> ㄷ. 체신관서는 보험약관에 의거 아래 〈사기에 의한 계약〉에 해당하는 계약에 대해 무효권을 행사할 수 있다.
>
> ㄹ. 3대 기본 지키기인 보험계약자 및 피보험자의 자필서명, 약관 및 청약서 부본 전달, 약관의 주요 내용 설명이 이루어지지 않는 것은 무효사유이다

① ㄱ, ㄴ   ② ㄱ, ㄷ

③ ㄴ, ㄹ   ④ ㄷ, ㄹ

정답 및 해설

23 ③ 청약한 날부터 30일(단, 전화를 통해 가입하는 계약 중 계약자의 나이가 만 65세 이상인 계약은 45일)이 초과된 계약은 청약을 철회할 수 없다.

24 ① ㄷ. 체신관서는 보험약관에 의거 아래 〈사기에 의한 계약〉에 해당하는 계약에 대해 취소권을 행사할 수 있다.

　ㄹ. 3대 기본 지키기인 보험계약자 및 피보험자의 자필서명, 약관 및 청약서 부본 전달, 약관의 주요 내용 설명이 이루어지지 않으면 계약자는 취소권을 행사할 수 있다.

topic 17 우체국보험 계약유지

01 계약유지업무의 넓은 의미는 생명보험계약의 성립 이후부터 소멸까지 전 보험기간에 생기는 모든 사무를 계약유지업무라고 한다. ( )

02 계약유지업무의 좁은 의미는 넓은 의미의 계약유지업무에서 청약업무와 (사고) 보험금 지급업무를 포함한 즉시 지급(해약, 만기, 중도금), 보험료수납, 계약사항 변경·정정, 납입 최고(실효예고안내) 등 일부 사무를 뜻한다. ( )

03 「우체국예금·보험에 관한 법률 시행규칙 제47조(보험료의 납입)」에 의거 보험계약자는 제2회분 이후의 보험료를 약정한 납입 방법으로 해당 보험료의 납입 해당월의 납입 기일까지 납입하여야 한다. ( )

04 보험료의 납입 주기에 따라 전기납, 단기납으로 분류된다. ( )

05 자동이체를 포함하여 보험료를 납입하였을 때에는 체신관서는 반드시 영수증을 발행하여 교부한다. ( )

06 계약자가 창구에 보험료를 납입하였을 때에는 체신관서는 영수증을 발행하여 교부한다. ( )

정답 및 해설

01 ○
02 ✕ 계약유지업무의 좁은 의미는 넓은 의미의 계약유지업무에서 청약업무와 (사고) 보험금 지급업무를 제외한 즉시 지급(해약, 만기, 중도금), 보험료수납, 계약사항 변경·정정, 납입 최고(실효예고안내) 등 일부 사무를 뜻한다.
03 ○
04 ✕ 보험료의 납입 기간에 따라 전기납, 단기납으로 분류된다. 납입 주기에 따라 연납, 6월납, 3월납 등으로 구성된다.
05 ✕ 금융기관(우체국 또는 은행)을 통하여 자동이체 납입한 때에는 해당 기관에서 발행한 증빙서류(자동이체기록 등)로 영수증을 대신할 수 있다.
06 ○

07 자동이체 약정은 예약의 유지 여부와 관계없이 처리가 가능하다.   (   )

08 자동이체 약정은 관계 법령 「전자금융거래법 제15조(추심이체의 출금 동의)」에 따라 예금주 본
인에게만 신청·변경 권한이 있다.   (   )

09 우체국보험은 현재 합산 자동이체 제도를 운영하고 있는데 합산 자동이체는 동일 계약자의 2건
이상의 보험계약이 동일계좌에서 같은 날에 자동이체 되는 경우, 증서별 보험료를 합산하여 1건
으로 출금하는 제도이다.   (   )

10 인터넷(홈페이지 www.epostlife.go.kr), 폰뱅킹, 우체국보험 앱(우체국페이앱 포함)을 통한 보험
료 납입이 모두 가능하다.   (   )

11 자동화기기(CD, ATM 등)에 의한 보험료 납입은 보험계약조회(계약사항, 납입 내역, 만기보험
금 조회), 배당금 지급, 환급금 대출(지급, 상환, 이자 납입)이 가능하고, 연체분 납입과 선납은
불가능하다.   (   )

12 우체국보험의 보험료 카드납부 취급대상은 제한없이 모든 상품 가능하다.   (   )

13 우체국보험의 보험료 카드납부는 초회보험료(1회), 계속 보험료(2회 이후), 선납 및 부활 보험료
도 납입이 가능하다.   (   )

14 우체국페이 납입은 초회보험료(1회)를 포함한 계속 보험료를 대상으로 하고 보장성 및 저축성
을 포함한 전 보험상품의 보험료를 납입할 수 있다.   (   )

15 보험료 미납으로 실효(해지)될 상태에 있는 보험계약에 대하여 계약자의 신청이 있는 경우 해
약환급금 범위 내에서 자동대출(환급금 대출) 하여 보험료를 납입할 수 있는 것을 보험료 자동
대출 납입 제도라고 한다.   (   )

16 계약자의 신청이 있는 경우라도 환급금 대출금과 환급금 대출이자를 합산한 금액이 해약환급금
을 초과하더라도 보험료의 자동대출 납입을 지속할 수 있다.   (   )

17 보험료 자동대출 납입 신청기한은 보험료 납부유예 기간이 끝나는 날까지이다.   (   )

18 보험료의 자동대출 납입 기간은 최초 자동대출 납입일부터 1년을 한도로 하며 그 이후는 자동
연장된다.   (   )

19 우체국보험은 선납 할인, 자동이체 할인, 단체 할인, 다자녀가구 할인, 실손보험료 할인(무사고 할인, 의료수급권자 할인), 우리 가족 암보험 건강체 할인, 고액계약 보험료 할인 등 다양한 보험료 할인제도를 운영하고 있다. ( )

20 선납 할인은 향후의 보험료를 3개월분(2021. 9. 12. 이전 계약은 1개월분) 이상 미리 납입하는 경우의 할인이다. ( )

21 금리변동형 상품 및 (개인) 연금저축 상품과 계약응당일 이후(당일 포함) 납입 시 차회분 보험료는 선납 할인 적용에 포함된다. ( )

22 전자 청약, 태블릿 청약, 온라인(인터넷, 모바일)가입 계약의 할인율은 0.5%이다. ( )

23 보험계약자는 10명 이상의 단체를 구성하여 보험료의 단체납입을 청구할 수 있다. ( )

정답 및 해설

07 × 자동이체 약정은 유지 중인 계약에 한해서 처리가 가능하다.
08 ○
09 ○
10 ○
11 × 자동화기기(CD, ATM 등)에 의한 보험료 납입은 보험계약조회(계약사항, 납입내역, 만기보험금 조회), 배당금 지급, 환급금 대출(지급, 상환, 이자 납입)이 가능하고, 연체분 납입은 물론 선납도 가능하다.
12 × 우체국보험의 보험료 카드납부 취급대상은 TM(Tele Marketing), 온라인(인터넷, 모바일)을 통해 가입한 보장성 보험계약 및 2021년 이후 신규 출시한 대면 채널의 보장성보험계약에 한해 처리가 가능하다.
13 × 우체국보험의 보험료 카드납부는 초회보험료(1회), 계속 보험료(2회 이후)를 대상으로 하고 있으며, 선납 및 부활 보험료는 납입이 불가능하다.
14 × 우체국페이 납입은 초회보험료(1회)를 제외한 계속 보험료를 대상으로 하고 보장성 및 저축성을 포함한 전 보험 상품의 보험료를 납입할 수 있다.
15 ○
16 × 계약자의 신청이 있는 경우라도 환급금 대출금과 환급금 대출이자를 합산한 금액이 해약환급금을 초과하는 때에는 보험료의 자동대출 납입을 지속할 수 없다.
17 × 신청기한은 보험료 납부유예 기간이 끝나는 날의 전 영업일까지이다.
18 × 보험료의 자동대출 납입 기간은 최초 자동대출 납입일부터 1년을 한도로 하며 그 이후의 기간에 대한 보험료의 자동대출 납입을 위해서는 재신청을 하여야 한다.
19 ○
20 ○
21 × 금리변동형 상품 및 (개인) 연금저축 상품과 계약응당일 이후(당일 포함) 납입 시 차회분 보험료는 선납 할인 적용에서 제외된다.
22 ○
23 × 보험계약자는 5명 이상의 단체를 구성하여 보험료의 단체납입을 청구할 수 있다.

24 단체계약 할인율은 우체국 자동이체 납입 할인율과 동일하며, 당월 납입(선납 포함)에 한하여 할인 적용을 하고 유예기간 중의 보험료는 할인하지 아니한다. ( )

25 해당 단체가 자동이체 납입을 선택하여 자동이체로 납입하는 경우 보험료를 중복하여 할인한다. ( )

26 다자녀가구 할인은 두 자녀 이상을 둔 가구의 미성년(0~만19세 미만) 자녀가 피보험자인 계약에 한하여, 판매 중인 보장성보험(2011. 1. 1. 이후 신규가입분부터 적용)에 가입하여 보험료의 자동이체 납입 시 할인하는 제도이다. ( )

27 할인율은 두 자녀 1.0%, 세 자녀 이상 2.0%로 차등 적용되며, 자동이체 할인과 중복 할인이 가능하다. ( )

28 자녀 수는 신청 시점(신규청약, 부활 청약, 유지 중) 기준이며, 계약 중 계약자 변경, 자녀 수 변동, 피보험자의 성년 나이 도달 등에 요건이 변하는 즉시 보험료 할인이 사라진다. ( )

29 보험기간 중 피보험자의 형제(자매·남매)가 출생한 경우 우체국에 신청한 이후 차회보험료부터 할인이 적용된다. ( )

30 의료수급권자 할인은 의료급여법상의 '의료급여 수급권자'로서의 증명서류를 제출해야 하며 영업보험료의 5%를 할인하고 있다. ( )

31 의료수급권자 할인 시 증명서류는 Fax로도 제출이 가능하며, 제출 시 제출자의 신분증을 반드시 첨부하여야 한다. ( )

32 의료수급권자 할인계약 갱신 시 할인이 자동으로 적용되지 않으므로 증명서류를 반드시 제출해야만 할인이 적용되며 증명서류 제출 시에는 소급하여 할인이 적용되지 않는다. ( )

33 실손의료비보험 무사고 할인은 갱신 직전 보험기간 2년(2017. 5. 18. 이전 계약은 직전 보험기간) 동안 보험금이 지급되지 않은 경우 보험료를 할인하는 제도로 갱신 후 영업보험료의 5 ~ 10%를 할인하고 있다. ( )

34 우체국 암케어 보험은 B형항체 보유 시 영업보험료의 3%, 영업보험료의 5%를 할인하고 있다. ( )

35 고액계약 보험료 할인은 보험가입계약이 4천만 원인 경우 4%를 적용한다. ( )

36 무배당 win-win 단체플랜보험 2109 가입 시에 단체별 피보험자 수가 15명이면 주계약 보험료
(특약 보험료 포함)에 대해서 1.5%의 할인율을 적용하고 있다. ( )

37 계약자 또는 피보험자가 불의의 사고 또는 질병에 의하여 사망 또는 50% 이상 장해 상태가 되
었을 때 보험료 납입을 면제하고 재해로 인한 경우 납입 면제 신청과 동시에 상품에 따라 장해
급부금도 청구 가능하다. ( )

38 납입 면제 사유가 발생한 날이 해당 월의 계약응당일 이후일 경우에도 당월분 보험료는 납입하
지 않는다. ( )

정답 및 해설

24 ○
25 × 해당 단체가 자동이체 납입을 선택하여 자동이체로 납입하는 경우 보험료를 중복하여 할인하지 아니하며, 이 경우 자동이체 납입의 보험료 할인방법에 따라 할인 적용한다.
26 ○
27 × 할인율은 두 자녀 0.5%, 세 자녀 이상 1.0%로 차등 적용되며, 자동이체 할인과 중복 할인이 가능하다.
28 × 자녀 수는 신청 시점(신규청약, 부활 청약, 유지 중) 기준이며, 계약 중 계약자 변경, 자녀 수 변동, 피보험자의 성년 나이 도달 등에 관계없이 만기까지 보험료 할인이 적용된다.
29 ○
30 ○
31 × 의료수급권자 할인 시 증명서류는 Fax로도 제출이 가능하며, 피보험자의 수급권 자격만 확인하기 때문에 누구나 대신 제출이 가능하므로 별도의 위임서류 및 신분증 등이 필요 없다.
32 × 의료수급권자 할인계약 갱신 시 할인이 자동으로 적용되지 않으므로 증명서류를 반드시 제출해야만 할인이 적용되며 증명서류 제출 시에는 소급하여 할인이 적용된다.
33 ○
34 ○
35 × 고액계약 보험료 할인은 보험가입계약이 4천만 원인 경우 3%를 적용한다.

보험가입금액	2천 ~ 3천만 원 미만	3천 ~ 4천만 원 미만	4천만 원
할인율	1.0%	2.0%	3.0%

36 × 무배당 win-win 단체플랜보험 2109 가입 시에 단체별 피보험자 수가 15명이면 주계약 보험료(특약 보험료 포함)에 대해서 1.0%의 할인율을 적용하고 있다.

피보험자수	5인 ~ 20인	21인 ~ 100인	101인 이상
할인율	1.0%	1.5%	2.0%

37 ○
38 × 납입 면제 사유가 발생한 날이 해당 월의 계약응당일 이후일 경우 당월분 보험료는 납입해야 한다.

39 선납보험료 및 미경과보험료가 있는 계약은 해당 보험금에 합산하여 지급하고, 미납보험료, 대출 원리금이 있더라도 이를 공제하지 않고 지급한다. ( )

40 피보험자 사망계약 보험료 납입 중지 상태에서도 신규·추가 환급금 대출 및 원리금 상환은 가능하며, 자동대출 납입 신청 계약은 자동대출 납입이 자동해제된다. ( )

41 「우체국예금·보험에 관한 법률 시행규칙 제50조(보험료납입 유예기간)」에 따라 제2회 이후의 보험료납입 유예기간은 해당 월분 보험료의 납입 기일부터 납입 기일이 속하는 달의 다음 달의 말일까지로 한다. ( )

42 유예기간이 끝나는 날이 비영업일인 때는 익 영업일까지이며, 해지(효력상실)되는 날은 휴일 여부와 관계없다. ( )

43 보험계약자가 제2회 이후의 보험료를 납입 기일까지 납입하지 않아 보험료납입이 연체 중인 경우에 체신관서는 납입 최고(독촉)하고, 유예기간이 끝나는 날까지 보험료가 납입되지 않은 경우 유예기간이 끝나는 날의 다음 날에 계약은 해지(효력상실)된다. ( )

44 체신관서의 납입 최고는 유예기간이 끝나기 30일 이전까지 서면(등기우편 등) 등으로 이루어지며 <보험료 납입 최고 안내사항>에 대해 안내한다. ( )

45 보험계약자와 보험수익자가 다른 경우에도 보험계약자에게만 보험료 납입 최고 안내를 하고 있다. ( )

46 우체국보험 약관에 의거 보험료의 납입 연체로 인한 해지 계약이 해약환급금을 받지 않은 경우 계약자는 해지된 날부터 3년 이내에 체신관서가 정한 절차에 따라 계약의 부활(효력회복)을 청약할 수 있다. ( )

47 체신관서가 부활(효력회복)을 승낙한 때에 계약자는 부활(효력회복)을 청약한 날까지의 연체된 보험료에 약관에서 정한 이자를 더하여 납입하여야 한다. ( )

48 계약해지(효력상실) 후 만기 또는 해지 후 환급금을 수령한 경우에는 부활이 가능하다. ( )

49 최초 가입 시와 직종(운전 등 포함)이 다른 경우 위험등급별 가입 한도 초과 및 상품별 가입거절 직종에 해당하지 않아야 한다. ( )

50 환급금 대출이 있는 계약은 대출이자(최종상환일로부터 부활신청일까지) 납부 후 부활 청약이 가능하다. ( )

51 계약 해지(효력상실)일로부터 2년 이내, 보험기간 만기일까지 부활을 청구한 계약이어야 한다. ( )

52 보험계약자 또는 피보험자가 미성년자(19세 미만)인 경우 부모 공동으로 친권을 행사하며, 친권자 한 명의 서명 또는 날인을 득하여야 한다. ( )

53 보험계약자는 보험수익자를 변경할 수 있으며 이 경우에는 체신관서의 승낙이 필요하지는 않다. 다만, 변경된 보험수익자가 체신관서에 권리를 대항하기 위해서는 보험계약자가 보험수익자가 변경되었음을 체신관서에 통지하여야 한다. ( )

54 보험수익자를 변경하고자 할 경우에는 보험금의 지급 사유가 발생하기 전에 피보험자가 구두 또는 서면으로 동의하여야 한다. ( )

정답 및 해설

39 × 선납보험료 및 미경과보험료가 있는 계약은 해당 보험금에 합산하여 지급하고, 미납보험료, 대출 원리금이 있을 경우에는 이를 공제 후 지급한다.

40 ○

41 × 「우체국예금·보험에 관한 법률 시행규칙 제50조(보험료 납입 유예기간)」에 따라 제2회 이후의 보험료 납입 유예기간은 해당 월분 보험료의 납입 기일부터 납입 기일이 속하는 달의 다음 다음 달의 말일까지로 한다.

42 ○

43 ○

44 × 체신관서의 납입 최고는 유예기간이 끝나기 15일 이전까지 서면(등기우편 등) 등으로 이루어지며 〈보험료 납입 최고 안내사항〉에 대해 안내한다.

45 × 보험계약자와 보험수익자가 다른 경우 보험계약자뿐만 아니라 보험수익자에게도 보험료 납입 최고 안내를 하고 있다.

46 ○

47 ○

48 × 계약해지(효력상실) 후 만기 또는 해지 후 환급금을 수령한 경우에는 부활이 불가능하다.

49 ○

50 ○

51 × 계약 해지(효력상실)일로부터 3년 이내, 보험기간 만기일까지 부활을 청구한 계약이어야 한다.

52 × 보험계약자 또는 피보험자가 미성년자(19세 미만)인 경우 부모 공동으로 친권을 행사하며, 친권자 각각의 서명 또는 날인을 득하여야 한다.

53 ○

54 × 보험수익자를 변경하고자 할 경우에는 보험금의 지급 사유가 발생하기 전에 피보험자가 서면으로 동의하여야 한다.

55 보험계약자가 사망하여 그 법정상속인이 권리·의무 일체를 상속하는 경우 보험계약자의 법정 상속인 일부의 동의로 보험계약자 변경이 가능하다.　　　　　　　　　　　　　　(　　　)

56 법정상속인 전원의 동의 또는 피보험자 동의(2014. 10. 1. 이전 계약)를 얻지 못하여 보험계약자 변경 없이 보험계약을 해약하는 경우 상속에 의한 분할지급 절차에 따라 해약환급금(시효완성 계약 포함)을 지급한다.　　　　　　　　　　　　　　　　　　　　　　　　　(　　　)

57 보험계약자가 제3자에게 보험계약의 권리·의무를 승계하는 임의승계로 2014. 10. 1. 이전 계약 은 피보험자의 동의를 얻어야 한다.　　　　　　　　　　　　　　　　　　　(　　　)

58 연금저축보험의 승계는 망한 날이 속하는 달의 말일부터 3개월 이내 신청해야 한다.
　　　　　　　　　　　　　　　　　　　　　　　　　　　　　　　　　　　(　　　)

59 타인의 생명보험(계약자≠피보험자)인 경우 보험수익자 변경 시에는 피보험자의 동의가 필요 하다.　　　　　　　　　　　　　　　　　　　　　　　　　　　　　　　(　　　)

60 순수보장성보험, 종신보험 등 만기보험금이 없는 상품의 경우 만기 시 보험수익자 변경이 불필 요하다.　　　　　　　　　　　　　　　　　　　　　　　　　　　　　　(　　　)

61 사망 보장이 없는 상품은 피보험자 사망 시 보험계약자에게 책임준비금을 지급하고 계약 소멸 되므로 사망 시 보험수익자 지정·변경이 불가하다.　　　　　　　　　　　　　(　　　)

62 사망을 보험금 지급 사유로 하는 계약에서 서면으로 동의를 한 피보험자는 계약의 효력이 유지 되는 기간에는 언제든지 서면동의를 장래를 향하여 철회할 수 있다.　　　　　　(　　　)

63 서면동의 철회로 계약이 해지되어 체신관서가 지급하여야 할 해약환급금이 있을 때에는 체신관 서는 피보험자에게 해약환급금을 지급해야 한다.　　　　　　　　　　　　　　(　　　)

64 보험자가 청약할 때 청약서에서 질문한 사항에 대하여 알고 있는 사실을 반드시 사실대로 알려 야 하는 것을 고지의무라고 한다.　　　　　　　　　　　　　　　　　　　　(　　　)

65 체신관서가 그 사실을 안 날부터 1개월 이상 지났거나 또는 보장개시일부터 보험금 지급사유가 발생하지 않고 2년이 지났을 때는 고지의무 위반 시 해지 불가사유이다.　　　　(　　　)

66 계약을 체결한 날부터 2년이 지났을 때는 고지의무 위반 시 해지 불가사유이다.　(　　　)

67 고지의무를 위반한 사실이 보험금 지급 사유 발생에 영향을 미쳤음을 체신관서가 증명하지 못한 경우에는 계약의 해지 또는 보장을 제한하기 이전까지 발생한 해당 보험금을 지급해야 한다. ( )

68 환급금 대출은 보험계약이 해지될 경우에 보험계약자에게 환급할 수 있는 금액(이하 해약환급금)의 범위 내에서 보험계약자의 요구에 따라 대출하는 제도이다. ( )

69 순수보장성보험 등 보험상품의 종류에 따라 대출을 제한할 수 있다. ( )

70 연금보험의 경우 연금개시 후에는 환급금 대출을 제한하지 않는다. ( )

71 환급금 대출의 대출금액은 해약환급금의 80% 이내에서 1만 원 단위로 하며 보험 종류 및 채널별 세부 한도는 각각 존재한다. ( )

정답 및 해설

55 × 보험계약자가 사망하여 그 법정상속인이 권리·의무 일체를 상속하는 경우 보험계약자의 법정상속인 전원의 동의로 보험계약자 변경이 가능하다.
56 ○
57 ○
58 × 연금저축보험의 승계는 망한 날이 속하는 달의 말일부터 6개월 이내 신청해야 한다.
59 ○
60 ○
61 ○
62 ○
63 × 서면동의 철회로 계약이 해지되어 체신관서가 지급하여야 할 해약환급금이 있을 때에는 체신관서는 보험계약자에게 해약환급금을 지급해야 한다.
64 × 보험계약자 또는 피보험자는 청약할 때 청약서에서 질문한 사항에 대하여 알고 있는 사실을 반드시 사실대로 알려야 하는 것을 고지의무라고 한다.
65 ○
66 × 계약을 체결한 날부터 3년이 지났을 때는 고지의무 위반 시 해지 불가사유이다.
67 ○
68 ○
69 ○
70 × 연금보험의 경우 연금개시 후에는 환급금 대출을 제한한다. 다만, 계약해지가 가능한 연금보험은 대출을 허용할 수 있다.
71 × 환급금 대출의 대출금액은 해약환급금의 95% 이내에서 1만 원 단위로 하며, 연금 보험을 포함한 저축성보험은 해약환급금의 최대 95% 이내(즉시연금보험 및 우체국연금보험 1종은 최대 85% 이내) 이다. 단, 보장성보험은 해약환급금의 최대 85% 이내(실손보험 및 교육보험은 최대 80% 이내) 이다.

topic 18 보험금 지급

72 보험금 지급은 보험 본연의 목적이며, 체신관서(보험자)가 부담해야 하는 의무이다. (   )

73 보험계약자 또는 피보험자나 보험수익자는 약관에서 정한 보험금 지급 사유의 발생을 안 때에는 지체없이 이를 체신관서에 알려야 한다.   (   )

74 보험금의 지급 청구를 할 때에는 보험금 청구서류 중 해당하는 서류를 제출하고 보험금 또는 보험료 납입 면제를 청구하여야 하여야 한다.   (   )

75 심사지급대상 보험금에는 생존보험금, 해약환급금, 연금, 학자금, 계약자배당금 등이 있다.
(   )

76 체신관서가 보험금 청구서류를 접수한 때에는 접수증을 교부하고 휴대전화 문자메시지 또는 전자우편 등으로도 송부하며, 그 서류를 접수한 날부터 7영업일 이내에 보험금을 지급하거나 보험료 납입을 면제한다.   (   )

77 보험금 지급 사유 또는 보험료 납입 면제 사유의 조사나 확인이 필요한 때에는 접수 후 10영업일 이내에 보험금을 지급하거나 보험료 납입을 면제한다.   (   )

78 보험금 가지급제도는 지급기한 내에 보험금이 지급되지 못할 것으로 판단될 경우 예상되는 보험금의 일부를 먼저 지급하는 제도이다.   (   )

79 보험금 지급예정일 30일 초과사유는 소송제기, 분쟁조정신청, 수사기관의 조사 등이 있다.
(   )

80 피보험자가 고의로 자신을 해친 경우는 일반적으로 보험금 지급 면책사유이다.   (   )

81 보험수익자가 보험금의 일부 수익자임에도 불구하고 고의로 피보험자를 해친 경우는 모든 보험수익자에게 보험금 지급 면책사유이다.   (   )

82 계약자가 고의로 피보험자를 해친 경우는 보험금 지급 면책사유이다.   (   )

83 사망보험금 선지급은 해당 약관 〈선지급 서비스 특칙〉에 의거 보험기간 중에 「의료법 제3조(의료기관) 제2항」에서 정한 종합병원의 전문의 자격을 가진 자가 실시한 진단결과 피보험자의 남은 생존 기간이 6개월 이내라고 판단한 경우에 체신관서가 정한 방법에 따라 사망보험 금액의 50%를 선지급 사망보험금으로 피보험자에게 지급하는 제도이다.   (   )

84 계약에 관하여 분쟁이 있는 경우 분쟁 당사자 또는 기타 이해관계인과 체신관서는 과학기술정 보통신부 장관이 정하는 바에 따라 금융감독원의 심의조정을 받을 수 있다. (　　)

85 약관의 뜻이 명백하지 않은 경우에는 보험자에게 유리하게 해석한다. (　　)

86 보험금청구권, 보험료 반환청구권, 해약환급금청구권 및 책임준비금 반환청구권은 3년간 행사 하지 않으면 소멸시효가 완성된다. (　　)

PART
02

정답 및 해설

72 ○
73 ○
74 ○
75 × 즉시지급대상 보험금에는 생존보험금, 해약환급금, 연금, 학자금, 계약자배당금 등이 있다.
76 × 체신관서가 보험금 청구서류를 접수한 때에는 접수증을 교부하고 휴대전화 문자메시지 또는 전자우편 등으로 도 송부하며, 그 서류를 접수한 날부터 3영업일 이내에 보험금을 지급하거나 보험료 납입을 면제한다.
77 ○
78 ○
79 ○
80 ○
81 × 보험수익자가 보험금의 일부 보험수익자인 경우에는 다른 보험수익자에 대한 보험금은 지급한다.
82 ○
83 × 사망보험금 선지급은 해당 약관 〈선지급 서비스 특칙〉에 의거 보험기간 중에 「의료법 제3조(의료기관) 제2항」 에서 정한 종합병원의 전문의 자격을 가진 자가 실시한 진단결과 피보험자의 남은 생존 기간이 6개월 이내라고 판단한 경우에 체신관서가 정한 방법에 따라 사망보험 금액의 60%를 선지급 사망보험금으로 피보험자에게 지 급하는 제도이다.
84 × 계약에 관하여 분쟁이 있는 경우 분쟁 당사자 또는 기타 이해관계인과 체신관서는 과학기술정보통신부 장관이 정하는 바에 따라 우체국보험분쟁조정위원회의 심의조정을 받을 수 있다.
85 × 약관의 뜻이 명백하지 않은 경우에는 계약자에게 유리하게 해석한다.
86 ○

Step 02 객관식으로 실전연습

01 계약유지업무와 보험료의 납입에 대한 설명으로 옳지 않은 것은?

① 계약유지업무의 좁은 의미는 넓은 의미의 계약유지업무에서 청약업무와 (사고) 보험금 지급 업무를 제외한다.
② 보험료의 납입 기간에 따라 전기납, 단기납으로 분류된다.
③ 자동이체를 포함하여 보험료를 납입하였을 때에는 체신관서는 반드시 영수증을 발행하여 교부한다.
④ 「우체국예금·보험에 관한 법률 시행규칙 제47조(보험료의 납입)」에 의거 보험계약자는 제2회분 이후의 보험료를 약정한 납입 방법으로 해당 보험료의 납입 해당 월의 납입 기일까지 납입하여야 한다.

02 〈보기〉에서 보험료의 납입 방법에 대한 설명으로 옳은 것을 모두 고른 것은?

┌─ 보기 ┌─
ㄱ. 자동이체 약정은 유지 중인 계약에 한해서 처리가 가능하다.
ㄴ. 자동화기기(CD, ATM 등)에 의한 보험료 납입은 보험계약조회(계약사항, 납입 내역, 만기보험금 조회), 배당금 지급, 환급금 대출(지급, 상환, 이자 납입)이 가능하고, 연체분 납입은 물론 선납도 가능하다.
ㄷ. 우체국보험의 보험료 카드납부는 초회보험료(1회), 계속 보험료(2회 이후), 선납 및 부활 보험료도 납입이 가능하다.
ㄹ. 우체국페이 납입은 초회보험료(1회)를 포함한 계속 보험료를 대상으로 하고 보장성 및 저축성을 포함한 전 보험상품의 보험료를 납입할 수 있다.

① ㄱ, ㄴ   ② ㄱ, ㄷ   ③ ㄴ, ㄹ   ④ ㄷ, ㄹ

03 우체국보험의 계약유지에 대한 설명으로 옳은 것은? 19. 계리직

① 피보험자는 해지된 날부터 3년 이내에 체신관서가 정한 절차에 따라 계약의 부활을 청약할 수 있다.
② 보험계약자가 보험수익자를 변경하는 경우, 보험금의 지급 사유가 발생하기 전에 변경 전 보험수익자의 동의를 받아야 한다.
③ 보험료의 자동대출 납입 기간은 최초 자동대출 납입일부터 1년을 한도로 하며 그 이후의 기간은 보험계약자가 재신청을 하여야 한다.
④ 보험계약자가 고의로 보험금 지급사유를 발생시킨 경우, 체신관서는 그 사실을 안 날부터 1개월 이내에 계약을 해지할 수 있으며 책임준비금을 보험계약자에게 지급한다.

04 계속 보험료 실시간이체에 대한 설명으로 옳지 않은 것은? 24. 계리직

① 계약상태가 정상인 계약만 가능하다.

② 대상 보험료는 당월분 보험료, 1·2연체 보험료, 선납보험료이다.

③ 수금 방법이 자동이체인 계약은 실시간이체 출금계좌와 자동이체 약정계좌가 달라도 자동이체 할인이 적용된다.

④ 고객 요청 시 즉시 보험계약자의 계좌 또는 보험료자동이체 계좌에서 현금을 인출하여 보험료를 납부하는 제도이다.

05 〈보기〉에서 우체국보험 보험료의 할인 및 납입 면제에 대한 설명으로 옳은 것을 모두 고른 것은? 24. 계리직

┌─ 보기 ┐

ㄱ. 보험료 납입 면제 시 선납보험료는 해당 보험금에 합산하여 지급하고, 미경과 보험료는 해당 보험금에서 제외한 후 지급한다.

ㄴ. 납입 면제 사유가 발생한 날이 해당 월의 계약응당일 이후일 경우, 당월분 보험료는 납입해야 한다.

ㄷ. 실손의료비보험의 피보험자가 의료급여 수급권자 자격상실 시에는 자격을 상실한 날부터 할인되지 않은 영업보험료를 납입해야 한다.

ㄹ. 금리변동형 상품 및 (개인)연금저축 상품을 포함한 보험계약은 향후의 보험료를 3개월분 (2021.9.12. 이전 계약은 1개월 분)이상 미리 납입하는 경우, 선납할인이 적용된다.

① ㄱ, ㄷ   ② ㄱ, ㄹ   ③ ㄴ, ㄷ   ④ ㄴ, ㄹ

정답 및 해설

01 ③ 금융기관(우체국 또는 은행)을 통하여 자동이체 납입한 때에는 해당 기관에서 발행한 증빙서류(자동이체기록 등)로 영수증을 대신할 수 있다.

02 ① ㄷ. 우체국보험의 보험료 카드납부는 초회보험료(1회), 계속 보험료(2회 이후)를 대상으로 하고 있으며, 선납 및 부활 보험료는 납입이 불가능하다.
　　ㄹ. 우체국페이 납입은 초회보험료(1회)를 제외한 계속 보험료를 대상으로 하고 보장성 및 저축성을 포함한 전 보험상품의 보험료를 납입할 수 있다.

03 ③ 보험료 미납으로 실효(해지)될 상태에 있는 보험계약에 대하여 계약자의 신청이 있는 경우 해약환급금 범위 내에서 자동대출(환급금대출)하여 보험료를 납입할 수 있다. 보험료의 자동대출 납입 기간은 최초 자동대출 납입일부터 1년을 한도로 하며 그 이후의 기간은 보험계약자가 재신청을 하여야 한다.

오답체크

① 피보험자가 아닌 계약자가 계약의 부활을 청약할 수 있다.

② 보험계약자가 보험수익자를 변경하고자 할 경우에는 보험금의 지급 사유가 발생하기 전에 피보험자가 서면으로 동의하여야 한다.

④ 보험계약자가 고의로 보험금 지급사유를 발생시킨 경우, 체신관서는 그 사실을 안 날부터 1개월 이내에 계약을 해지할 수 있으며 해약환급금을 보험계약자에게 지급한다.

04 ② 실시간이체는 선납보험료에는 적용되지 않는다.

05 ③ ㄱ. 보험료 납입 면제 시에는 선납보험료와 미경과보험료는 보험금에 합산하여 지급한다.
　　ㄹ. 금리변동형 상품 및 (개인)연금저축 상품은 선납할인이 적용되지 않는다.

06 보험료 자동대출 납입 제도에 대한 설명으로 옳지 않은 것은?

① 계약자의 신청이 있는 경우라도 환급금 대출금과 환급금 대출이자를 합산한 금액이 해약환급금을 초과하는 때에는 보험료의 자동대출 납입을 지속할 수 없다.
② 신청기한은 보험료 납부유예 기간이 끝나는 날의 전 영업일까지이다.
③ 보험료의 자동대출 납입 기간은 최초 자동대출 납입일부터 1년을 한도로 하며 그 이후의 기간에 대한 보험료의 자동대출 납입을 위해서는 재신청을 하여야 한다.
④ 평생OK보험의 경우 환급금대출은 불가능하나 자동대출 납입 신청은 가능하다.

07 〈보기〉에서 보험료 할인에 대한 설명으로 옳은 것을 모두 고른 것은?

> ┌ 보기 ┌
> ㄱ. 금리변동형 상품 및 (개인) 연금저축 상품과 계약응당일 이후(당일 포함) 납입 시 차회분 보험료는 선납 할인 적용에 포함된다.
> ㄴ. 전자 청약, 태블릿 청약, 온라인(인터넷, 모바일)가입 계약의 할인율은 0.5%이다.
> ㄷ. 할인율은 두 자녀 1.0%, 세 자녀 이상 2.0%로 차등 적용되며, 자동이체 할인과 중복 할인이 가능하다.
> ㄹ. 보험기간 중 피보험자의 형제(자매·남매)가 출생한 경우 우체국에 신청한 이후 차회보험료부터 할인이 적용된다.

① ㄱ, ㄴ
② ㄱ, ㄷ
③ ㄴ, ㄹ
④ ㄷ, ㄹ

08 고액계약 보험료 할인 대상상품이 아닌 것은?

① 무배당 win-win 단체플랜보험 2109
② (무)우체국든든한종신보험 2109
③ (무)우체국하나로OK건강종신보험 2402
④ (무)우체국통합건강보험 2109

09 우체국보험의 효력상실 및 부활에 대한 설명으로 옳지 않은 것은? 23. 계리직

① 보험료의 납입 연체로 인한 해지계약이 해약환급금을 받지 않은 경우, 계약자는 해지된 날부터 3년 이내에 계약의 부활을 청약할 수 있다.

② 보험료 납입이 연체 중인 경우, 납입 최고는 유예기간이 끝나기 15일 이전까지 서면(등기우편 등) 등으로 이루어진다.

③ 체신관서가 부활을 승낙한 경우, 계약자는 부활을 청약한 날까지의 연체된 보험료에 약관에서 정한 이자를 더하여 납입하여야 한다.

④ 보험료 납입 유예기간은 해당 월분 보험료의 납입 기일부터 납입 기일이 속하는 달의 다음 달의 말일까지이며, 유예기간의 마지막 날이 영업일이 아닌 때에는 그 다음 날로 한다.

10 우체국보험 환급금대출에 대한 설명으로 옳은 것은? 22. 계리직

① 보험계약자는 계약상태의 유효 또는 실효 여부에 관계없이 대출받을 수 있다.

② 무배당 파워적립보험2109는 해약환급금의 최대 80% 이내에서 1만 원 단위로 대출이 가능하다.

③ 즉시연금보험 및 우체국연금보험 1종은 해약환급금의 최대 85% 이내에서 1만 원 단위로 대출이 가능하다.

④ 무배당 우체국하나로OK보험2109는 해약환급금의 최대 95% 이내에서 1천 원 단위로 대출이 가능하다.

정답 및 해설

06 ④ 평생OK보험의 경우 환급금대출은 가능하나 자동대출 납입 신청은 불가능하다.

07 ③ ㄱ. 금리변동형 상품 및 (개인) 연금저축 상품과 계약응당일 이후(당일 포함) 납입 시 차회분 보험료는 선납 할인 적용에서 제외된다.

ㄷ. 할인율은 두 자녀 0.5%, 세 자녀 이상 1.0%로 차등 적용되며, 자동이체 할인과 중복 할인이 가능하다.

08 ① 무배당 win-win 단체플랜보험 2109 가입 시에 단체별 피보험자 수에 따라 주계약 보험료(특약 보험료 포함)에 대해서 1 ~ 2%의 할인율을 적용하고 있다.

고액계약 보험료 할인 대상상품(24. 9월 현재 판매상품 기준)은 (무)우체국하나로OK건강종신보험 2402, (무)우체국든든한종신보험 2109, (무)우체국통합건강보험 2109, (무)온라인정기보험 2109, (무)우체국와이드건강보험 21120이다.

09 ④ 보험계약자가 보험료를 내지 아니하고 유예기간이 지난 때에는 그 보험계약은 효력을 잃는다. 「우체국예금·보험에 관한 법률 시행규칙 제50조(보험료 납입 유예기간)」에 따라 보험료 납입 유예기간은 해당 월분 보험료의 납입 기일부터 납입 기일이 속하는 달의 다음 다음 달의 말일까지로 한다. 다만, 유예기간의 마지막 날이 영업일이 아닌 때에는 그 다음 날로 한다.

10 ③ "환급금대출"이라 함은 보험계약이 해지될 경우에 계약자에게 환급할 수 있는 금액(이하 해약환급금)의 범위 내에서 계약자의 요구에 따라 대출하는 제도이다.

오답체크

① 대출자격은 유효한 보험계약을 보유하고 있는 우체국보험 계약자로 한다.

② 저축성보험은 해약환급금의 최대 95% 이내에서 1만 원 단위로 환급금 대출을 받을 수 있다.

④ 보장성보험은 해약환급금의 최대 85% 이내에서 1만 원 단위로 환급금 대출을 받을 수 있다.

11 〈보기〉에서 보험료 할인에 대한 설명으로 옳은 것을 모두 고른 것은?

> ┌ 보기 ┐
> ㄱ. 의료수급권자 할인은 의료급여법상의 '의료급여 수급권자'로서의 증명서류를 제출해야 하며 영업보험료의 5%를 할인하고 있다.
> ㄴ. 의료수급권자 할인계약 갱신 시 할인이 자동으로 적용되지 않으므로 증명서류를 반드시 제출해야만 할인이 적용되며 증명서류 제출 시에는 소급하여 할인이 적용되지 않는다.
> ㄷ. 실손의료비보험 무사고 할인은 갱신 직전 보험기간 2년(2017. 5. 18. 이전 계약은 직전 보험기간) 동안 보험금이 지급되지 않은 경우 보험료를 할인하는 제도로 갱신 후 영업보험료의 5 ~ 10%를 할인하고 있다.
> ㄹ. 고액계약 보험료 할인은 보험가입계약이 4천만 원인 경우 2%를 적용한다.

① ㄱ, ㄴ   ② ㄱ, ㄷ
③ ㄴ, ㄹ   ④ ㄷ, ㄹ

12 보험료의 납입 면제, 피보험자 사망계약 시 보험료 납입 중지에 대한 설명으로 옳지 않은 것은?

① 계약자 또는 피보험자가 불의의 사고 또는 질병에 의하여 사망 또는 50% 이상 장해 상태가 되었을 때 보험료 납입을 면제하고 재해로 인한 경우 납입 면제 신청과 동시에 상품에 따라 장해급부금도 청구 가능하다.
② 납입 면제 사유가 발생한 날이 해당 월의 계약응당일 이후일 경우 당월분 보험료는 납입해야 한다.
③ 피보험자 사망계약 보험료 납입 중지 상태에서는 신규·추가 환급금 대출 및 원리금 상환이 불가능하다.
④ 선납보험료 및 미경과보험료가 있는 계약은 해당 보험금에 합산하여 지급하고, 미납보험료, 대출 원리금이 있을 경우에는 이를 공제 후 지급한다.

13 〈보기〉에서 보험료의 납입 유예, 보험계약의 납입 최고와 계약의 해지에 대한 설명으로 옳은 것을 모두 고른 것은?

> ┌ 보기 ┐
> ㄱ. 「우체국예금·보험에 관한 법률 시행규칙 제50조(보험료 납입 유예기간)」에 따라 제2회 이후의 보험료 납입 유예기간은 해당 월분 보험료의 납입 기일부터 납입 기일이 속하는 달의 다음 달의 말일까지로 한다.
> ㄴ. 유예기간이 끝나는 날이 비영업일인 때는 익 영업일까지이며, 해지(효력상실)되는 날은 휴일은 제외한다.
> ㄷ. 체신관서의 납입 최고는 유예기간이 끝나기 15일 이전까지 서면(등기우편 등) 등으로 이루어지며 <보험료 납입 최고 안내사항>에 대해 안내한다.
> ㄹ. 보험계약자와 보험수익자가 다른 경우 보험계약자뿐만 아니라 보험수익자에게도 보험료 납입최고 안내를 하고 있다.

① ㄱ, ㄴ   ② ㄱ, ㄷ
③ ㄴ, ㄹ   ④ ㄷ, ㄹ

14 보험계약의 부활에 대한 설명으로 옳지 않은 것은?

① 계약해지(효력상실) 후 만기 또는 해지 후 환급금을 수령한 경우도 부활이 가능하다.
② 최초 가입 시와 직종(운전 등 포함)이 다른 경우 위험등급별 가입 한도 초과 및 상품별 가입 거절 직종에 해당하지 않아야 한다.
③ 계약 해지(효력상실)일로부터 2년 이내, 보험기간 만기일까지 부활을 청구한 계약이어야 한다.
④ 환급금 대출이 있는 계약은 대출이자(최종상환일로부터 부활신청일까지) 납부 후 부활 청약이 가능하다.

정답 및 해설

11 ② ㄴ. 의료수급권자 할인계약 갱신 시 할인이 자동으로 적용되지 않으므로 증명서류를 반드시 제출해야만 할인이 적용되며 증명서류 제출 시에는 소급하여 할인이 적용된다.
　　　ㄹ. 고액계약 보험료 할인은 보험가입계약이 4천만 원인 경우 3%를 적용한다.
12 ③ 피보험자 사망계약 보험료 납입 중지 상태에서도 신규·추가 환급금 대출 및 원리금 상환은 가능하며, 자동대출 납입 신청 계약은 자동대출 납입이 자동 해제된다.
13 ④ ㄱ. 「우체국예금·보험에 관한 법률 시행규칙 제50조(보험료 납입 유예기간)」에 따라 제2회 이후의 보험료 납입 유예기간은 해당 월분 보험료의 납입 기일부터 납입 기일이 속하는 달의 다음 다음 달의 말일까지로 한다.
　　　ㄴ. 유예기간이 끝나는 날이 비영업일인 때는 익 영업일까지이며, 해지(효력상실)되는 날은 휴일 여부와 관계없다.
14 ① 계약해지(효력상실) 후 만기 또는 해지 후 환급금을 수령한 경우에는 부활이 불가능하다.

15 〈보기〉에서 보험계약의 변경에 대한 설명으로 옳은 것을 모두 고른 것은?

> ┌ 보기 ┌
> ㄱ. 보험수익자를 변경하고자 할 경우에는 보험금의 지급 사유가 발생하기 전에 피보험자가 구두로 동의하여야 한다.
> ㄴ. 보험계약자가 사망하여 그 법정상속인이 권리·의무 일체를 상속하는 경우 보험계약자의 법정상속인 일부의 동의로 보험계약자 변경이 가능하다.
> ㄷ. 보험계약자가 제3자에게 보험계약의 권리·의무를 승계하는 임의승계로 2014. 10. 1. 이전 계약은 피보험자의 동의를 얻어야 한다.
> ㄹ. 연금저축보험의 승계는 망한 날이 속하는 달의 말일부터 6개월 이내 신청해야 한다.

① ㄱ, ㄴ   ② ㄱ, ㄷ
③ ㄴ, ㄹ   ④ ㄷ, ㄹ

16 보험계약의 변경 내용이 될 수 없는 것은?

① 보험료의 납입 방법
② 보험가입금액의 감액
③ 보험계약자
④ 보험종목 및 보험료 납입 기간의 변경

17 〈보기〉에서 고지의무 위반 시 해지(또는 보장제한) 불가 사유에 대한 설명으로 옳은 것을 모두 고른 것은?

> ┌ 보기 ┌
> ㄱ. 체신관서가 계약 당시에 그 사실을 알았거나 과실로 인하여 알지 못하였을 때
> ㄴ. 체신관서가 그 사실을 안 날부터 1개월 이상 지났거나 또는 보장개시일부터 보험금 지급사유가 발생하지 않고 3년이 지났을 때
> ㄷ. 계약을 체결한 날부터 2년이 지났을 때
> ㄹ. 보험을 모집한 자(이하 "모집자 등"이라 함)가 계약자 또는 피보험자에게 고지할 기회를 주지 않았거나 계약자 또는 피보험자가 사실대로 고지하는 것을 방해한 경우, 계약자 또는 피보험자에게 사실대로 고지하지 않게 하였거나 부실한 고지를 권유했을 때

① ㄱ, ㄴ   ② ㄱ, ㄹ
③ ㄴ, ㄹ   ④ ㄷ, ㄹ

18 **환급금 대출에 대한 설명으로 옳지 않은 것은?**

① 대출자격은 유효한 보험계약을 보유하고 있는 우체국보험 계약자로 한다.

② 순수보장성보험 등 보험상품의 종류에 따라 대출을 제한할 수 있다.

③ 연금보험의 경우 연금개시 후에는 환급금 대출을 제한하지 않는다.

④ 일반적인 경우 환급금 대출의 대출금액은 해약환급금의 95% 이내에서 1만 원 단위로 한다.

19 **〈보기〉에서 우체국보험 보험료 납입에 대한 설명으로 옳은 것은 모두 몇 개인가?** 22. 계리직

> ┌ 보기 ┐
> ㄱ. 보험료의 납입 기간에 따라 전기납, 단기납, 일시납으로 분류된다.
> ㄴ. 보험료 자동이체 약정은 유지 중인 계약에 한해서 처리가 가능하며, 보험계약자 본인에게만 신청·변경 권한이 있다.
> ㄷ. 계속보험료 실시간이체는 자동이체 약정 여부에 관계없이 처리가 가능하며, 계약상태가 정상인 계약만 가능하다.
> ㄹ. 보험료의 자동대출 납입기간은 최초 자동대출 납입일부터 1년을 한도로 하며, 그 이후의 기간은 보험계약자의 별도 의사표시가 없으면 자동 연장된다.

① 1개　　　　　② 2개　　　　　③ 3개　　　　　④ 4개

정답 및 해설

15 ④ ㄱ. 보험수익자를 변경하고자 할 경우에는 보험금의 지급 사유가 발생하기 전에 피보험자가 서면으로 동의하여야 한다.
　　ㄴ. 보험계약자가 사망하여 그 법정상속인이 권리·의무 일체를 상속하는 경우 보험계약자의 법정상속인 전원의 동의로 보험계약자 변경이 가능하다.

16 ④

구분	대상
1	보험료의 납입 방법
2	보험가입금액의 감액
3	보험계약자
4	기타 계약의 내용(단, 보험종목 및 보험료 납입 기간의 변경은 제외)

17 ② ㄴ. 체신관서가 그 사실을 안 날부터 1개월 이상 지났거나 또는 보장개시일부터 보험금 지급사유가 발생하지 않고 2년이 지났을 때
　　ㄷ. 계약을 체결한 날부터 3년이 지났을 때

18 ③ 연금보험의 경우 연금개시 후에는 환급금 대출을 제한한다. 다만, 계약해지가 가능한 연금보험은 대출을 허용할 수 있다.

19 ①

오답체크
ㄱ. 보험료의 납입 기간에 따라 전기납, 단기납 보험료 납입 주기에 따라 연납, 6월납, 3월납, 일시납, 월납으로 분류된다.
ㄴ. 보험료 자동이체 약정은 유지 중인 계약에 한해서 처리가 가능하며, 예금주 본인에게만 신청, 변경 권한이 있다.
ㄹ. 보험료 자동대출 납입 제도는 최초 자동대출 납입일부터 1년을 한도로 하며, 그 이후의 기간은 보험료의 자동대출 납입을 위해서는 재신청하여야 한다.

20 우체국보험의 보험금 지급 청구에 대한 설명으로 옳은 것은? ^{23. 계리직}

① 보험금청구권은 지급사유 발생일로부터 2년간 행사하지 않으면 소멸된다.

② 체신관서는 보험금 청구서류를 접수한 날부터 10일 이내에 보험금을 지급하여야 한다.

③ 소송제기, 분쟁조정신청, 수사기관의 조사, 해외에서 발생한 보험사고에 대한 조사는 보험금 지급예정일 30일 초과사유에 해당된다.

④ 사망보험금 선지급제도는 피보험자의 남은 생존기간이 6개월 이내인 경우 사망보험금액의 60%를 선지급사망보험금으로 수익자에게 지급하는 제도이다.

21 다음은 보험금 지급에 대한 설명이다. 〈보기〉에서 옳은 것을 모두 고르시오.

> ┌ 보기 ┐
>
> ㄱ. 체신관서가 보험금 청구서류를 접수한 때에는 접수증을 교부하고 반드시 대면으로 송부하여야 한다.
>
> ㄴ. 심사 지급 대상 보험금에는 생존보험금, 해약환급금, 연금, 학자금, 계약자배당금 등이 있다.
>
> ㄷ. 보험금 청구서류는 병원 또는 의원에서 발급한 사고증명서는 「의료법 제3조(의료기관)」에서 규정한 국내의 병원이나 의원 또는 국외의 의료관련법에서 정한 의료기관에서 발급한 것이어야 한다.
>
> ㄹ. 보험금 지급사유 또는 보험료 납입 면제 사유의 조사나 확인이 필요한 때에는 접수 후 10영업일 이내에 보험금을 지급하거나 보험료 납입을 면제한다.

① ㄱ, ㄴ   ② ㄱ, ㄷ   ③ ㄴ, ㄹ   ④ ㄷ, ㄹ

22 보험금 지급에 대한 설명으로 옳지 않은 것은?

① 보험금 지급은 보험 본연의 목적이며, 체신관서(보험자)가 부담해야 하는 의무이다.

② 법령 등이 정한 특정한 경우를 제외하고는 보험사고가 발생할 경우 빠른 시일 내에 보험금을 지급하여야 한다.

③ 보험계약자 또는 피보험자나 보험수익자는 약관에서 정한 보험금 지급사유의 발생을 안 때에는 지체없이 이를 주민센터에 알려야 한다.

④ 보험금의 지급청구를 할 때에는 보험금 청구서류 중 해당하는 서류를 제출하고 보험금 또는 보험료 납입 면제를 청구하여야 한다.

23 다음 중 보험금을 지급하지 않는 사유에 대한 설명으로 옳지 않은 것은?

① 피보험자가 고의로 자신을 해친 경우

② 보험수익자가 고의로 피보험자를 해친 경우

③ 계약자가 고의로 피보험자를 해친 경우

④ 계약의 보장개시일[부활(효력회복)계약의 경우는 부활(효력회복)청약일]부터 1년이 지난 후에 자살한 경우

24 보험료 할인율이 높은 순서부터 바르게 나열한 것은? ²¹. 계리직

> ㄱ. 피보험자 300명이 단체로 무배당 win-win단체플랜보험 2109에 가입
> ㄴ. 주계약 보험가입금액 2,500만 원을 무배당 우체국통합건강보험 2109에 가입
> ㄷ. B형 간염 항체보유자인 피보험자가 무배당 우리가족암보험 2109 일반형[1종(갱신형)]에 가입
> ㄹ. 의료급여 수급권자인 피보험자가 무배당 우체국급여실손의료비보험(계약전환·단체개인전환·개인중지재개용)(갱신형) 2109에 가입

① ㄱ - ㄹ - ㄴ - ㄷ 　　② ㄱ - ㄹ - ㄷ - ㄴ
③ ㄹ - ㄱ - ㄴ - ㄷ 　　④ ㄹ - ㄷ - ㄱ - ㄴ

정답 및 해설

20 ③
오답체크
① 보험금청구권, 보험료 반환청구권, 해약환급금청구권 및 책임준비금 반환청구권은 3년간 행사하지 않으면 소멸시효가 완성된다.
② 체신관서가 보험금 청구서류를 접수한 때에는 접수증을 교부하고 휴대전화 문자메시지 또는 전자우편 등으로도 송부하며, 그 서류를 접수한 날부터 3영업일 이내에 보험금을 지급하거나 보험료 납입을 면제한다. 다만, 보험금 지급사유 또는 보험료 납입 면제 사유의 조사나 확인이 필요한 때에는 접수 후 10영업일 이내에 보험금을 지급하거나 보험료 납입을 면제한다.
④ 사망보험금 선지급은 보험기간 중에 「의료법 제3조(의료기관) 제2항」에서 정한 종합병원의 전문의 자격을 가진 자가 실시한 진단결과 피보험자의 남은 생존기간이 6개월 이내라고 판단한 경우에 체신관서가 정한 방법에 따라 사망보험금액의 60%를 선지급사망보험금으로 피보험자에게 지급하는 제도이다.
21 ④ ㄱ. 체신관서가 보험금 청구서류를 접수한 때에는 접수증을 교부하고 휴대전화 문자메시지 또는 전자우편 등으로도 송부하며, 그 서류를 접수한 날부터 3영업일 이내에 보험금을 지급하거나 보험료 납입을 면제한다.
ㄴ. 즉시 지급 대상 보험금에는 생존보험금, 해약환급금, 연금, 학자금, 계약자배당금 등이 있다.
22 ③ 보험계약자 또는 피보험자나 보험수익자는 약관에서 정한 보험금 지급사유의 발생을 안 때에는 지체없이 이를 체신관서에 알려야 한다.
23 ④ 계약의 보장개시일[부활(효력회복)계약의 경우는 부활(효력회복)청약일]부터 2년이 지난 후에 자살한 경우
24 ④ 보험료 할인율이 높은 순서는 다음과 같다.
ㄹ. 의료수급권자 할인(5%) - ㄷ. 우리가족암보험 보험료 할인(B형 간암 항체보유 시 3%) - ㄱ. win-win 단체플랜보험(101인 이상 2%) - ㄴ. 고액계약 보험료 할인(1%)
ㄹ. 의료수급권자 할인 : 의료급여 수급권자에게 실손의료비보험의 보험료를 할인하는 제도이다. 이때 「의료급여법」상의 '의료급여 수급권자'로서의 증명서류를 제출해야 하며 영업보험료의 5%를 할인하고 있다.
ㄷ. 우리가족암보험 보험료 할인 : 피보험자가 B형 간염 항체보유 시 영업보험료의 3%를 할인하는 B형 간염 항체보유 할인, 고혈압과 당뇨병이 모두 없을 때 할인되는 우리가족암보험 3종(실버형) 건강체 할인이 있으며 이 경우 영업보험료의 5%를 할인하고 있다.
ㄱ. win-win 단체플랜보험 : 피보험자 수에 따라 1%(5인 ~ 20인), 1.5%(21인 ~ 100인), 2%(101인 이상)의 할인율을 적용하고 있다.
ㄴ. 고액계약 보험료 할인 : 보험가입금액 2천만 원 이상 가입 시 주계약 보험료(특약보험료 제외)에 대해서 1 ~ 3% 보험료 할인혜택을 적용한다. 보험가입금액별로 2천 ~ 3천만 원 미만은 1%, 3천 ~ 4천만 원 미만은 2%, 4천만 원은 3% 할인율을 적용한다. 대상상품은 2023년 12월 기준 (무)우체국하나로OK보험 2109, (무)우체국든든한종신보험 2109, (무)우체국통합건강보험 2109, (무)온라인정기보험 2109, (무)우체국와이드건강보험 2112이다.

25 〈보기〉에서 보험금의 지급청구에 대한 설명으로 옳은 것을 모두 고른 것은?

보기

ㄱ. 보험금 지급은 보험 본연의 목적이며, 체신관서(보험자)가 부담해야 하는 의무이다.

ㄴ. 보험금의 지급 청구를 할 때에는 보험금 청구서류 중 해당하는 서류를 제출하고 보험금 또는 보험료 납입 면제를 청구하여야 하여야 한다.

ㄷ. 심사지급대상 보험금에는 생존보험금, 해약환급금, 연금, 학자금, 계약자배당금 등이 있다.

ㄹ. 보험금 청구서류를 접수한 날부터 10영업일 이내에 보험금을 지급하거나 보험료 납입을 면제한다.

① ㄱ, ㄴ   ② ㄱ, ㄷ
③ ㄴ, ㄹ   ④ ㄷ, ㄹ

26 보험금 지급 면책사유에 해당하지 않는 것은?

① 원칙적으로 피보험자가 고의로 자신을 해친 경우
② 원칙적으로 보험수익자가 고의로 피보험자를 해친 경우
③ 계약자가 고의로 피보험자를 해친 경우
④ 보험금 지급사유 등에 대해 제3자의 의견에 따르기로 한 경우

27 〈보기〉에서 사망보험금 선지급제도에 대한 설명으로 옳은 것을 모두 고른 것은?

보기

ㄱ. 해당 약관 <선지급 서비스 특칙>에 의거한다.

ㄴ. 보험기간 중에 어떤 병원에서나 진단을 받을 수 있다.

ㄷ. 피보험자의 남은 생존 기간이 6개월 이내라고 판단한 경우이어야 한다.

ㄹ. 체신관서가 정한 방법에 따라 사망보험 금액의 80%를 선지급 사망보험금으로 피보험자에게 지급하는 제도이다.

① ㄱ, ㄴ   ② ㄱ, ㄷ
③ ㄴ, ㄹ   ④ ㄷ, ㄹ

28 분쟁의 조정과 소멸시효에 대한 설명으로 옳지 않은 것은?

① 계약에 관하여 분쟁이 있는 경우 분쟁의 조정을 신청할 수 있다.

② 분쟁 당사자 또는 기타 이해관계인과 체신관서는 과학기술정보통신부 장관이 정하는 바에 따라 금융감독원장의 심의조정을 받을 수 있다.

③ 보험금청구권, 보험료 반환청구권, 해약환급금청구권 및 책임준비금 반환청구권은 3년간 행사하지 않으면 소멸시효가 완성된다.

④ 약관의 뜻이 명백하지 않은 경우에는 보험자에게 유리하게 해석한다.

정답 및 해설

25 ① ㄷ. 즉시지급대상 보험금에는 생존보험금, 해약환급금, 연금, 학자금, 계약자배당금 등이 있다.
ㄹ. 보험금 청구서류를 접수한 날부터 3영업일 이내에 보험금을 지급하거나 보험료 납입을 면제한다.

26 ④ 보험금 지급사유 등에 대해 제3자의 의견에 따르기로 한 경우는 보험금 지급예정일 30일 초과사유이다.

구분	초과사유
1	소송제기
2	분쟁조정신청
3	수사기관의 조사
4	해외에서 발생한 보험사고에 대한 조사
5	체신관서의 조사요청에 대한 동의 거부 등 보험계약자, 피보험자 또는 보험수익자의 책임 있는 사유로 보험금 지급사유의 조사와 확인이 지연되는 경우
6	보험금 지급사유 등에 대해 제3자의 의견에 따르기로 한 경우

27 ② ㄴ. 보험기간 중에 「의료법 제3조(의료기관) 제2항」에서 정한 종합병원의 전문의 자격을 가진 자가 실시한 진단해야 한다.
ㄹ. 체신관서가 정한 방법에 따라 사망보험 금액의 60%를 선지급 사망보험금으로 피보험자에게 지급하는 제도이다.

28 ② 분쟁 당사자 또는 기타 이해관계인과 체신관서는 과학기술정보통신부 장관이 정하는 바에 따라 우체국보험 분쟁조정위원회의 심의조정을 받을 수 있다.

서호성 계리직 보험일반
기출&예상문제집

Part

03

우체국보험 상품

Chapter 10 우체국보험 상품

10 우체국보험 상품

www.pmg.co.kr

Step 01 OX로 핵심잡기

topic 19 우체국보험 상품 - 보장성보험

01 보장성보험은 생존 시 지급되는 보험금의 합계액이 이미 납입한 보험료를 초과하지 아니하는 보험이다. ( )

02 저축성보험은 생존 시 지급되는 보험금의 합계액이 이미 납입한 보험료를 초과하는 보험이다. ( )

03 연금보험은 일정 연령 이후에 생존하는 경우 연금의 지급을 주된 보장으로 하는 보험이다. ( )

04 「동법 시행규칙 제36조(계약보험금 및 보험료의 한도)」에 따른 계약보험금 한도액은 보험종류별로 피보험자 1인당 5천만 원으로 한다. ( )

05 연금보험(단, 연금저축계좌에 해당하는 보험은 제외)의 최초 연금액은 피보험자 1인당 1년에 1,000만 원 이하로 한다. ( )

06 무배당 우체국 든든한 종신보험 2109는 주요질환(3대질병)을 특약부가로 3대질병(암, 뇌출혈, 급성심근경색증) 발병 시 치료비 추가보장 및 고액암 보장 강화하는 특성을 가진다. ( )

07 무배당 우체국 건강 클리닉 보험(갱신형) 2109는 0세부터 70세까지 가입 가능한 건강보험이다. ( )

08 무배당 우체국 건강 클리닉 보험(갱신형) 2109는 15년 만기 생존 시마다 건강관리자금을 지급한다. ( )

09 무배당 우체국 건강 클리닉 보험(갱신형) 2109는 "국민체력100" 체력 인증 시 보험료 지원혜택을 제공한다. ( )

10 무배당 우체국 New100세 건강보험 2203은 뇌·심질환을 진단, 입원, 수술까지 종합적으로 보장하고, 비갱신형으로 설계하여 보험료 인상 없이 최대 100세까지 집중 보장한다. ( )

11 무배당 우체국 New100세 건강보험 2203은 무배당 우체국건강클리닉보험(갱신형) 2109와 달리 "국민체력100" 체력 인증 시 보험료 지원혜택을 제공한다. ( )

12 무배당 우체국 New100세 건강보험 2203은 주계약 및 특약(비갱신형)의 보험기간을 80·90·100세 만기로 다양화하였다. ( )

13 무배당 우체국 하나로 OK건강종신보험 2402는 주계약 사망보험금을 통한 유족 보장과 특약 가입을 통한 건강, 상해, 중대질병·수술, 3대 질병 보장을 목표로 한다. ( )

14 무배당 우체국 와이드건강보험 2112는 4대질병(암·뇌출혈·뇌경색증·급성심근경색증)으로 진단 시 사망보험금의 일부를 선지급하여 치료비를 지원한다. ( )

15 무배당 우체국 실속정기보험 2109는 비갱신형으로 보험료 변경 없이 사망과 50% 이상 중증장해를 보장한다. ( )

16 무배당 우체국 실속정기보험 2109는 병이 있으면 가입절차가 복잡하다. ( )

정답 및 해설

01 ○
02 ○
03 ○
04 × 「동법 시행규칙 제36조(계약보험금 및 보험료의 한도)」에 따른 계약보험금 한도액은 보험종류별로 피보험자 1인당 4천만 원으로 한다.
05 × 연금보험(단, 연금저축계좌에 해당하는 보험은 제외)의 최초 연금액은 피보험자 1인당 1년에 900만 원 이하로 한다.
06 ○
07 × 무배당 우체국 건강 클리닉 보험(갱신형) 2109는 0세부터 65세까지 가입 가능한 건강보험이다.
08 × 무배당 우체국 건강 클리닉보험(갱신형) 2109는 10년 만기 생존 시마다 건강관리자금을 지급한다.
09 ○
10 ○
11 × 둘 다 "국민체력100" 체력 인증 시 보험료 지원혜택을 제공한다.
12 ○
13 ○
14 ○
15 ○
16 × 무배당 우체국 실속정기보험 2109는 병이 있어도 3가지(건강관련) 간편고지로 간편하게 가입 가능하다.

17 무배당 우체국 암케어보험 2406은 (주계약 암진단형 가입) 우체국보험 암진단보험금 최고액 보장으로 암진단 시 최대 5,000만 원까지 보장한다. ( )

18 무배당 우체국 더 든든한 자녀 지킴이 보험 2203은 태아를 제외한 0세부터 최대 20세까지 폭넓게 가입 가능한 어린이보험이다. ( )

19 무배당 우체국 더 든든한 자녀 지킴이 보험 2203은 보험금 면책 및 감액기간 없이 가입 즉시 100% 보장한다. ( )

20 무배당 우체국 더 든든한 자녀 지킴이 보험 2203은 가입 목적 및 보험료 수준에 따라 1종(30세 만기) 또는 2종(80/100세 만기)(순수형/환급형) 중 선택하여 가입 가능하다. ( )

21 무배당 어깨동무보험 2109는 부양자 사망 시 장애인에게 생활안정자금을 지급하는 '생활보장형', 장애인의 암 발병 시에 치료비용을 지급하는 '암보장형', 장애인의 재해사고 시 사망은 물론 각종 치료비를 보장하는 '상해보장형' 중, 여건에 맞게 가입 가능하다. ( )

22 무배당 어깨동무보험 2109는 보험가입 시 장애인에게 적용되는 고지사항을 생략하거나 최대한 완화하여 가입이 용이하다. ( )

23 무배당 어깨동무보험 2109는 근로소득자가 납입한 보험료(연간 100만 원 한도)에 대하여 12% 세액공제 혜택이 있다. ( )

24 무배당 에버리치 상해보험 2109는 한번 가입으로 90세까지 보장 및 휴일재해 사망보장을 강화한다. ( )

25 무배당 우체국 예금제휴 보험 2109는 유료보험이다. ( )

26 무배당 우체국 단체보장 보험 2501은 과학기술정보통신부 소속 공무원 및 산하기관 직원을 대상으로 한 단체보험이다. ( )

27 무배당 우체국 안전벨트 보험 2109는 교통재해로 인한 사망, 장해 및 각종 의료비 종합 보장보험이다. ( )

28 무배당 우체국급여실손의료비보험(갱신형) 2109는 보험금 지급실적이 없는 경우 보험료 할인혜택이 있다. ( )

29 무배당 우체국급여실손의료비보험(갱신형) 2109는 개인별 의료이용량과 관계없이 동일한 보험료가 적용된다. ( )

30 무배당 우체국급여실손의료비보험(계약전환·단체 개인전환·개인중지 재개용)(갱신형) 2109는 실손의료비보험 계약전환, 단체실손의료비보험 개인실손전환 및 개인실손의료비보험 중지 후 재개 시 가입 가능한 실손의료비 상품이다. ( )

31 무배당 우체국노후실손의료비보험(갱신형) 2109는 최대 80세까지 가입이 가능한 실버 전용보험이다. ( )

32 무배당 우체국간편실손의료비보험(갱신형) 2109는 병이 있거나 나이가 많아도 3가지(건강관련) 간편고지로 간편하게 가입하는 실손보험으로 5세부터 70세까지 가입 가능하다. ( )

33 무배당 만원의 행복보험 2109는 소득에 관계없이 가입 가능한 공익형 상해보험이다. ( )

34 무배당 만원의 행복보험 2109는 1회 납입 1만 원(1년 만기 기준) 초과 보험료는 체신관서가 공익자금으로 지원한다. ( )

정답 및 해설

17 × 무배당 우체국 암케어보험 2406은 (주계약 암진단형 가입) 우체국보험 암진단보험금 최고액 보장으로 암진단 시 최대 4,000만 원까지 보장한다.

18 × 무배당 우체국 더 든든한 자녀 지킴이 보험 2203은 태아부터 최대 20세까지 폭 넓게 가입 가능한 어린이보험이다.

19 ○

20 ○

21 ○

22 ○

23 × 무배당 어깨동무보험 2109는 근로소득자가 납입한 보험료(연간 100만 원 한도)에 대하여 15% 세액공제 혜택이 있다.

24 ○

25 × 1종 (휴일재해보장형) '시니어 싱글벙글 정기예금' 가입 시, 2종 (주니어보장형) '우체국 아이LOVE 적금' 가입 시, 3종 (청년우대형) 우체국예금 신규가입 고객 중 가입기준을 충족할 경우 각각 무료로 가입 가능하다.

26 ○

27 ○

28 ○

29 × 무배당 우체국급여실손의료비보험(갱신형) 2109는 개인별 의료이용량에 따라 보험료 차등(할인·할증) 적용된다.

30 ○

31 × 무배당 우체국노후실손의료비 보험(갱신형) 2109는 최대 75세까지 가입이 가능한 실버 전용보험이다.

32 ○

33 × 무배당 만원의 행복보험 2109는 차상위계층 이하 저소득층을 위한 공익형 상해보험이다.

34 ○

PART **03**

35 무배당 만원의 행복보험 2109는 납입 보험료를 100% 환급한다. ( )

36 무배당 우체국 통합 건강보험 2109는 사망부터 생존(진단, 입원, 수술 등)까지 종합적으로 보장하는 통합건강보험이다. ( )

37 무배당 우체국 통합 건강보험 2109는 시니어 보장강화로 면역관련(다발경화증, 특정 류마티스 관절염 등)질환 및 시니어 수술(백내장·관절염·인공관절 치환 수술) 특화 보장하지만 대상포진 및 통풍 등은 보장하지 않는다. ( )

38 무배당 우체국 간편 건강보험(325)(20년갱신형) 2409 <2024 신규 추가>는 주계약은 재해사망으로 간소화하고 필요한 담보는 특약으로 가입할 수 있도록 설계하여 고객 선택권을 확대하였다. ( )

39 무배당 우체국 간편 건강보험(355)(20년갱신형) 2409는 유병자는 가입할 수 없다. ( )

40 무배당 우체국 더 간편 건강보험(갱신형) 2407 <2024년 개정>은 1가지(건강관련) 간편고지로 간편하게 가입가능하며 병이 있거나 나이가 많아도 가입 가능하다. ( )

41 무배당 우체국 치아보험(갱신형) 2109는 보철치료(임플란트, 브릿지, 틀니), 크라운치료, 충전치료, 치수치료, 영구치발거, 치석제거(스케일링), 구내방사선·파노라마 촬영, 잇몸질환치료 및 재해로 인한 치과치료 등을 보장하는 치과치료 전문 종합보험이다. ( )

42 무배당 우체국 치매 간병보험 2109는 경증치매부터 중증치매까지 체계적으로 보장하는 치매전문보험으로 중증치매로 최종 진단 확정되고, 매년 생존 시 최대 10년 동안 중증치매진단간병자금 매월 지급한다. ( )

43 무배당 내가 만든 희망보험 2109는 생활보장 가입 시 12대 성인질환을 보장한다. ( )

44 무배당 우체국 간병비 보험 2309는 장기요양 1 ~ 2등급으로 진단 확정되고, 매년 생존 시 최대 10년 동안 간병자금을 매월 지급 (장기요양간병비 특약Ⅱ 가입 시, 최대 120개월 한도)한다. ( )

45 무배당 우체국 당뇨 안심보험 2109는 당뇨 중증도와 관계없이 동일한 보장금액을 설정한다. ( )

46 무배당 우체국 나르미 안전보험 2109는 운송업종사자 전용 공익형 교통상해보험이다. ( )

47 무배당 우체국 나르미 안전보험 2109는 나이에 상관없이 성별에 따라 1회 보험료 납입으로 보장 가능 (1년 만기)하다. (   )

48 무배당 우체국 나르미 안전보험 2109는 보험료의 70%를 체신관서가 공익재원으로 지원한다. (   )

49 무배당 win-win 단체 플랜 보험 2109는 법인사업자는 근로자를 위해 납입한 보험료를 손금처리 가능하다. (   )

50 무배당 우체국 온라인 어린이보험 2109는 어린이 종합보험으로 만기 시 만기보험금 지급으로 계약자의 형편에 따라 다양한 목적자금으로 활용 가능하다. (   )

51 무배당 우체국 온라인 암보험 2109는 저렴한 보험료, 일반암 진단 시 최대 3,000만 원까지 지급 (3구좌 가입 시)한다. (   )

52 무배당 우체국 온라인 3대 질병보험 2109는 경증질환(소액암, 뇌혈관질환 및 허혈성심장질환)부터 중증질환(암·뇌출혈·급성심근경색증)까지 체계적으로 보장한다. (   )

정답 및 해설

35 ○
36 ○
37 × 무배당 우체국 통합 건강보험 2109는 시니어 보장강화로 면역관련(다발경화증, 특정 류마티스관절염 등)질환 및 시니어 수술(백내장·관절염·인공관절 치환 수술) 특화 보장, 대상포진 및 통풍 등 생활형 질병 보장까지 보장한다.
38 ○
39 × 무배당 우체국 간편건강보험(355)(20년갱신형) 2409는 건강을 장기간 유지한 유병자가 합리적인 보험료로 가입 가능한 경증유병자보험이다.
40 ○
41 ○
42 × 무배당 우체국치매간병보험 2109는 경증치매부터 중증치매까지 체계적으로 보장하는 치매전문보험으로 중증치매로 최종 진단 확정되고, 매년 생존 시 최대 15년 동안 중증치매진단간병자금 매월 지급한다.
43 ○
44 ○
45 × 무배당 우체국 당뇨 안심보험 2109는 당뇨 중증도(당화혈색소 6.5%/7.5%/9.0%)에 따라 체계적인 보장금액을 설정한다.
46 ○
47 ○
48 × 무배당 우체국 나르미 안전보험 2109는 보험료의 50%를 체신관서가 공익재원으로 지원한다.
49 ○
50 ○
51 ○
52 ○

53 무배당 우체국 온라인 정기보험 2109는 생존기간 6개월 이내 판단 시 사망보험금의 50%를 선지급한다. ( )

54 무배당 우체국 온라인 입원 수술보험 2112는 건강보험의 핵심보장인 입원 및 수술을 보장하는 온라인전용 보험상품이다. ( )

55 무배당 우체국 온라인 종합건강보험(갱신형) 2201는 현대인의 건강한 생활을 위하여 사망부터 생존(진단, 입원, 수술 등)까지 종합적으로 보장하는 온라인전용 종합건강보험상품이다. ( )

56 무배당 우체국온라인치매간병보험 2201은 "중증치매상태"로 최종 진단 확정되고, 매년 생존 시 최대 15년 동안 중증치매진단간병자금을 매월 지급한다. ( )

57 무배당 우체국대한민국엄마보험 2309는 별도의 조건 없이 체신관서가 보험료 전액을 지원한다. ( )

---

topic 20 우체국보험 상품(저축성보험, 연금보험)과 관련세제

58 무배당 청소년꿈보험 2109는 공익보험으로 특정 피보험자 범위에 해당하는 청소년에게 무료로 보험가입 혜택을 주어 학자금을 지급하는 교육보험이다. ( )

59 무배당 청소년꿈보험 2109는 탈북청소년은 포함되지 않는다. ( )

60 무배당 그린보너스저축보험플러스 2203은 시중금리가 떨어지더라도 최저 1.0% 금리를 보증한다. ( )

61 무배당 그린보너스저축보험플러스 2203은 만기 유지 시 계약일부터 최초 1년간 보너스금리 추가 제공되는데 10년 만기인 경우 2%를 제공한다. ( )

62 무배당 그린보너스저축보험플러스 2203은 관련 세법에서 정하는 요건에 부합하는 경우 일반형은 이자소득이 비과세되고 금융소득종합 과세에서도 제외된다. ( )

63 무배당 그린보너스저축보험플러스 2203은 비과세종합저축은 「조세특례제한법 제88조의2」에서 정한 노인 및 장애인 등의 계약자에게 만기에는 이자소득이 비과세되지만 중도해지 시 비과세 되지 않는다. ( )

64 무배당 파워적립보험 2109는 중도에 긴급자금 필요 시 이자부담 없이 중도인출로 자금활용, 자유롭게 추가납입 가능하다. ( )

65 무배당 파워적립보험 2109는 기본보험료 50만 원 초과금액에 대해 수수료를 인하함으로써 수익률이 증대할 수 있다. ( )

66 무배당 우체국 온라인 저축보험 2109는 가입 3개월 유지 후 언제든지 해약해도 납입 보험료의 100% 이상을 보장하는 신개념 저축보험이다. ( )

67 무배당 우체국 온라인 저축보험 2109는 경과이자에 비례하여 사업비를 공제하므로, 신공시이율 IV가 변동되면 사업비 공제금액(상한금액 설정)도 함께 변동한다. ( )

68 무배당 알찬 전환특약 2109는 만기보험금 재예치로 알찬 수익을 보장한다. ( )

69 무배당 우체국 연금보험 2109는 60세 이후부터 연금을 받을 수 있어 노후를 위한 준비를 할 수 있다. ( )

정답 및 해설

53 × 무배당 우체국 온라인 정기보험 2109는 생존기간 6개월 이내 판단 시 사망보험금의 60%를 선지급한다.
54 ○
55 ○
56 ○
57 ○
58 ○
59 × 피보험자는 가정위탁을 받는 청소년, 아동복지 시설의 수용자, 「북한이탈주민의 보호 및 정착 지원에 관한 법률」의 적용을 받는 탈북청소년 등 과학기술정보통신부장관이 별도로 정한 바에 따른다.
60 ○
61 × 무배당 그린보너스저축보험플러스 2203은 만기 유지 시 계약일부터 최초 1년간 보너스금리 추가 제공되는데 10년 만기인 경우 3%를 제공한다.

3년 만기	5년 만기	10년 만기
1.0%	1.5%	3.0%

62 ○
63 × 무배당 그린보너스저축보험플러스 2203은 비과세종합저축은 「조세특례제한법 제88조의2」에서 정한 노인 및 장애인 등의 계약자에게 만기뿐만 아니라 중도 해약 시에도 이자소득이 비과세 된다.
64 ○
65 × 무배당 파워적립보험 2109는 기본보험료 30만 원 초과금액에 대해 수수료를 인하함으로써 수익률이 증대할 수 있다.
66 × 무배당 우체국 온라인 저축보험 2109는 가입 1개월 유지 후 언제든지 해약해도 납입 보험료의 100% 이상을 보장하는 신개념 저축보험이다.
67 ○
68 ○
69 × 무배당 우체국 연금보험 2109는 45세 이후부터 연금을 받을 수 있어 노후를 위한 준비를 할 수 있다.

70 우체국 연금 저축보험 2109는 배당상품으로 향후 운용이익금 발생 시 배당혜택 제공한다.

( )

71 무배당 우체국 온라인 연금 저축보험 2109은 실세금리를 반영한 높은 금리로 가입 후 10년 초과 시 1.0% 최저보증부리 적립한다.

( )

72 무배당 우체국 개인연금보험(이전형) 2109는 이 보험으로의 가입은 종전의 「조세특례제한법」에서 정한 바에 따라 다른 금융기관의 개인연금저축을 이전받는 경우에 한한다.

( )

73 무배당 우체국 개인연금보험(이전형) 2109는 계약이전 받기 전 계약과 계약이전 받은 후 계약의 총 보험료 납입 기간은 20년 이상이어야 한다.

( )

74 어깨동무연금보험 2109는 장애인전용연금보험으로 일반연금보다 더 많은 연금을 받도록 설계되어 장애인의 안정적인 노후생활을 보장한다.

( )

75 우체국연금보험 2312의 종신연금형(정액형, 조기집중연금형)은 초기연금액 증액으로 소득절벽기 보완(조기집중연금형), 평생동안 연금수령 통한 생활비 확보 가능, 조기사망 시에도 보증지급기간 동안 안정적인 연금 수령하는 것이고 확정기간연금형은 연금개시 후에도 해지 가능하므로 다양한 목적자금으로 활용 가능하다.

( )

76 보장성보험료 세액공제는 국민경제생활안정을 목적으로 보장성보험 가입을 유도하기 위하여 보장성보험 가입자가 납입하는 보험료에 대해 소득세법에 따라 종합소득산출세액에서 일정금액을 공제해 주는 제도이다.

( )

77 보장성보험 세액공제 가능 대상자는 근로소득자와 사업소득자 모두 가능하다.

( )

78 보장성보험 세액공제 한도액은 연간 납입 보험료 100만 원 한도이며 납입 보험료 12%, 장애인전용보험은 15%이다.

( )

79 장애인 전용보험 관련 세액공제는 근로소득자가 기본공제대상자 중 장애인을 피보험자 또는 보험수익자로 하는 보험을 가입한 경우, 근로소득자가 실제로 납입한 보험료(연간 100만 원 한도)의 12%에 해당하는 금액을 해당 과세기간의 종합소득산출세액에서 공제받을 수 있는 제도이다.

( )

80 장애인 전용보험 관련 세액공제 대상상품은 (무)어깨동무보험(1종, 2종, 3종) 및 장애인전용보험전환특약을 부가한 보장성보험이다.

( )

81 연금저축보험 세액공제는 연금저축보험에 납입하는 보험료에 대해 종합소득산출세액에서 일정 금액을 공제해 주어 소득세 절세 효과를 주는 대신에 연금을 수령할 때 과세를 하는 제도이다.

( )

82 연금저축 세액공제는 보장성보험료 세액공제와 동일하게 근로소득자만을 대상으로 한다.

( )

83 종합소득 5,000만 원인 사람은 600만 원 한도의 12%를 연금저축 세액공제를 받을 수 있다.

( )

84 연금저축보험을 중도에 해지하는 경우에는 분리과세를 적용한다. ( )

85 연금저축보험의 연금수령 요건을 부합하는 경우에는 그 지급금액은 연금소득으로 인정하여 연금소득세를 부과한다. 단, 연간 연금액이 연금수령한도를 초과하는 경우, 그 초과금액은 연금외소득으로 간주하여 기타소득세(지방소득세 포함 16.5%)를 부과한다. ( )

정답 및 해설

70 ○
71 × 무배당 우체국 온라인 연금 저축보험 2109은 실세금리를 반영한 높은 금리로 부리 적립(가입 후 10년 이내 1.0%, 10년 초과 0.5% 최저보증) 한다.
72 ○
73 × 무배당 우체국 개인연금보험(이전형) 2109는 계약이전 받기 전 계약과 계약이전 받은 후 계약의 총 보험료 납입기간은 10년 이상이어야 한다.
74 ○
75 ○
76 ○
77 × 근로소득자만 가능하다.
78 ○
79 × 장애인 전용보험 관련 세액공제는 근로소득자가 기본공제대상자 중 장애인을 피보험자 또는 보험수익자로 하는 보험을 가입한 경우, 근로소득자가 실제로 납입한 보험료(연간 100만 원 한도)의 15%에 해당하는 금액을 해당 과세기간의 종합소득산출세액에서 공제받을 수 있는 제도이다.
80 ○
81 ○
82 × 연금저축 세액공제는 보장성보험료 세액공제가 근로소득자만을 대상으로 하는 것과는 달리, 근로소득 외의 종합소득이 있는 경우에도 가능하다.
83 × 연금저축 연간 납입 보험료 600만 원 한도의 12% 세액공제[종합소득금액 4천 500만 원 이하(근로소득만 있는 경우 총급여액 5천 500만 원 이하)인 거주자는 15%]를 받을 수 있다.
84 ○
85 ○

86 연간 연금액이 1,500만 원 이하인 경우에는 분리과세 할 수 있고, 1,500만 원을 초과하면 종합과세만 가능하다. ( )

87 연금소득의 종합소득 확정 신고 시에는 「소득세법 제47조의 2(연금소득공제)」에 의거 연금소득공제(필요경비)를 최대 900만 원까지 적용받을 수 있다. ( )

88 우체국보험 중 비과세종합저축에 해당하는 상품으로는 (무)그린보너스저축보험플러스(비과세종합저축)이 있다. ( )

89 금융재산상속공제는 사망으로 인하여 상속이 개시되는 경우로서 상속재산가액 중 순금융재산가액(금융재산의 가액 − 금융채무)이 포함되어 있는 경우 이를 상속세 과세가액에서 공제하여 주는 제도이다. ( )

90 금융재산 상속공제는 2천만 원 초과 시 순금융재산가액의 20% 또는 2천만 원 중 작은 금액을 공제하며 한도액은 2억 원이다. ( )

91 보험금의 증여의제는 계약자와 보험수익자가 동일하여도 보험계약기간 동안에 타인으로부터 증여받은 금액으로 보험료를 불입한 경우에는 보험금 상당액에서 보험료 불입액을 뺀 가액을 증여한 것으로 보아 증여세를 부과한다. ( )

92 「상속세 및 증여세법 제46조(비과세되는 증여재산)」에 의한 장애인을 보험금수취인으로 하는 보험 가입 시, 장애인이 수령하는 보험금에 대해서는 연간 5,000만 원을 한도로 증여세가 비과세 된다. ( )

정답 및 해설

86 × 연간 연금액이 1,500만 원 이하인 경우에는 분리과세 할 수 있고, 1,500만 원을 초과하면 종합과세를 또는 15% 분리과세를 선택할 수 있다.
87 ○
88 ○
89 ○
90 × 금융재산 상속공제는 2천만 원 초과 시 순금융재산가액의 20% 또는 2천만 원 중 큰 금액을 공제하며 한도액은 2억 원이다.
91 ○
92 × 「상속세 및 증여세법 제46조(비과세되는 증여재산)」에 의한 장애인을 보험금수취인으로 하는 보험 가입 시, 장애인이 수령하는 보험금에 대해서는 연간 4,000만 원을 한도로 증여세가 비과세 된다.

Step 02 객관식으로 실전연습

01 〈보기〉에서 우체국보험 상품에 대한 설명으로 옳은 것을 모두 고른 것은?

┌ 보기 ┐
ㄱ. 저축성보험은 생존 시 지급되는 보험금의 합계액이 이미 납입한 보험료를 초과하지 아니하는 보험이다.
ㄴ. 「동법 시행규칙 제36조(계약보험금 및 보험료의 한도)」에 따른 계약보험금 한도액은 보험종류별로 피보험자 1인당 3천만 원으로 한다.
ㄷ. 연금보험(단, 연금저축계좌에 해당하는 보험은 제외)의 최초 연금액은 피보험자 1인당 1년에 900만 원 이하로 한다.
ㄹ. 보험약관을 작성할 때는 「우체국예금·보험에 관한 법률 시행규칙 제43조(보험약관)」에 의거 아래 〈보험약관 기재사항〉을 명료하고 알기 쉽게 기재하여야 한다.

① ㄱ, ㄴ
② ㄱ, ㄷ
③ ㄴ, ㄹ
④ ㄷ, ㄹ

02 무배당 우체국대한민국엄마보험 2309에 대한 설명으로 옳은 것은? ²⁴· 계리직

① 과학기술정보통신부장관이 보험료의 50%를 납입한다.
② 무배당 임신질환진단특약 2309는 임신 24주 이내 임신부가 가입 가능하다.
③ 무배당 임신질환진단특약 2309의 실제 보험기간은 계약일로부터 10개월이다.
④ 보험기간 중 계약 해지 등의 사유로 발생한 해약환급금은 과학기술정보통신부장관에게 귀속된다.

정답 및 해설

01 ④ ㄱ. 보장성보험은 생존 시 지급되는 보험금의 합계액이 이미 납입한 보험료를 초과하지 아니하는 보험이다.
　　ㄴ. 「동법 시행규칙 제36조(계약보험금 및 보험료의 한도)」에 따른 계약보험금 한도액은 보험종류별로 피보험자 1인당 4천만 원으로 한다.

02 ④
　　오답체크
　　① 과학기술정보통신부장관이 보험료의 100%를 납입한다.
　　② 무배당 임신질환진단특약 2309는 임신 22주 이내 임신부가 가입 가능하다.
　　③ 무배당 임신질환진단특약 2309의 실제 보험기간은 분만시까지(10개월 한도)이며, 10개월보다 짧을 수 있다.

03 무배당 우체국건강클리닉보험(갱신형) 2109에 대한 설명으로 옳지 않은 것은?

① 3대질병 진단(최대 3,000만 원), 중증수술(최대 500만 원) 및 중증재해장해(최대 5,000만 원) 등을 고액 보장한다.
② 0세부터 65세까지 가입 가능한 건강보험이다.
③ 15년 만기 생존 시마다 건강관리자금을 지급한다.
④ "국민체력100" 체력 인증 시 보험료 지원혜택을 제공한다.

04 〈보기〉의 내용을 모두 충족하는 보험상품으로 옳은 것은? 24. 계리직

┌─ 보기 ┌
• 주계약에 1종(해약환급금 50% 지급형)이 있다.
• 주계약의 보험기간은 80세, 90세, 100세 만기이다.
• '국민체력100' 체력 인증 시 보험료 지원 혜택이 있다.
• 주계약은 비갱신형으로서 납입 기간 동안 보험료 인상이 없다.

① 무배당 우체국통합건강보험 2109
② 무배당 우체국와이드건강보험 2112
③ 무배당 우체국New100세건강보험 2203
④ 무배당 우체국하나로OK건강종신보험 2402

05 〈보기〉에서 보험상품에 대한 설명으로 옳은 것을 모두 고른 것은?

┌─ 보기 ┌
ㄱ. 무배당 우체국 New100세 건강보험 2203은 뇌·심질환을 진단, 입원, 수술까지 종합적으로 보장하고, 비갱신형으로 설계하여 보험료 인상없이 최대 100세까지 집중보장한다.
ㄴ. 무배당 우체국하나로 OK건강종신보험 2402는 주계약 사망보험금을 통한 유족 보장과 특약 가입을 통한 건강, 상해, 중대질병·수술, 3대 질병 보장을 목표로 한다.
ㄷ. 무배당 우체국암케어보험 2406는 4대질병(암·뇌출혈·뇌경색증·급성심근경색증)으로 진단 시 사망보험금의 일부를 선지급하여 치료비를 지원한다.
ㄹ. 무배당 우체국실속정기보험 2109는 병이 있으면 가입절차가 복잡하다.

① ㄱ, ㄴ
② ㄱ, ㄷ
③ ㄴ, ㄹ
④ ㄷ, ㄹ

06 〈보기〉의 (   )에 들어갈 내용을 바르게 짝지은 것은? ^{24. 계리직} 24. 계리직

┌ 보기 ┐
(가) 무배당 우체국든든한종신보험 2109는 주계약보험 가입금액 4천만 원에 가입하는 경우, 주
계약 보험료의 (   )%를 할인하여 준다.
(나) 무배당 우체국치매간병보험 2109는 중증치매상태로 최종 진단 확정되고, 최종 진단 확정된
날을 최초로 하여 (   )년 동안 매년 최종 진단 확정일에 살아 있을 때 중증치매진단간병자
금을 지급한다.
(다) 무배당 우체국간병비보험 2309는 장기요양상태 보장개시일 이후에 최초로 장기요양 1등급
또는 2등급으로 진단 확정되고, 진단 확정된 날을 최초로 하여 (   )년 동안 매년 진단 확
정일에 살아 있을 때 장기요양 (1 ~ 2등급)진단간병자금을 지급한다.

	(가)	(나)	(다)
①	2	10	15
②	3	15	10
③	2	15	10
④	3	10	15

07 무배당 어깨동무보험 2109에 대한 설명으로 옳지 않은 것은?

① 부양자 사망 시 장애인에게 생활안정자금을 지급하는 '생활보장형', 장애인의 암 발병 시에
치료비용을 지급하는 '암보장형', 장애인의 재해사고 시 사망은 물론 각종 치료비를 보장하
는 '상해보장형' 중, 여건에 맞게 가입 가능하다.
② 보험가입 시 장애인에게 적용되는 고지사항을 생략하거나 최대한 완화하여 가입이 용이하다.
③ 근로소득자가 납입한 보험료(연간 100만 원 한도)에 대하여 12% 세액공제 혜택이 있다.
④ 상해보장형의 경우, 매 2년마다 건강관리자금 지급으로 각종 질환 조기진단 및 사전예방 자
금으로 활용된다.

정답 및 해설

03 ③ 10년 만기 생존 시마다 건강관리자금을 지급한다.
04 ③ 무배당 우체국New100세건강보험 2203에 대한 설명이다.
05 ① ㄷ. 무배당 우체국와이드건강보험 2112는 4대질병(암·뇌출혈·뇌경색증·급성심근경색증)으로 진단 시 사망
보험금의 일부를 선지급하여 치료비를 지원한다.
     ㄹ. 무배당 우체국실속정기보험 2109는 병이 있어도 3가지(건강관련) 간편고지로 간편하게 가입 가능하다.
06 ② 고액할인 3%, 중증치매진단간병자금 15년, 장기요양진단간병자금 10년
07 ③ 근로소득자가 납입한 보험료(연간 100만 원 한도)에 대하여 15% 세액공제 혜택이 있다.

08 우체국보험 상품에 대한 설명으로 옳지 않은 것은? 24. 계리직

① 무배당 우체국더든든한자녀지킴이보험 2203 2종(든든형)은 최대 100세까지 보장이 가능하다.
② 무배당 우체국간편가입건강보험(갱신형) 2109는 건강관련 3가지의 간편고지로 가입이 가능하다.
③ 무배당 win-win단체플랜보험 2109는 피보험자가 3인 이상 단체로 가입할 경우, 보험료 할인 혜택이 있다.
④ 무배당 우체국든든한종신보험 2109는 3대 질병 진단보험금 지급사유가 발생한 경우, 주계약 사망보험금 일부를 선지급한다.

09 〈보기〉에서 보험상품에 대한 설명으로 옳지 않은 것을 모두 고른 것은?

> 보기
> ㄱ. 무배당 에버리치상해보험 2109는 한번 가입으로 100세까지 보장 및 휴일재해 사망보장을 강화한다.
> ㄴ. 무배당 우체국예금제휴보험 2109는 1종 (휴일재해보장형) '시니어 싱글벙글 정기예금' 가입 시 무료로 가입 가능하다.
> ㄷ. 무배당 우체국단체보장보험 2501은 과학기술정보통신부 소속 공무원 및 산하기관 직원을 대상으로 한 단체보험이다.
> ㄹ. 무배당 우체국급여실손의료비보험(갱신형) 2109는 개인별 의료이용량과 관계없이 동일한 보험료가 적용된다.

① ㄱ, ㄴ
② ㄱ, ㄹ
③ ㄴ, ㄹ
④ ㄷ, ㄹ

10 무배당 우체국통합건강보험 2109에 대한 설명으로 옳지 않은 것은?

① 사망부터 생존(진단, 입원, 수술 등)까지 종합적으로 보장하는 통합건강보험이다.
② 대상포진 및 통풍 등 생활형 질병을 보장한다.
③ 중증치매로 최종 진단 확정시 중증치매 진단간병자금을 지급한다.
④ 가입 후 일정기간 후에 입원비를 보장(일반 입원 및 중환자실 입원)한다.

11 〈보기〉에서 무배당 내가만든 희망보험 2109에 대한 설명으로 옳은 것을 모두 고른 것은?

> ┌─ 보기 ┌
> ㄱ. 3대 질병보장 가입 시 3대 질병 진단(최대 2,000만 원) 및 뇌경색증진단(최대 500만 원)시
>   보장한다.
> ㄴ. 생활보장 가입 시 12대 성인질환을 보장한다.
> ㄷ. 20세부터 80세까지 가입 가능한 건강보험이다.
> ㄹ. 보험기간 중 매 15년마다 생존 시 건강관리자금 지급한다.

① ㄱ, ㄴ   ② ㄱ, ㄷ
③ ㄴ, ㄹ   ④ ㄷ, ㄹ

12 다음 보험상품에 대한 설명으로 옳지 않은 것은?

① 무배당 우체국당뇨안심보험 2109는 당뇨 중증도(당화혈색소 6.5%/7.5%/9.0%)에 따라 체계
   적인 보장금액을 설정한다.
② 무배당 우체국나르미안전보험 2109는 나이와 성별에 관계없이 동일한 1회 보험료 납입으로
   보장 가능 (1년 만기)하다.
③ 무배당 우체국나르미안전보험 2109는 보험료의 50%를 체신관서가 공익재원으로 지원한다.
④ 무배당 win-win단체플랜보험 2109는 법인사업자는 근로자를 위해 납입한 보험료를 손금처
   리 가능하다.

정답 및 해설

08 ③ 무배당 win-win단체플랜보험 2109는 피보험자가 5인 이상 단체로 가입할 경우, 보험료 할인 혜택이 있다.
09 ② ㄱ. 무배당 에버리치상해보험 2109는 한번 가입으로 90세까지 보장 및 휴일재해 사망보장을 강화한다.
       ㄹ. 무배당 우체국급여 실손의료비보험(갱신형) 2109는 개인별 의료이용량에 따라 보험료 차등(할인·할증) 적
       용된다.
10 ④ 첫날부터 입원비를 보장(일반 입원 및 중환자실 입원)한다.
11 ① ㄷ. 20세부터 60세까지 가입 가능한 건강보험이다.
       ㄹ. 보험기간 중 매 10년마다 생존 시 건강관리자금 지급한다.
12 ② 무배당 우체국나르미안전보험 2109는 나이에 상관없이 성별에 따라 1회 보험료 납입으로 보장 가능 (1년 만기)
       하다.

13   〈보기〉에서 무배당 우체국대한민국엄마보험 2309에 대한 설명으로 옳은 것을 모두 고른 것은?

┌─ 보기 ┌───
│ ㄱ. 산모의 건강하고 안정적인 출산부터 자녀의 성장 지원을 위한 공익보험이다.
│ ㄴ. 별도의 조건 없이 체신관서가 보험료 반액을 지원한다.
│ ㄷ. 10년간 자녀의 희귀질환을 보장하고, 임신 22주 이내 특약에 가입한 경우 산모의 임신질환
│   추가 보장한다.
│ ㄹ. 보험금 면책조건에 해당하지 않으면 가입 즉시 100% 보장한다.
└──

① ㄱ, ㄴ   ② ㄱ, ㄷ
③ ㄴ, ㄹ   ④ ㄷ, ㄹ

14   우체국보험 상품에 대한 설명으로 옳은 것은? 23. 계리직

① 무배당 청소년꿈보험 2109는 체신관서가 공익재원으로 보험료를 50% 지원하는 상품이다.
② 무배당 우체국예금제휴보험 2109는 체신관서가 공익재원으로 보험료를 80% 지원하는 상품
   이다.
③ 무배당 우체국나르미안전보험 2109는 체신관서가 공익재원으로 보험료를 50% 지원하는 상
   품이다.
④ 무배당 만원의행복보험 2109는 성별·나이에 상관없이 체신관서가 공익재원으로 보험료 1
   만 원(1년 만기 기준)을 지원하는 상품이다.

15   우체국보험 상품에 대한 설명으로 옳지 않은 것은? 23. 계리직

① 무배당 우체국더간편건강보험(갱신형) 2109는 1가지 건강관련 간편고지로 가입이 가능한
   상품이다.
② 무배당 우체국와이드건강보험 2112에 보험가입금액 2,500만 원을 가입하는 경우, 주계약 보
   험료에 대해서 고액계약 보험료 할인을 받을 수 있다.
③ 무배당 우체국치매간병보험 2109의 해약환급금 50% 지급형에 가입한 경우, 보험기간 중 계
   약이 해지될 경우에는 표준형 해약환급금의 50%를 해약환급금으로 지급받는다.
④ 무배당 우체국실속정기보험 2109 2종(간편가입)에 가입 후 계약일부터 3개월 이내에 1종(일
   반가입)으로 가입을 희망하는 경우, 일반계약 심사를 통하여 1종(일반가입)에 청약할 수 있다.

16 보장성보험에 대한 설명으로 옳지 않은 것은? 18. 계리직

① 만기 시 환급되는 금액이 없거나 이미 납입한 보험료보다 적거나 같다.
② 주계약뿐만 아니라 특약으로 가입한 보장성보험도 세액공제를 받을 수 있다.
③ 보장성보험료를 산출할 때에 예정이율, 예정위험률, 예정사업비율이 필요하다.
④ 근로소득자와 사업소득자는 연간 납입 보험료의 일정액을 세액공제 받을 수 있다.

정답 및 해설

13 ② ㄴ. 별도의 조건 없이 체신관서가 보험료 전액을 지원한다.
　ㄹ. 보험금 면책 및 감액기간 없이 가입 즉시 100% 보장한다.

14 ③
오답체크
① 무배당 청소년꿈보험 2109는 공익보험으로 특정 피보험자 범위에 해당하는 청소년에게 무료로 보험가입 혜택을 주어 학자금을 지급하는 교육보험이다.
② 무배당 우체국예금제휴보험 2109는 우체국예금 가입 시 무료로 가입할 수 있는 보험상품이다. 1종 휴일재해보장형은 '우체국 장병내일준비적금'에 가입할 경우 무료로 가입할 수 있고, 2종 주니어보장형은 '우체국 아이 LOVE적금'에 가입할 경우 무료로 가입할 수 있다. 그리고 3종 청년우대형은 우체국예금 신규가입 고객 중 가입기준을 충족할 경우 무료로 가입 가능하다.
④ 무배당 만원의행복보험 2109는 차상위계층 이하 저소득층을 위한 공익형 상해보험으로 성별·나이에 상관없이 보험료 1만 원(1년 만기 기준)만 납부하도록 하고 1회 납입 1만 원(1년 만기 기준) 초과 보험료는 체신관서가 공익자금으로 지원한다. 게다가 만기보험금(1년 만기 1만 원, 3년 만기 3만 원) 지급을 통해 납입 보험료를 100% 환급한다.

15 ③ "해약환급금 50% 지급형"의 계약이 보험료 납입 기간 중 해지될 경우의 해약환급금은 "표준형" 해약환급금의 50%에 해당하는 금액으로 한다. 다만, 보험료 납입 기간이 완료된 이후 계약이 해지되는 경우에는 "표준형"의 해약환급금과 동일한 금액을 지급한다.

16 ④ 보장성보험은 근로소득자(사업소득자, 일용근로자 등은 제외)가 보장성보험에 가입한 경우, 납입한 연간 납입보험료(100만 원 한도)의 12%(장애인전용 보험은 15%)에 해당하는 금액을 해당 과세기간의 종합소득산출세액에서 공제해 주는 제도이다.
오답체크
① 주로 사망, 질병, 재해 등 각종 위험보장에 중점을 둔 보험으로, 만기 시 환급되는 금액이 없거나 기납입 보험료보다 적거나 같다.
② 특약으로 가입한 보장성보험도 세액공제 대상 보험계약에 포함된다.
③ 보험료는 수지상등의 원칙에 의거하여 예정사망률(예정위험률), 예정이율, 예정사업비율의 3대 예정률을 기초로 계산한다.

17 우체국보험 상품별 보장개시일에 대한 설명으로 옳은 것은? 22. 계리직

① 무배당 우체국당뇨안심보험 2109의 당뇨보장개시일은 계약일(부활일)부터 그날을 포함하여 180일이 지난 날의 다음 날이다.

② 무배당 우체국치매간병보험 2109의 치매보장개시일은 질병으로 인하여 치매상태가 발생한 경우, 계약일(부활일)부터 그날을 포함하여 1년이 지난 날의 다음 날이다.

③ 무배당 우리가족암보험 2109의 피보험자의 나이가 10세인 경우, 암보장개시일은 계약일(부활일)부터 그날을 포함하여 90일이 지난 날의 다음 날이다.

④ 무배당 우체국간병비보험 2309의 장기요양상태 보장개시일은 재해를 직접적인 원인으로 장기요양상태가 발생한 경우, 계약일(부활일)부터 그날을 포함하여 180일이 지난 날의 다음 날이다.

18 무배당 우체국급여실손의료비보험(갱신형) 2109에 대한 설명으로 옳은 것은? 22. 계리직

① 보장내용 변경주기는 3년이며, 종신까지 재가입이 가능하다.

② 최초계약 가입나이는 0세부터 60세까지이며, 임신 23주 이내의 태아도 가입이 가능하다.

③ 갱신 직전 '무사고 할인판정기간' 동안 보험금 지급 실적이 없는 경우, 갱신일로부터 차기 보험기간 1년 동안 보험료의 5%를 할인해 준다.

④ 비급여실손의료비특약의 갱신보험료는 갱신 직전 '요율상대도 판정기간' 동안의 비급여특약에 따른 보험금 지급 실적을 고려하여 영업보험료에 할인·할증요율을 적용한다.

19 〈보기〉에서 우체국보험 상품에 대한 설명으로 옳은 것의 총 개수는? 24. 계리직

┌ 보기 ┐
ㄱ. 무배당 어깨동무보험 2109는 장애인전용보장성보험료의 세액 공제 혜택이 있다.
ㄴ. 무배당 그린보너스저축보험플러스 2203은 장애인전용보험 전환특약 2007을 부가할 수 있다.
ㄷ. 무배당 우체국급여실손의료비보험(갱신형) 2109는 주계약의 경우, 질병형만 가입이 가능하다.
ㄹ. 무배당 우체국와이드건강보험 2112는 주계약 보험가입금액이 2천만 원 이상인 경우, 주계약 보험료를 할인하여 준다.

① 1개 　　　　② 2개
③ 3개 　　　　④ 4개

20 우체국 저축성보험 상품에 대한 설명으로 옳은 것은? ²⁴·계리직

① 무배당 파워적립보험 2109는 주계약 상품유형에 일반형과 비과세 종합저축이 있다.

② 무배당 알찬전환특약 2109는 납입 기간이 일시납으로 보험기간은 3년부터이다.

③ 무배당 그린보너스저축보험플러스 2203은 만기유지 시 전체 보험기간 동안 보너스금리를 제공한다.

④ 무배당 우체국온라인저축보험 2109는 가입 1개월 유지 후 언제든지 해약해도 해약환급금이 납입 보험료의 100% 이상이다.

PART
03

정답 및 해설

17 ②

오답체크

① 무배당 우체국당뇨안심보험 2109의 당뇨보장개시일은 계약일(부활일)부터 그날을 포함하여 1년이 지난 날의 다음 날이다.

③ 무배당 우리가족암보험 2109의 암보장개시일은 계약일(부활일)부터 그날을 포함하여 90일이 지난 날의 다음 날이다. 단, 피보험자 나이가 15세 미만인 경우 암보장개시일은 계약일(부활일)로 한다.

④ 무배당 우체국간병비보험 2309의 장기요양상태 보장개시일은 계약일(부활일)부터 그날을 포함하여 180일이 지난 날의 다음 날이다. 단, 재해를 직접적인 원인으로 장기요양상태가 발생한 경우 장기요양상태 보장개시일은 계약일(부활일)로 한다.

18 ②

오답체크

① 보장내용 변경주기는 5년이며, 종신까지 재가입이 가능하다.

③ 갱신 직전 '무사고 할인판정기간' 동안 보험금 지급 실적이 없는 경우, 갱신일로부터 차기 보험기간 1년 동안 보험료의 10%를 할인해 준다.

④ 비급여실손의료비특약의 갱신보험료는 갱신 직전 '요율상대도 판정기간' 동안의 비급여특약에 따른 보험금 지급 실적을 고려하여 보험료 갱신 시 순보험료(비급여특약의 순보험료 총액을 대상)에 요율상대도(할인·할증요율)를 적용한다.

19 ②

오답체크

ㄴ. 무배당 그린보너스저축보험플러스 2203은 저축성보험이며, 보장특약 등이 없으므로 장애인전용보험전환특약을 부가할 수 없다. 해당 상품은 지정대리청구서비스 특약만 부가가 가능하다.

ㄷ. 무배당 우체국급여실손의료비보험(갱신형) 2109는 주계약으로 종합형, 질병형, 상해형이 있으며, 종합형으로 가입하는 것이 원칙이다.

20 ④

오답체크

① 파워적립보험은 비과세종합저축 대상이 아니다.

② 알찬전환특약의 보험기간은 2년부터이다(2, 3, 4, 5, 7, 10년).

③ 그린보너스저축보험플러스는 만기유지 시 최초 1년에 한해 보너스 금리가 적용된다.

21 우체국 연금보험 상품에 대한 설명으로 옳은 것은? ^{24. 계리직}

① 어깨동무연금보험 2109는 30세부터 연금수령이 가능하다.
② 우체국연금저축보험 2109는 납입 주기를 월납과 일시납 중에서 선택할 수 있다.
③ 무배당 우체국온라인연금저축보험 2109는 계약일 이후 1년이 지난 후부터 '연금개시나이-1 세'까지 추가납입이 가능하다.
④ 무배당 우체국연금저축보험(이전형) 2109는 납입 주기가 월납인 경우, 보험료를 추가로 납입할 수 있는 제도가 있다.

22 우체국연금보험 2312에 대한 설명으로 옳지 않은 것은? ^{24. 계리직}

① 가입나이는 0세부터 '연금개시나이-5세'까지이다.
② 연금지급 형태에는 종신연금형, 확정기간연금형, 더블연금형이 있다.
③ 관련 세법에서 정하는 요건에 부합하는 경우, 이자소득 비과세 혜택을 받을 수 있다.
④ 월납 계약으로 기본보험료가 30만 원을 초과하는 경우, 초과금액에 대해서는 고액계약 적립 금액을 받을 수 있다.

23 〈보기〉에서 월 적립식 저축성보험의 보험차익 비과세 요건에 대한 설명으로 옳은 것은 모두 몇 개인가? ^{22. 계리직}

┌─ 보기 ┌───
ㄱ. 최초 납입일로부터 납입 기간이 5년 이상인 월 적립식 보험계약
ㄴ. 최초로 보험료를 납입한 날부터 만기일 또는 중도해지일까지의 기간이 10년 이상
ㄷ. 2017년 4월 1일 이후 가입한 보험계약에 한하여 보험계약자 1명당 매월 납입하는 보험료 합계액이 250만 원 이하
ㄹ. 최초 납입일로부터 매월 납입하는 기본보험료가 균등(최초계약 기본보험료의 1배 이내로 기본보험료를 증액하는 경우 포함)하고 기본보험료의 선납기간이 6개월 이내

① 1개   ② 2개
③ 3개   ④ 4개

24 **우체국 연금보험 상품에 대한 설명으로 옳은 것은?** ^{22. 계리직}

① 무배당 우체국연금저축보험(이전형) 2109는 기본보험료가 일시납일 경우에는 납입 한도액이 없다.

② 어깨동무연금보험 2109는 장애인전용 연금보험으로 55세부터 연금수령이 가능하다.

③ 무배당 우체국연금보험 2109는 연간 400만 원 한도 내에서 납입한 보험료에 대해 세액공제 혜택을 제공한다.

④ 우체국연금저축보험 2109는 계약일 이후 1개월이 지난 후부터 연금개시나이 계약 해당일까지 보험료 추가납입이 가능하다.

PART
03

정답 및 해설

21 ④

오답체크

① 어깨동무 연금보험은 20세부터 연금수령이 가능하다.

② 우체국연금 저축보험은 월납만 가능하다.

③ 우체국온라인 연금저축보험의 추가납입 보험료는 계약일 이후 1개월이 지난 후부터 (연금개시나이-1)세 계약해당일까지 납입이 가능하다.

22 ② 우체국연금보험 2312의 연금지급 형태는 종신연금형(정액형, 조기집중형)과 확정기간연금형이며, 더블연금형은 해당되지 않는다

23 ③ ㄷ. 계약자 1명당 매월 납입 보험료 합계액이 150만 원 이하(´17년 4월 1일부터 가입한 보험계약에 한해 적용)

24 ①

오답체크

② 어깨동무연금보험 2109는 장애인전용 연금보험으로 20세부터 연금수령이 가능하다.

③ 무배당 우체국연금보험 2109는 관련 세법에서 정하는 요건에 부합하는 경우 이자소득 비과세 및 금융소득종합과세를 제외한다. 하지만 우체국연금저축보험과 다르게 세액공제 상품은 아니다.

④ 우체국연금저축보험 2109의 추가납입 보험료는 계약일 이후 1개월이 지난 후부터 '연금개시나이-1' 계약 해당일까지 납입이 가능하다.

25 〈보기〉에서 보험상품에 대한 설명으로 옳은 것을 모두 고른 것은?

> ┌─ 보기 ┐
> ㄱ. 무배당 청소년꿈보험 2109의 피보험자는 가정위탁을 받는 청소년, 아동복지 시설의 수용자, 「북한이탈주민의 보호 및 정착 지원에 관한 법률」의 적용을 받는 탈북청소년 등 과학기술정보통신부장관이 별도로 정한 바에 따른다.
> ㄴ. 무배당 그린보너스저축보험플러스 2203은 시중금리가 떨어지더라도 최저 1.0% 금리를 보증한다.
> ㄷ. 무배당 파워적립보험 2109는 중도에 긴급자금 필요 시 최소이자부담으로 중도인출로 자금 활용, 자유롭게 추가납입 가능하다.
> ㄹ. 무배당 파워적립보험 2109는 기본보험료 50만 원 초과금액에 대해 수수료를 인하함으로써 수익률 증대할 수 있다.

① ㄱ, ㄴ   ② ㄱ, ㄷ
③ ㄴ, ㄹ   ④ ㄷ, ㄹ

26 무배당 그린보너스저축보험플러스 2203에 대한 설명으로 옳지 않은 것은?

① 시중금리가 떨어지더라도 최저 1.0% 금리 보증한다.
② 기본보험료 50만 원 초과금액에 대해 수수료를 인하함으로써 수익률을 높일 수 있다.
③ 1종(만기목돈형), 2종(이자지급형) 및 보험기간(3년, 5년, 10년)에 따라 단기목돈마련, 교육자금, 노후설계자금 등 다양한 목적의 재테크 수단으로 활용 가능하다.
④ 절세형상품으로 관련 세법에서 정하는 요건에 부합하는 경우 이자소득 비과세 혜택이 있다.

27 〈보기〉에서 보험상품에 대한 설명으로 옳은 것을 모두 고른 것은?

> ──┐ 보기 ┌──
> ㄱ. 무배당 우체국온라인저축보험 2109는 가입 3개월 유지 후 언제든지 해약해도 납입 보험료의 100% 이상을 보장하는 신개념 저축보험이다.
> ㄴ. 무배당 알찬 전환특약 2109는 만기보험금 재예치로 알찬 수익을 보장한다.
> ㄷ. 무배당 우체국연금보험 2109는 65세 이후부터 연금을 받을 수 있어 노후를 위한 준비를 할 수 있다.
> ㄹ. 어깨동무연금보험 2109는 장애인전용연금보험으로 일반연금보다 더 많은 연금을 받도록 설계되어 장애인의 안정적인 노후생활을 보장한다.

① ㄱ, ㄴ   ② ㄱ, ㄷ
③ ㄴ, ㄹ   ④ ㄷ, ㄹ

28 보험료 전액이 세액공제되는 세액공제 대상 상품('25.1.1.)이 아닌 것은?

① 무배당 그린보너스저축보험플러스 2203
② 무배당 우체국 온라인 3대 질병보험 2109
③ 무배당 win-win 단체 플랜 보험 2109
④ 무배당 어깨동무보험 2109

정답 및 해설

25 ① ㄷ. 무배당 파워적립보험 2109는 중도에 긴급자금 필요 시 이자부담 없이 중도인출로 자금활용, 자유롭게 추가 납입 가능하다.
　　ㄹ. 무배당 파워적립보험 2109는 기본보험료 30만 원 초과금액에 대해 수수료를 인하함으로써 수익률이 증대할 수 있다.
26 ② 기본보험료 30만 원 초과금액에 대해 수수료를 인하함으로써 수익률을 높일 수 있다.
27 ③ ㄱ. 무배당 우체국온라인저축보험 2109는 가입 1개월 유지 후 언제든지 해약해도 납입 보험료의 100% 이상을 보장하는 신개념 저축보험이다.
　　ㄷ. 무배당 우체국연금보험 2109는 45세 이후부터 연금을 받을 수 있어 노후를 위한 준비할 수 있다.
28 ① 세액공제는 보장성보험만 가능하다. 무배당 그린보너스저축보험플러스 2203은 저축성보험이다.

29 〈보기〉에서 보장성보험 세액공제에 대한 설명으로 옳은 것을 모두 고른 것은?

> ┌ 보기 ┌
> ㄱ. 대상은 근로소득자, 일용근로자 등이다.
> ㄴ. 세액공제 한도액은 연간 납입 보험료 100만 원 한도이며 납입 보험료 15%이다.
> ㄷ. 저축성보험은 해당하지 않고 보장성보험(생존보험금 ≤ 총납입보험료)에 한정된다.
> ㄹ. 피보험자 = 기본공제 대상자이어야 가능하다.

① ㄱ, ㄴ   ② ㄱ, ㄷ
③ ㄴ, ㄹ   ④ ㄷ, ㄹ

30 연금저축 세액공제에 대한 설명으로 옳지 않은 것은?

① 연금저축보험 세액공제는 연금저축보험에 납입하는 보험료에 대해 종합소득산출세액에서 일정금액을 공제해 주어 소득세 절세 효과를 주는 대신에 연금을 수령할 때 과세를 하는 제도이다.
② 대상상품은 우체국연금저축보험 2109, (무)우체국연금저축보험(이전형) 2109, (무)우체국온라인연금저축보험 2109이다.
③ 대상자는 종합소득이 있는 거주자로 연금저축 가입자이다.
④ 종합소득 5,000만 원인 사람은 600만 원 한도의 12%를 연금저축 세액공제를 받을 수 있다.

31 〈보기〉에서 연금저축보험 관련 세제에 대한 설명으로 옳은 것을 모두 고른 것은?

> ┌ 보기 ┌
> ㄱ. 연금저축보험을 중도에 해지하는 경우에도 분리과세를 적용하지 않는다.
> ㄴ. 연간 연금액이 1,500만 원 이하인 경우에는 분리과세 할 수 있고, 1,500만 원을 초과하면 종합과세를 또는 15% 분리과세를 선택할 수 있다.
> ㄷ. 연금소득의 종합소득 확정 신고 시에는 「소득세법 제47조의 2(연금소득공제)」에 의거 연금소득공제(필요경비)를 최대 700만 원까지 적용받을 수 있다.
> ㄹ. 연금저축보험의 연금수령 요건을 부합하는 경우에는 그 지급금액은 연금소득으로 인정하여 연금소득세를 부과한다.

① ㄱ, ㄴ   ② ㄱ, ㄷ
③ ㄴ, ㄹ   ④ ㄷ, ㄹ

32 과세에 대한 설명으로 옳지 않은 것은?

① 우체국보험 중 비과세종합저축에 해당하는 상품으로는 (무)그린보너스저축보험플러스(비과세종합저축)이 있다.

② 금융재산 상속공제는 2천만 원 초과시 순금융재산가액의 20% 또는 2천만 원 중 큰 금액을 공제하며 한도액은 2억 원이다.

③ 보험금의 증여의제는 계약자와 보험수익자가 동일하여도 보험계약기간 동안에 타인으로부터 증여받은 금액으로 보험료를 불입한 경우에는 보험금 상당액에서 보험료 불입액을 뺀 가액을 증여한 것으로 보아 증여세를 부과한다.

④ 「상속세 및 증여세법 제46조(비과세되는 증여재산)」에 의한 장애인을 보험금수취인으로 하는 보험 가입 시, 장애인이 수령하는 보험금에 대해서는 연간 5,000만 원을 한도로 증여세가 비과세 된다.

정답 및 해설

29 ④ ㄱ. 대상은 근로소득자이며 사업소득자, 일용근로자 등은 제외한다.
ㄴ. 세액공제 한도액은 연간 납입 보험료 100만 원 한도이며 납입보험료 12%, 장애인전용보험은 15%이다.

30 ④ 연금저축 연간 납입 보험료 600만 원 한도의 12% 세액공제[종합소득금액 4천 500만 원 이하(근로소득만 있는 경우 총급여액 5천 500만 원 이하)인 거주자는 15%]를 받을 수 있다.

종합소득금액 (총급여액)	세액공제 대상 납입 한도 (퇴직연금 합산 시)	공제율
4천 500만 원 이하 (5천 500만 원 이하)	600만 원 (900만 원)	15%
4천 500만 원 초과 (5천 500만 원 초과)		12%

31 ③ ㄱ. 연금저축보험을 중도에 해지하는 경우에는 분리과세를 적용한다.
ㄷ. 연금소득의 종합소득 확정 신고 시에는 「소득세법 제47조의2(연금소득공제)」에 의거 연금소득공제(필요경비)를 최대 900만 원까지 적용받을 수 있다.

32 ④ 「상속세 및 증여세법 제46조(비과세되는 증여재산)」에 의한 장애인을 보험금수취인으로 하는 보험 가입 시, 장애인이 수령하는 보험금에 대해서는 연간 4,000만 원을 한도로 증여세가 비과세 된다.

서호성

주요 약력

現) 박문각 계리직 예금, 보험
　　해커스 경영 아카데미 회계사 경제학, 세무사 재정학
　　해커스 감정평가사 경제학
　　해커스 공기업 경제학
　　해커스 금융 테셋, 매경테스트
　　메가공무원 7급 경제학
　　인스TV 보험계리사 경제학, 투자자산운용사

前) 월비스 고시학원 7급 경제학 등 다수
　　직업TV방송 노량진 특강 강사

주요 저서

박문각 계리직 서호성 예금일반 기본서
박문각 계리직 서호성 보험일반 기본서
박문각 계리직 서호성 예금일반 기출&예상문제집
박문각 계리직 서호성 보험일반 기출&예상문제집
해커스 경제학 시리즈 〈해커스 경영아카데미〉
해커스 재정학 시리즈 〈해커스 경영아카데미〉
쉽게 끝내는 공기업 경제학 〈해커스 공기업〉
해커스 테셋, 매경테스트 〈해커스 금융〉
메가공무원 ABC 경제학 시리즈
인스TV 보험계리사 경제학 기출문제집, 투자자자산운용사 등 다수

서호성 계리직 보험일반 ◇✦ 기출&예상문제집

초판 인쇄 | 2025. 6. 5.　　초판 발행 | 2025. 6. 10.　　편저자 | 서호성
발행인 | 박 용　　발행처 | (주)박문각출판　　등록 | 2015년 4월 29일 제2019-000137호
주소 | 06654 서울시 서초구 효령로 283 서경 B/D 4층　　팩스 | (02)584-2927
전화 | 교재 문의 (02)6466-7202

저자와의
협의하에
인지생략

정가 16,000원
ISBN 979-11-7262-907-6